名词解释和术语定义

为统一称谓本书中出现的名词特作如下解释，术语定义系从相关标准和规范中摘录。

1. 名词解释

1.1　企业

本书指建设单位。即工程项目建设的投资公司、集团、开发商。

1.2　工程部

指建设单位主管工程项目建设的职能部门。

1.3　业务主管

指工程部分管招标、物资、成本、资金、合同、文件资料、售后维修等工作的负责人。

1.4　项目部

指建设单位派驻施工现场具体管理工程项目建设的组织机构。管理人员设有项目经理、专业工程师、安全员、资料员等。

1.5　项目经理

指建设单位派驻施工现场项目部负责人。本书不指总包和分包单位的项目经理。

1.6　项目管理人员

指建设单位的项目管理人员，如安全员、资料员等。本书不指施工和监理单位工程项目相同管理人员。

1.7　施工单位

指负责建设工程施工的总包和专业分包单位。对施工单位的项目部，本书中统称施工单位或总包单位、分包单位。

1.8　监理单位

指负责工程监理的单位。对监理单位项目监理部本书中统称监理单位。

1.9　供方

提供产品与服务的组织。本书中的供方，指总包单位、分包单位、物资供应单位、监理单位和咨询服务单位。不包括工程项目前期工作的供方，如设计单位、勘察单位等。

1.10　记录

指所取得的结果或提供所完成活动的证据的文件。

1.11　记录编码说明

本书提供了一些记录表格，仅供参考。为便于查找，特作如下编码说明：

编码示意

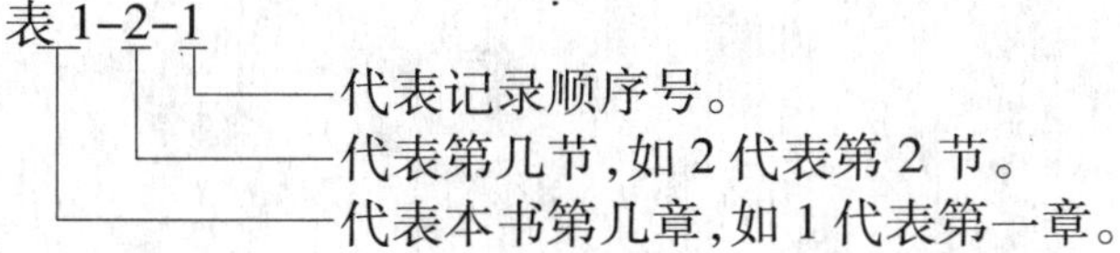

2. 术语定义

2.1 危险源

可能导致伤害或疾病、财产损失、工作环境破坏或这些情况组合的根源或状态。

2.2 危险源辨识

识别危险源的存在并确定其特性的过程。

2.3 环境因素

一个组织的活动、产品和服务中能与环境发生相互作用的要素。

2.4 重要环境因素

指具有或能够产生重大环境影响的环境因素。

2.5 环境影响

全部或部分地由组织的环境因素给环境造成的任何有害或有益的变化。

2.6 质量验收

建筑工程质量验收分为单位（子单位）工程、分部（子分部）工程、分项工程和检验批。

2.7 单位工程

具有独立施工条件并能形成独立使用功能的建筑物及构筑物为一个单位工程。

2.8 子单位工程

建筑规模较大的单位工程，可将其能形成独立使用功能的部分，为一个子单位工程。

2.9 分部工程

按专业性质、建筑部位确定的工程。

2.10 子分部工程

当分部工程较大或较复杂时，按材料种类、施工特点、施工程序、专业类别而划分的工程。

2.11 分项工程

按主要工种、材料、施工工艺、设备类别等划分的工程。

2.12 检验批

按同一的生产条件或按规定的方式汇总起来供检验用的，由一定数量样本组成的检验体。

2.13 室外工程

根据专业类别和工程规划划分单位（子单位）工程，室外单位工程包括室外建筑环境和室外安装。子单位工程包括附属建筑、室外环境、给水与采暖、电气等。

目　　录

前　言 ………………………………………………………………………………………… 1

名词解释和术语定义 ……………………………………………………………………… 1

第一章　工程项目管理与控制 ……………………………………………………………… 1

第一节　对供方的选择与评价 ……………………………………………………………… 1

第二节　工程项目招标管理 ………………………………………………………………… 12

第三节　物资采购管理 ……………………………………………………………………… 28

第四节　项目合同管理 ……………………………………………………………………… 36

第五节　项目成本控制 ……………………………………………………………………… 41

第六节　施工准备管理 ……………………………………………………………………… 47

第七节　施工进度控制 ……………………………………………………………………… 55

第八节　工程质量控制 ……………………………………………………………………… 59

第九节　施工安全控制 ……………………………………………………………………… 79

第十节　项目文件资料管理 ………………………………………………………………… 96

第十一节　工程质量保修管理 ……………………………………………………………… 127

第十二节　物业交接管理 …………………………………………………………………… 138

第十三节　对供方再评价 …………………………………………………………………… 155

第十四节　项目部对监理单位监督管理作业指导书 ……………………………………… 160

第十五节　项目部对施工单位监督管理作业指导书 ……………………………………… 165

第二章　工程项目相关规章制度 …………………………………………………………… 170

第一节　工程款拨付实施办法 ……………………………………………………………… 170

第二节　设计变更、现场签证管理规定 …………………………………………………… 175

第三节　安全、环境和文明施工违章处罚细则 …………………………………………… 182

第四节　安全生产责任制度 ………………………………………………………………… 185

第五节　建设开发工程安全、环境和文明施工管理规定 ………………………………… 198

第六节　工程项目安全和文明施工监理协议 ……………………………………………… 204

第七节　工程项目安全和文明施工协议 …………………………………………………… 206

第三章　工程项目人力资源管理 …………………………………………………………… 209

第一节　工程部岗位入职标准 ……………………………………………………………… 209

第二节　工程项目管理人员岗位职责 ……………………………………………………… 211

第三节　工程项目管理人员绩效考核评定办法 …………………………………………… 213

附　录

一、相关法律、法规和其他要求清单 ………………………………………………………… 230

二、记录与管理控制程序对照表 ……………………………………………………………… 240

三、工程项目相关规章制度与管理控制程序对照表 ………………………………………… 242

第一章　工程项目管理与控制

第一节　对供方的选择与评价

一、对供方的选择与评价管理流程

序号	管理流程	工作内容	客观证据	责　任　人
1	对供方的识别与分类	施工单位—总包单位、分包单位；咨询服务单位—监理单位、咨询机构；物资供应单位—制造商、批发零售、代理商		招标业务主管、物资业务主管
2	合格供方选择与评价准则	与本企业有良好的合作历史、供方的品牌、质量、价格、服务承诺、资质、资源保证等七优先的原则		参加对供方评价人员
3	对供方初始评价	收集整理供方资料，对供方实地考察	对总包、分包、物资供应单位考察评价记录	招标业务主管、物资业务主管、参加考查人员
4	评价合格供方	对供方实地考察评价结果申报，组织评审会议，建立"合格供方名册"	选用合格供方报审表，合格供方名册	招标业务主管、物资业务主管、工程部长
5	建立供方资料库	分类建立合格、试点、不合格供方资料档案		招标业务主管、物资业务主管
6	最终使用供方的几种方式	采用招标、邀请招标、内定等多种方式		工程部长、主管生产副经理
7	对供方监督与再评价	执行"合同管理程序"和"对供方再评价程序"		各业务主管、项目经理

二、对供方的选择与评价程序

1. 目的

一个工程项目的建设需要多种类型和多个供方的合作才能完成,选择与评价合格供方,对保证工程质量、工期、进度、降低项目成本,满足业主的需求至关重要,也是施工前的一项必要的管理过程。

2. 适用范围

本程序适用于对供方的选择、评价与管理,不包括对勘察、设计单位供方的选择与评价。

3. 职责

3.1　工程部长负责组织对供方的选择、评价和确立合格供方。

3.2　招标和物资业务主管:分别负责对工程施工供方和物资供方的信息资料的收集、整理。

3.3　招标、物资、成本各业务主管,以及项目经理参与对供方的调查、评价工作。

3.4　生产副经理负责对合格供方名录的审查、批准。

4. 工作程序

4.1　对供方的识别和分类

4.1.1　施工单位

(1) 提供主体工程的施工方,称为总包单位;

(2) 提供专业和配套工程的施工方,称为分包单位(如桩基、装修、园林、绿化、道路等专业工程)。

4.1.2　咨询服务单位

(1) 提供工程监理服务,称为监理单位;

(2) 提供招标、审图服务,称为咨询服务机构。

4.1.3　物资供应单位

(1) 提供配套设备产品——制造商;

(2) 提供原材料产品——制造商、批发零售、代理商;

(3) 提供流体性材料——制造商(如商品混凝土)。

对以上物资的制造商、批发零售、代理商统一称为物资供应单位。

4.1.4　按照国际惯例和ISO9000标准要求对以上施工、咨询服务和物资供应单位统称为供方。

4.1.5　对勘察、设计单位的供方,不在工程部职能范围,故对此供方不作为选择和评价范围。

4.2　合格供方选择与评价准则

(1) 供方与本企业有良好的合作历史,具有满足合同要求的能力;

(2) 供方的品牌优先,在市场上有良好的信誉和知名度;

(3) 供方的质量优先,产品质量可靠,具有质量保证能力,并取得IS09001标准认证;

(4) 供方的价格优先,在保证产品质量的前提下,价格合理、优惠;

(5) 供方的服务承诺优先,按合同要求兑现工期、交货期、售后服务、质量保修、优质服务等承诺；

（6）供方的资源等级优先，有相应的施工能力等级、专业施工资质，有安全生产许可证、产品许可证、三C产品证书等；

（7）供方的资源保证能力优先，供方有较强的资金保证，有进行施工、生产能力，有雄厚的技术、人力资源、先进的生产设备、设施作基础。

4.3 对供方进行初始评价

4.3.1 收集整理供方资料

（1）工程部是供方资料接收的惟一部门，供方可以自荐，也可由相关部门或个人推荐；

（2）招标和物资业务主管依据4.2合格供方选择与评价准则收集整理供方资料，包括授权委托书（或代理证书）、营业执照、税务登记号、资质证明、企业简介、产品技术资料及价格、近3年业绩等。

4.3.2 对供方实地考察

（1）工程部长负责组织相关部门、人员对供方进行实地考察。实地考察参与人员包括项目经理、专业工程师、成本人员和各业务主管等，人员不少于3人。供方推荐人不得参加（甲方邀请除外）；实地考察主要是对总包、分包单位和物资供应单位进行考察。

（2）对总包单位考察可邀请监理单位参加。招标业务主管在考察期间重点考察施工单位资质、施工管理和队伍水平、施工业绩、社会声誉、与我企业合作历史等，并负责收集相关资料，填写“对总包单位考察记录”（表1－1－1）。

项目经理重点考察施工单位设备技术能力、工程质量、工期、安全保证措施与工程要求的符合性和配合的可行性等，并填写考察记录中相关栏目。对总包单位的选用通过招标程序进行。

（3）对分包单位考察可邀请监理和总包单位参加。

招标业务主管负责收集、核对分包单位填写的“工程分包单位资格调查表”（表1－1－2）和应提供的各种证件。

在实地考察后，由招标业务主管、项目经理和监理、总包单位共同对分包单位资格、业绩、工程质量、进度、安全技术保证措施、施工及设备能力分别作出评价。

（4）对物资供应单位考察，可邀请本企业前期部、设计部负责人参加，物资业务主管负责收集、核对物资供应单位有关产品证明材料，并填写“产品考察记录”（表1－1－4）。

在实地考察后，由采购、成本业务主管、项目经理和本企业前期部、设计部专业工程师共同对考察结果作出评价结论，并填写“对物资供应单位考察评价记录”（表1－1－5）。

4.3.3 对供方初始评价结果分为：可以合作、需要改进、重新评价、不能合作四类。

（1）对于可以合作的供方，可直接列入数据库中合格供方；

（2）需要改进的供方，限期整改后可列入数据库中试点供方；

（3）重新评估的供方，暂时不能参加投标，需重新考察；

（4）不能合作的列入不合格供方黑名单中。

4.4 评价合格供方

4.4.1 通过对施工单位和物资供应单位实地考察评价后，由招标和物资业务主管分别对选用的合格的施工单位和物资供应单位提出申请，并分别填写“选用合格供方报批表”（表1－1－6）。在征得本项目经理同意后向工程部长申报。

4.4.2　工程部长组织召开合格供方评审会议，邀请各业务主管、项目经理和相关部门负责人参加，对申报准备选用的合格施工单位和物资供应单位，作出合格或不合格的评价结论，报生产副经理批准。

4.4.3　经生产副经理批准的合格供方，由招标业务主管进行汇总编制“合格施工单位名册”（表1-1-7）。由物资业务主管进行汇总，编制“合格物资供应单位名册”（表1-1-8）。各编制的名册经主管领导签发后发至各相关部门。

4.5　建立供方资料库

4.5.1　对评价出合格供方，招标和物资业务主管分别建立施工单位、咨询服务单位和物资供应单位供方资料库，并在每年年底及时更新合格供方。

4.5.2　资料库中供方状态分为：合格、试点、不合格三类。凡考察不合格的列入不合格供方；考察合格但未合作过的列入试点供方。

4.5.3　正常情况下，资料库中每类合格、试点供方总数不得少于4家。邀请参加投标的供方必须是合格或试点供方。

4.6　最终使用供方的几种方式

——评价出的合格供方不等于全部使用；

——对主体工程的施工单位（即总包单位）均采用招标方式；

——对专业和配套工程的施工单位（即分包单位）和监理单位采用招标或邀请招标方式；

——对物资供应单位、咨询服务单位采取招标或内定等多种方式；

——以上几种招标方式，分别执行“工程项目招标管理程序”和“物资采购管理程序”。

4.7　对供方的监督和再评价

执行“项目合同管理程序”和“对供方再评价程序”。

5. 相关文件

5.1　“工程项目招标管理”（见本书第一章第二节）

5.2　“物资采购管理”（见本书第一章第三节）

5.3　“项目合同管理”（见本书第一章第四节）

5.4　“对供方再评价”（见本书第一章第十三节）

6. 记录

6.1　对总包单位考察记录（表1-1-1）

6.2　工程分包单位资格调查表（表1-1-2）

6.3　对工程分包单位考察评价记录（表1-1-3）

6.4　产品考察记录（表1-1-4）

6.5　对物资供应单位考察评价记录（表1-1-5）

6.6　选用合格供方报批表（表1-1-6）

6.7　合格施工单位名册（表1-1-7）

6.8　合格物资供应单位名册（表1-1-8）

对总包单位考察记录 表1－1－1

项目名称： 考察日期：

<table>
<tr><td rowspan="9">被考察企业简介</td><td>企业全称</td><td colspan="4"></td></tr>
<tr><td>企业注册</td><td colspan="4"></td></tr>
<tr><td>注册资金</td><td colspan="4">营业范围：</td></tr>
<tr><td>法人代表</td><td colspan="4">联系电话：</td></tr>
<tr><td>施工资质</td><td colspan="4"></td></tr>
<tr><td>管理模式</td><td colspan="4"></td></tr>
<tr><td>组织结构</td><td colspan="4"></td></tr>
<tr><td>管理人员</td><td colspan="4"></td></tr>
<tr><td>近几年经营情况</td><td colspan="4"></td></tr>
<tr><td rowspan="4">合作伙伴</td><td>建设单位</td><td colspan="4"></td></tr>
<tr><td>施工单位</td><td colspan="4"></td></tr>
<tr><td>监理单位</td><td colspan="4"></td></tr>
<tr><td>设计单位</td><td colspan="4"></td></tr>
<tr><td rowspan="10">工程概况</td><td>项目名称</td><td colspan="4"></td></tr>
<tr><td>工程地点</td><td colspan="4"></td></tr>
<tr><td colspan="5">工作内容：（土建、水、暖、电、通风、消防、电梯、桩基、基础、支护等）</td></tr>
<tr><td colspan="5">建筑规模：
总建筑面积 其中：地下 楼座地下人防：
层数 地上 地下 总高 地下</td></tr>
<tr><td colspan="5">结构类型：（砖混、框架、框剪、剪力墙、短肢剪力墙）</td></tr>
<tr><td colspan="5">主要建设标准：（填充材料、门窗、外墙装饰、护栏、入户门、精装或粗装）</td></tr>
<tr><td colspan="5">使用性质：（住宅、写字楼、酒店、商业、厂房等）</td></tr>
<tr><td>开竣时间</td><td rowspan="2"></td><td>日历天数</td><td></td></tr>
<tr><td>合同造价</td><td>甲方造价</td><td></td></tr>
<tr><td>参加考查人员签字</td><td colspan="5"></td></tr>
<tr><td rowspan="6">总包单位自填部分</td><td>项目组织机构</td><td colspan="4"></td></tr>
<tr><td>施工劳务队伍</td><td colspan="4"></td></tr>
<tr><td>安全文明保障措施</td><td colspan="4"></td></tr>
<tr><td>工期保障措施</td><td colspan="4"></td></tr>
<tr><td>质量保障措施</td><td colspan="4"></td></tr>
<tr><td>工程资金保障情况</td><td colspan="4"></td></tr>
<tr><td rowspan="8">甲方、监理考察情况</td><td>项目经理考核情况</td><td colspan="4"></td></tr>
<tr><td>项目班子考核情况</td><td colspan="4"></td></tr>
<tr><td>劳务、分包队伍情况</td><td colspan="4"></td></tr>
<tr><td>安全文明施工情况</td><td colspan="4"></td></tr>
<tr><td>工期进度考核情况</td><td colspan="4"></td></tr>
<tr><td>质量考核情况</td><td colspan="4"></td></tr>
<tr><td>造价合同考核情况</td><td colspan="4"></td></tr>
<tr><td>综合评述</td><td colspan="4"></td></tr>
</table>

招标业务主管： 监理代表：

工程分包单位资格调查表 表1－1－2

编码：

<table>
<tr><td colspan="2">分包单位名称</td><td colspan="4"></td></tr>
<tr><td>地　址</td><td colspan="3"></td><td>法定代表人</td><td></td></tr>
<tr><td>电　话</td><td></td><td>传　真</td><td></td><td>邮　编</td><td></td></tr>
<tr><td>联系部门</td><td></td><td>联系人</td><td></td><td>电　话</td><td></td></tr>
<tr><td>企业等级</td><td></td><td>执照号</td><td></td><td>资质证号</td><td></td></tr>
<tr><td>资金情况</td><td colspan="5"></td></tr>
<tr><td>职工人数</td><td colspan="5">全员　　人，其中：技术工人　　人，工程技术人员　　人</td></tr>
<tr><td>主要施工设备情况</td><td colspan="5"></td></tr>
<tr><td>为本企业服务情况</td><td colspan="5"></td></tr>
<tr><td>其他说明</td><td colspan="5"></td></tr>
</table>

填表单位：　　　　填表人：　　　　年　月　日

注：本表由分包单位填写。表后需附：

1. 营业执照、资质证书复印件；
2. 进省(市)施工许可证复印件；
3. 安全资格证书复印件；
4. 如有其他资料请附表后。

对工程分包单位考察评价记录 表1－1－3

编码：

序号	评价项目	评价部门	评价意见
1	按要求提供有关资料，包括信誉、业绩等	工程部、项目部、监理、总包单位	年　月　日
2	工期进度、保修、售后服务、保修措施	工程部、项目部、监理、总包单位	年　月　日
3	技术方案、安全措施及技术资料等	工程部、项目部、监理、总包单位	年　月　日
4	工程质量保证	工程部、项目部、监理、总包单位	年　月　日
5	队伍设备具备能力	工程部、项目部、监理、总包单位	年　月　日
生产副经理批准： 年　月　日		工程部长审核意见： 年　月　日	

产品考察记录 表 1－1－4

考察日期：

被考察企业简介	企业全称			
	企业地址			
	注册资金		法人代表	
	联系方式			
	营业范围			
	企业简介			
	主要产品			
被考察产品情况	产品名称			
	产品特点			
	生产规模			
	生产设备			
	供货方式			
	生产流程			
	产品比较			
	产品已供货项目情况			

备注：（厂房及设备见照片）

综合评述：

考察人员：

对物资供应单位考察评价记录 表 1-1-5

<table>
<tr><td colspan="2">供方名称(代理需注明)</td><td></td></tr>
<tr><td rowspan="3">基本信息</td><td>企业性质、资产情况、资质、质量认证、银行资信、企业经营业务范围</td><td></td></tr>
<tr><td>人员组成和生产机械设备状况</td><td></td></tr>
<tr><td>地址、联系人及电话、传真、电子邮件</td><td></td></tr>
<tr><td>产品或服务信息</td><td>产品(品牌、主要原料、原料产地及配件、生产能力、供货周期、供货区域、质量检验标准、检验部门保修期、价格概况等)、服务(内容、技术力量、信誉、与业主配合等)</td><td></td></tr>
<tr><td rowspan="2">业绩信息</td><td>近两年业绩</td><td></td></tr>
<tr><td>与本企业合作情况</td><td></td></tr>
<tr><td colspan="2">项目考察信息(名称、地点、品质等内容)</td><td></td></tr>
<tr><td rowspan="5">考察人员意见</td><td>工程部采购业务主管</td><td>签字:</td></tr>
<tr><td>工程部成本业务主管</td><td>签字:</td></tr>
<tr><td>项目部专业工程师</td><td>签字:</td></tr>
<tr><td>前期部专业工程师</td><td>签字:</td></tr>
<tr><td>设计部专业工程师</td><td>签字:</td></tr>
<tr><td rowspan="2">考察评定结论</td><td>可以作为试点□</td><td rowspan="2"></td></tr>
<tr><td>不合格□</td></tr>
</table>

选用合格供方报批表

表 1－1－6

编码：

<table>
<tr><td colspan="2">合格供方名称：</td></tr>
<tr><td colspan="2">分包工程名称或采用产品名称：</td></tr>
<tr><td>业务主管申报理由</td><td>招标成本主管：
或物资业务主管：　　年　月　日</td></tr>
<tr><td>项目部意见</td><td>项目经理：　　年　月　日</td></tr>
<tr><td>工程部审批</td><td>工程部长：　　年　月　日</td></tr>
<tr><td>主管领导审批</td><td>生产副经理：　　年　月　日</td></tr>
</table>

注：本表由工程部业务主管对选用合格的施工单位或物资供应单位申报，征求项目经理意见后，报主管领导审批。

表 1－1－7

合格施工单位名册

编号：

序号	施工单位名称	原注册地	资质等级	经济性质	注册资金	可分包工程内容	法定代表人	联系人	联系电话

主管领导：　　部门负责人：　　制表：　　年　月　日

注:1. 本表由工程部招标业务主管填写；

2. 正式发布加盖公章发至相关部门。

合格物资供应单位名册

表 1－1－8

编号：

序号	供应单位名称	企业性质	生产所在地	产品名称	法定代表人	联系人	联系电话

主管领导：　　　　制表：　　　　年　月　日

注：1. 本表由工程部招标业务主管填写；

2. 正式发布加盖公章发至相关部门。

第二节　工程项目招标管理

一、工程项目招标管理流程

<table>
<tr><th>序号</th><th colspan="2">管理流程</th><th>工作内容</th><th>客观证据</th><th>责任人</th></tr>
<tr><td>1</td><td colspan="2">遵守十项招标原则</td><td>遵守:公开公平、全面整体、工程量清单招标、资质审查、择优中标、保密、可追溯、廉洁奉公、及时快速、严肃招标</td><td></td><td>参加招标工作人员</td></tr>
<tr><td>2</td><td colspan="2">掌握招标条件的落实</td><td>与相关部门进行沟通、了解、收集和掌握工程招标条件是否落实</td><td>招标条件落实记录</td><td>招标业务主管</td></tr>
<tr><td>3</td><td colspan="2">确定招标方式及编制招标公告</td><td>主管经理确定公开招标,还是邀请招标,编制招标公告或邀请书</td><td>招标公告</td><td>主管经理、招标业务主管</td></tr>
<tr><td>4</td><td colspan="2">编制招标文件</td><td>自行或委托咨询机构编制招标文件,审核与批准招标文件</td><td>招标文件、招标文件审核记录</td><td>业务主管、项目经理、主管经理</td></tr>
<tr><td>5</td><td colspan="2">组织图纸会审</td><td>组织有关人员或委托相关业务单位对图纸、技术方案可行性进行会审</td><td>图纸会审记录</td><td>招标业务主管</td></tr>
<tr><td>6</td><td colspan="2">组织工程量清单编制</td><td>组织有关人员或委托咨询单位编制工程量清单,审查图纸存在问题</td><td>工程量清单</td><td>成本业务主管</td></tr>
<tr><td>7</td><td colspan="2">对投标人进行资格预审</td><td>依据资格预审条件,组织有关人员对投标人资格审查,合格者获取招标文件</td><td>投标人资格预审记录</td><td>工程部长、招标业务主管、项目经理及相关人员</td></tr>
<tr><td>8</td><td colspan="2">发标、答疑</td><td>1. 发放招标文件;
2. 必要时,组织潜在投标人踏勘项目现场;
3. 召开答疑会</td><td>发标记录</td><td>工程部长、招标业务主管、项目经理</td></tr>
<tr><td>9</td><td colspan="2">编制标底</td><td>按当前市场价格,编制标底,标底保密</td><td>标底</td><td>主管经理、标底编制人</td></tr>
<tr><td rowspan="2">10</td><td rowspan="2">定标</td><td>公开招标</td><td>确定评标机构,组成评标小组,并对投标文件进行评标</td><td>评标报告、定标资料档案、中/落标通知书</td><td>主管经理、招标业务主管</td></tr>
<tr><td>邀请招标</td><td>组织评标会,确定中标单位</td><td>开标纪录评标、定标审批表、中/落标通知书</td><td>主管经理、招标业务主管</td></tr>
<tr><td>11</td><td colspan="2">对采用邀请招标方式的定标</td><td>1. 定标按 A、B、C 分类;
2. 对符合 A、B、C 类范围的供方可中标;
3. 废标的条件</td><td>约谈记录
定标记录</td><td>招标业务主管、成本业务主管、主管业务经理</td></tr>
<tr><td>12</td><td colspan="2">签约及后续工作</td><td>与中标单位签订合同,向项目部进行合同交底,招标文件归档</td><td>合同文本及记录</td><td>招标业务主管</td></tr>
</table>

二、工程项目招标管理程序

1. 目的

为了提高本企业工程项目招标管理水平,实现招标管理科学化、标准化和程序化,特制定本程序。

2. 适用范围

本程序适用于本企业工程项目对施工、监理、咨询服务单位与物资供应单位的招标。

3. 职责

3.1　工程部主要负责工程施工和监理单位的招标组织工作,其内容包括:施工总承包、供热(二次管网)、供水(二次管网以及加压等)、室外排水(二次管网)、消防、弱电、电梯、绿化(种植、道路、照明等)等配套工程和主要设备的招标组织工作。

前期部主要负责前期工作的招标组织,包括:设计、勘察、燃气工程、供配电工程等。

3.2　招标业务主管是实施本程序的主要负责人,负责:

(1) 编制招标文件、发标、组织评审技术标,整个招标工作;

(2) 确定工程范围内工期、进度、技术、质量、安全要求、验收标准、保修条件等内容;

(3) 招标资料收集、整理、保存、归档。

3.3　成本业务主管

(1) 参与发标及开标,负责接标和评审经济标,主持经济标谈判;

(2) 负责编制工程量清单,提供目标成本。

3.4　物资业务主管

(1) 负责组织主要工程设备等物资的招标工作;

(2) 负责对物资招标资料的收集、整理、保存、归档。

3.5　项目经理

(1) 参与技术标评审,提出评标意见,根据需要参与谈判;

(2) 协助招标业务主管提供招标的技术要求,质量、安全要求,验收、保修要求等事宜。

3.6 规模较大的工程,依据领导指示,委托招标代理机构进行工程招标时,工程部可参照本程序协助代理机构做好招标工作。

4. 工作程序

4.1　招标原则

4.1.1　公开公平原则

整个招标过程应有充分的透明度,各业务主管之间应积极配合、全面沟通、信息共享。所有招标决策应在招标小组内集体公开决策,杜绝暗箱操作。相关人员有权利和义务了解招标全过程和相关材料。

4.1.2　全面、整体招标原则

凡符合招标要求的项目都要以招标方式确定承包单位。没有特殊情况应该尽量避免将整体招标项目直接或间接化整为零。

4.1.3　工程量清单招标原则

招标前,自行或委托咨询公司编制工程量清单,原则上不允许进行费率招标。

4.1.4　资质审查原则

所有投标单位都要经过严格的资质预审。工程投标单位应是列入本企业的合格供方，方有资格参加投标。

4.1.5　充分竞争、择优中标原则

每次招标都应有充分适量的投标单位参与投标，保证招标具有充分竞争性，应选择具有充分竞争优势的单位中标。一般情况，投标单位不得少于3家。

4.1.6　保密原则

招标文件、评标过程、谈判内容、未发放中标通知书前的定标意向等，都是重要机密不得泄露或做不当承诺，并应要求各投标单位对自己的投标资料保密，防止串标。

4.1.7　可追溯原则

招标资料，包括：对供方考察评价记录、招标文件、投标文件、清标数据文件、开标和谈判记录、评标定标报告、相关会议纪要等，应及时整理归档，妥善保管，并具有可追溯性。

4.1.8　廉洁奉公原则

所有与招标工作相关的员工必须以维护本企业利益为工作出发点，保持廉洁，不得利用职务、职权之便谋求私利。任何个人不得影响招标小组进行客观、公正的评价。

4.1.9　及时快速原则

一般情况，在对施工单位或物资供应单位进行充分考察的基础上，安排入围单位进行投标，履行评标程序后十天内办理中标手续。

4.1.10　严肃原则

工程招标工作一旦开始，各负责人及相关部门必须严肃对待，已经确定中标单位任何人不得随意更改。

4.2　招标条件的落实

4.2.1　工程部招标业务主管，应与前期部等有关部门进行沟通、了解、收集和掌握工程招标条件是否落实、齐全，并填写“招标条件落实记录”（表1-2-1）。招标条件包括以下内容：

（1）按照国家和当地有关规定办理各项审批手续；

（2）有满足施工要求和齐全的设计图纸和技术资料；

（3）办理了报建备案手续；

（4）建设工程资金或资金来源已经落实；

（5）有关法律、法规、规定的其他条件。

4.2.2　对未落实，需要催办的审批手续或资料，招标业务主管应填写“信息联络处理单”（通表8），报工程部长。

4.3　确定招标方式

4.3.1　在已经具备招标条件下，招标业务主管向工程部长汇报招标条件的落实结果，并请示确定招标方式。

4.3.2　公开招标范围

建设规模标准按工程项目的单位工程为施工发包的最小标段，且房屋建设工程建筑面积在1000m^2（含1000m^2），或施工发包的最小标段合同在50万元以上（含50万元）的建设工程。设计、监理、施工承包合同内容（包括打桩、土建、给水排水、采暖、电气等主体专业安装工程)，应遵照本地区有关规定，必须在有形建筑市场内依法公开招标。

4.3.3　邀请招标范围

(1) 施工发包的最小标段合同在50万元以下的建设工程，实行邀请招标；

(2) 建设项目工程招标手续以及合同备案完成后，其专项配套工程(包括小区二次管线、消防、弱电、绿化等工程)执行邀请招标(招标备案制)；

(3) 金额大于或等于10万元的工程，施工、监理、工程咨询服务单位必须实行招标选择合作单位，避免将应统一招标的分部分项工程直接或间接化整为零，规避招标。

4.3.4　直接委托合作单位

(1) 金额大于10万元，但属于下述情况时：

① 政府委托；

② 因技术、市场原因造成实质性垄断，投标单位不足3家，且标的物无替代性；

③ 在工程计划之外出现的突发需求(如工期紧急或本企业半年内进行过同类需求招标，且市场价格没有明显波动的)，经本企业领导批准后，可采用直接委托或议标确定。当供方单位在一家以上可供选择时，优先采用议标。由招标业务主管及相关业务主管不少于两人与供方谈判签订合同。

(2) 标底在10万元以下的可不招标，由工程部按“两人经手、货比三家”的原则进行，经主管经理批准，工程部备案。

(3) 议标应按如下要求执行：

① 参与议标的单位不得少于2家，常规工程应选择至少3家参与议标；

② 议标的谈判必须有合同和成本业务主管同时参与，并按约谈结果填写“评标定标审批表”(表1-2-2)，约谈记录(表1-2-3)作为审批表附件同时报批。

(4) 直接委托时应按如下要求执行：

① 价格可以谈判时，由物资、成本业务主管和项目经理共同参与谈判；

② 经办人填写“评标定标审批表”(表1-2-2)，报主管经理审批。

4.3.5　公开招标运行程序

(1) 起草招标公告→向行政主管部门申请公示办证备案手续；

(2) 公开招标应严格按照当地政府相关规定，办理工程报建、招标、投标、合同审查、质量监督和建设监理等手续。

4.3.6　邀请招标运行程序

(1) 向符合投标单位发出投标邀请；

(2) 邀请招标，根据工程项目实施情况按专项配套工程和甲控部分分别实施管理。具体管理办法如下：

1) 专项配套工程的招标程序及办法

① 成立评标小组

评标小组设组长、副组长和成员。评标小组不得少于5人。人员组成根据不同工程项目分别邀请有关人员和相关部门参加。

② 招标程序及组织办法

招标必须邀请3个以上(包括3个)投标单位。投标单位应编制技术方案(技术方案要求简单的可以省略)和报价投标。组织者负责编制投标文件评审表，各评委签署意见后，由组织者根据评标结果评定中标单位。

2）甲控部分招投标工程

根据项目方案策划要求以及实施过程的需要，对外观效果、质量技术、造价、付款方式、售后服务等进行必要把关控制的子项，实行签署三方协议的方式。此协议仅作为以上几项的管理要求，不承担合同中其他必要的责任。

① 评标小组：由工程部长、合同和成本业务主管、项目经理、总包单位、监理单位组成。

② 招标程序：招标业务主管具体负责组织编制招标文件（技术方案要求简单的可以省略），邀请3个以上（包括3个）施工单位进行技术方案和报价投标，组织者负责编制投标文件评审表，各评委签署意见后，招标业务主管报组长及主管经理领导，评定中标单位。

4.3.7　编写招标公告或邀请书，其内容包括：

（1）招标人名称和地址；

（2）招标项目内容、规模、资金来源；

（3）招标项目实施地点和工期要求；

（4）获取招标文件或资格预审文件的地点和时间；

（5）招标文件或资格预审文件应收取的费用；

（6）招标人资质等其他要求。

4.4　编制招标文件

4.4.1　招标业务主管或委托咨询公司编制招标文件，其编制主要内容包括：

（1）投标邀请书；

（2）投标须知（包括工程概况、招标范围、资格审查条件、投标报价要求、投标有效期等）；

（3）合同主要条款；

（4）投标文件格式、编制要求及附录；

（5）采用工程量清单招标的，应当提供工程量清单；

（6）技术条款、工程保修要求；

（7）设计图纸；

（8）评标标准和方法；

（9）投标保证金；

（10）投标辅助材料；

（11）招标文件其他要求：

① 招标文件的技术标准，应符合国家强制性标准，在招标文件中不得标明指定的专利、商标、名称、设计、原产地和生产供应者；

② 施工招标项目，需要划分标段的，应按确定工期合理划分标段；

③ 招标文件应当规定一个适当的有效期；

④ 施工招标项目超过12个月，招标文件中应规定工程造价指数体系、价格调整因素和调整方法。

4.4.2　招标文件的审核与批准

（1）招标文件编制后，工程部长组织招标业务主管和成本业务主管、项目经理，分别对重要条款和内容进行审核，提出修改意见。审核人应填写“招标文件审核记录”（表1-2-4）。

（2）招标文件审核重点包括以下内容：

① 招标文件内容是否齐全、符合法规要求；

② 合同条款、合同附件（协议）是否完整、准确；

③ 审核施工图纸与造价有关的内容是否吻合、准确；

④ 工程量清单是否漏项、准确、合理；

（3）招标业务主管，应收集招标文件审核记录或组织审核人员对招标文件提出的修改意见进行会审，再对招标文件进行修改后，报主管经理审批，予以发布。

（4）经审核批准的招标文件，由招标业务主管报本地区建设工程招、投标监督管理机构备案。

4.5　图纸审查

由招标业务主管组织有关人员或委托相关业务单位，对图纸技术方案的可行性和设计标准进行会审。

4.6　工程量清单编制

由成本业务主管组织有关人员或委托咨询服务单位编制工程量清单，同时审查图纸存在的问题。

4.7　对投标人进行资格预审

4.7.1　根据招标项目本身的特点和需要，若采取对潜在投标人进行预审时，招标业务主管应在招标公告中，明确预审资格条件、时间、标准和方法。

4.7.2　工程部长组织项目经理、招标业务主管和相关人员，对潜在投标人资格进行预审，并填写“投标人资格预审记录”（表1－2－5）。

4.7.3　对投标人资格预审应符合下列条件：

（1）具有独立订立合同的权利；

（2）具有履行合同的能力，包括专业、设计资格和能力，资金、设备和其他物质设施状况，管理能力、经验、信誉和相应从业人员；

（3）没有处于被责令停止或取消投标资格、财产被接管冻结、破产状态；

（4）在最近3年内没有骗取中标和严重违约及重大工程质量问题；

（5）法律、行政法规规定的其他资格条件。

4.7.4　经资格预审后，工程部（或代理机构）应向资格预审合格的潜在投标人发出资格预审合格通知书，告知获取招标文件的时间、地点和方法，并同时向资格预审不合格的潜在投标人告知预审结果，并不得参加投标。

4.8　发标、答疑

4.8.1　招标文件的发放由工程部长组织发标会直接发放给投标单位，并在“发标记录”（表1－2－6）上登记。为保证投标单位履行其投标承诺，本企业应收取投标保证金，招标工作结束后招标业务主管负责退还。

4.8.2　组织投标人踏勘现场。

工程部长根据招标项目的具体情况，可以组织潜在投标人踏勘项目现场。

4.8.3　招标答疑会由工程部长组织。对招标工程概况、技术要求、报价要求及招标中的非常规做法向所有的投标方进行交底，避免理解偏差。特别应注意由于图纸某一项的变更所引起的其他相关变更所导致招标工作的变化。

4.8.4　招标答疑要做好记录工作,将招标文件的附件发给所有投标单位(包括投标期间招标方认为需要回答的投标方的其他疑问)。

4.8.5　投标单位应在招标文件规定的日期之前将投标文件送交工程部。无特殊原因不能按时回标的视为废标,接标人应予以记录。如遇特殊情况(如不可抗拒)可以酌情考虑。

4.9　编制标底

4.9.1　工程部长根据项目特点报主管经理决定是否编制标底,如须编制标底,编制人对标底必须保密。

4.9.2　编制标底应根据批准的初步设计、投资概算有关计价办法,参照有关工程定额,结合市场供求状况,综合考虑产品标准、工期、质量、安全文明施工和施工方案等方面因素,合理确定。

4.9.3　标底编制也可委托中介机构。一个工程只能编制一个标底,标底不报审,不受任何单位和个人干预。

4.10　采用公开招标方式的开标、评标和定标

公开招标由建设工程招投标监督机构或招标代理机构组织的开标、评标和定标会议,工程部派人参加,并对有关招标问题进行核定。

4.11　采用邀请招标方式的开标、评标

4.11.1　开标时招标业务主管和相关专业主管或现场负责人两人以上现场拆封,并由参加开标的全体人员在"开标记录"(表1-2-7)上签字确认。

4.11.2　招标业务主管负责组织评标会,参与评标人员原则上依据本企业定标审批权限确定。

4.11.3　经济标评比由成本业务主管负责,技术标评比由现场项目经理及相关专业人员负责。对技术要求高,或配合、维修服务有特殊要求的采购先评技术标。技术标评比结束通过后再评经济标。一般采购的技术标和经济标可同时评比。

4.11.4　如发现投标人技术或经济标书内容表述不清、理解存在差异,对评标结果会产生明显影响的,由工程部长报主管经理同意后,可要求投标单位对标书予以澄清,并用书面形式列明澄清内容送招标人作为评定的补充依据。投标单位对标书的澄清不得造成对原投标文件构成实质性修改,否则不予接受。

4.12　采用邀请招标方式定标

4.12.1　定标按如下A、B、C三种原则类型,三种类型是针对不同的情况。

A类,最低价投标单位中标;

B类,按最低价另择技术实力与配合情况良好的投标方中标;

C类,选择技术实力与配合情况良好的单位在不超过最低价5%的范围内中标。

4.12.2　各类型适用范围

A类适用范围:技术要求一般的工程或技术要求较高,但所有投标方的技术实力和配合态度相当。只要最低投标价不是明显低于成本,则应由其中标。

B类适用范围:

① 技术要求较高;

② 投标方的技术实力和配合情况相差较大。

满足以上两个条件时,可选择综合评比最高的单位进行谈判,要求对方调整报价到最低

标或最低标以下。一般情况，此类定标方法不宜超过招标总量的30%（按招标金额计算）。

C类适用范围：

①技术要求较高；

②技术实力与配合态度相差极为悬殊。

综合评比最高的单位不同意调整至最低标价，或者招标方认为不宜再进行谈判，可以在不超过最低价5%的范围内选择综合评比最高的单位中标。咨询服务类、样板房装修示范区装修中标单位的定标价，可不限于5%，根据实际情况适当上浮。

技术实力指：投标方资质、技术实力、工期及质量承诺；项目经理和主要技术人员水平；近期及在建工程质量及获奖情况。

配合情况指：施工和保修期配合的主动性和及时性，进度款申报的合理程度，预结算核对的配合情况等。

4.12.3　招标业务主管负责填写"评标定标审批表"，按照本企业定标审批权限经主管领导审批后确定中标单位，必要时填写发放"中/落标通知书"。

4.12.4　下列情况不应确定中标单位，应作为废标，须重新招标：

（1）有效投标少于3份；

（2）招标产品出现大的设计变更，使投标报价无效；

（3）投标单位相互串通投标。

4.13　签约及后续工作

（1）在中标通知书规定或口头通知规定的合同签订时间之内，合同业务主管负责按照招标文件中的合同条件和中标单位的最后承诺与中标单位签订合同，执行"合同管理程序"；

（2）工程部长或合同业务主管组织相关人员向现场项目部进行合同交底；

（3）招标业务主管负责招标资料的整理归档（包括招标文件、投标文件、总包与分包单位考察结果审批表、答疑记录、开标和评标记录、评标、定标、审批表、约谈记录、相关会议纪要等）。

5. 相关文件

5.1《中华人民共和国招标投标法》（主席令第21号，2000年1月1日实施）

5.2《工程建设项目施工招标投标办法》（建设部等七部委第30号，2003年3月8日）

6. 记录

6.1 招标条件落实记录（表1－2－1）

6.2 评标、定标审批表（表1－2－2）

6.3 约谈记录（表1－2－3）

6.4 招标文件审核记录（表1－2－4）

6.5 投标人资格预审记录（表1－2－5）

6.6 发标记录（表1－2－6）

6.7 开标记录（表1－2－7）

6.8 中标通知书（表1－2－8）

6.9 落标通知书（表1－2－9）

6.10 信息联络处理单（通表10　见本书第一章第十节）

招标条件落实记录 **表1-2-1**

应履行办理的各项手续： 环保、消防、临时用电、供热、电话、有线电视、用地、大配套、小配套等。 未办项目：			
设计图纸、技术资料 已用： 缺少：			
是否办理备案手续			
资金来源是否落实			
其他			
催办事项：			
记录人		日期	

评标、定标审批表

表 1－2－2

<table>
<tr><td>项目名称</td><td colspan="4"></td><td>采购内容</td><td colspan="3"></td></tr>
<tr><td>招标方式</td><td colspan="8">□邀请招标□议标□直接委托□清单招标□单价招标□费率招标</td></tr>
<tr><td>目标成本/参考价</td><td colspan="4"></td><td>评标时间</td><td colspan="3"></td></tr>
<tr><td rowspan="2">投标单位</td><td colspan="2">投标报价(元)</td><td colspan="2">最终优惠报价(元)</td><td rowspan="2">工期(天)</td><td rowspan="2">质量</td><td rowspan="2">保修</td><td rowspan="2">备注</td></tr>
<tr><td>单价</td><td>总价</td><td>单价</td><td>总价</td></tr>
<tr><td></td><td></td><td></td><td></td><td></td><td></td><td></td><td></td><td></td></tr>
<tr><td></td><td></td><td></td><td></td><td></td><td></td><td></td><td></td><td></td></tr>
<tr><td></td><td></td><td></td><td></td><td></td><td></td><td></td><td></td><td></td></tr>
<tr><td></td><td></td><td></td><td></td><td></td><td></td><td></td><td></td><td></td></tr>
<tr><td colspan="5">定标结论</td><td colspan="4">定标方式：
A 最低价中标
B 谈判至最低价中标
C 超过最低价　　　　中标</td></tr>
<tr><td>会签</td><td colspan="2">成本业务主管：</td><td colspan="2">专业工程师(或物资业务主管)：</td><td colspan="4">现场相关负责人：</td></tr>
<tr><td rowspan="2">领导审批</td><td colspan="2">工程部：</td><td colspan="2">设计部：</td><td colspan="4">前期部：</td></tr>
<tr><td colspan="4">总经理：</td><td colspan="4"></td></tr>
</table>

注：定标审批流程按照企业的权限执行。

约 谈 记 录　　表1-2-3

<table>
<tr><td>约谈项目</td><td colspan="3"></td></tr>
<tr><td>约谈单位</td><td colspan="3"></td></tr>
<tr><td>约谈时间</td><td></td><td>地点</td><td></td></tr>
<tr><td>参加人员</td><td colspan="3">我方：

对方：</td></tr>
<tr><td>约谈内容记录及约谈结果</td><td colspan="3"></td></tr>
<tr><td>参与人员会签</td><td colspan="3"></td></tr>
<tr><td>记录人</td><td colspan="3"></td></tr>
</table>

注：本表适用于工程部主持投标文件澄清和谈判。

招标文件审核记录

表 1-2-4

工程项目名称：

审查重点内容：
招标文件内容是否齐全、符合法规要求；
合同条款、合同附加协议是否完整、准确；
审核施工图纸与造价有关内容是否吻合、准确；
工程量清单是否漏项、准确、合理。

审核意见：

审核结论：

审核人：　　　　日期：

投标人资格预审记录 表1－2－5

工程项目名称：

投标人(单位)：

投标人提供的文件名称：

投标人资格预审符合性要求：

投标人资格不符合性要求：

结论： 审核人： 日期：

发　标　记　录　　　　表1-2-6

招标文件名称：						
发表时间：			发表地点：			
发标人：			发表记录：			
序号	投标单位	投标代表	联系方式	E-mail	传真	投标保证金

其他备忘事宜：

开　标　记　录　　　　表1-2-7

开标内容：			开标时间：		
编号	投标单位名称	投标价（元）	标书送到时间	标书有效性审核	备注
1					
2					
3					
4					
5					
6					
7					
8					
9					
开标人签名			读标人签名		

中标通知书 表1－2－8

____________________：

经过__________________(招标单位名称)招标领导小组批准，先确定由贵公司承担_________________(中标工程名称及主要内容概述)，贵公司承诺接受我公司该工程招标文件的全部内容，包括约谈记录等增补修订内容和双方达成一致的书面资料。

请贵公司注意以下事项：

1. 接到本通知后_____________(时间要求)与现场联系进场事宜(联系人：____________，电话：______________)。

2. 尽快办理____________等必要的手续(指政府行业要求)。按招标文件要求于_____________(时间要求)前办理产品封样手续。

3. 按招标文件要求于_____________(时间要求)前到我公司财务部递交履约保证金人民币______________元。

4. 尽快与公司工程部联系合同事宜(联系人：__________，电话：____________)，并于_____月_____日前签订合同。

5. 如因你方原因发生如下情况(可能包括，但不限于)：撤标、对于双方已达成一致的事宜坚持修改、未能按我公司要求及时递交履约保证金、未能按时办妥相关必要手续(如进市证等)、未能按约定履行先前签订合同，本中标通知书作废，投标保证金不予退回，并且我公司保留进一步追偿的权利。

6. 收到本通知书后两个工作日内书面回复收到和确认，或由授权委托人签收。

7. 本中标通知书和恢复签收将作为合同的有效组成部分。

××××建设开发公司

年 月 日

拟文： 审核： 签发：

落标通知书　　表 1－2－9

________________：

经过________(招标单位名称)招标领导小组审议,贵公司在________(招标工程名称)招标中未能中标。

请贵公司接到本通知后________(时间要求)按照投标要求将我公司招标资料全部退回,并凭原始收据办理投标保证金(无息)返还。联系人:______联系电话:______。若资料缺失我方有权将投标保证金部分或全部予以没收。若逾期 30 天未办理投标保证金退还,视为贵方放弃,我公司不再办理。

我们对贵公司的参与表示衷心感谢,并期待下次合作。

××××建设开发公司

年　月　日

拟文:　　　　审核:　　　　签发:

第三节　物资采购管理

一、物资采购管理流程

序号	管理流程	工作内容	客观证据	责　任　人
1	对物资采购要求的策划	①应符合设计和施工图的要求；②应符合工程成本控制的要求；③应符合工程质量国家标准的要求；④应符合国家有强制性产品认证的要求；⑤应符合特殊产品有生产许可证的要求；⑥应符合环境保护的要求；⑦应符合节能的要求	依据策划结果编制物资年(季、月)度采购计划	工程部长、物资、成本招标业务主管、项目经理及相关人员
2	对物资采购方式的策划	①甲供采购方式包括邀请招标定向选择；②乙供采购方式包括甲方指定、甲方限价和乙方自采三种方式		
3	对产品验证方式的策划	①实物选择与封样验证； ②到厂家实地验证； ③物资进场验证		
4	对物资采购管理与控制	①采用邀请招标方式进行采购；②采用甲方指定或甲方限价乙供进行采购；③采用实物选择与封样进行产品验证；④采购产品进场验证；⑤以顾客财产方式向施工单位移交	采购招标会通知单，甲方限价/指定材料，设备通知单，材料设备封样清单	物资、成本招标业务主管、专业工程师、监理人员
5	物资采购合同与文件管理	与物资供应单位签订合同，物资业务主管负责采购文件收集汇总、归档	合同文本 采购文件	合同、物资业务主管

二、物资采购管理程序

1．目的

为了加强建设开发工程项目物资采购管理，确保采购物资符合设计、成本、工程质量、安全、环保、节能等要求特制定本程序。

2．适用范围

本程序适用于对甲供和乙供物资的采购进行管理与控制。

3. 职责

3.1　工程部长负责组织物资、招标、成本业务主管和项目经理对物资采购要求进行策划。

3.2　物资业务主管负责对甲供和乙供采购物资的管理与控制

3.3　成本业务主管对甲供和乙供物资的采购的成本进行控制 。

3.4　招标业务主管和项目经理参与对甲供和乙供物资采购的相关工作。

4. 工作程序

4.1　物资采购的策划

建设一个工程项目需要上千种的物资，而对物资产品的采购好坏直接影响到工程质量、安全、工期和工程成本计划目标的实现。因此作为建设单位对物资采购的策划应包括以下内容：

4.1.1　对物资采购要求的策划

(1) 应符合设计和施工图的要求，依据设计单位提供的采购物资清单和施工图澄清及确定采购主要产品的名称、规格、数量和采购周期。

(2) 应符合工程成本控制的要求，需采购的主要产品，根据目前市场的价格应与预算成本对照，确定应控制的采购价格。

(3) 应符合工程质量强制性国家标准的要求，应明确所要采购的每项主要产品国家标准名称和技术要求，对涉及地基、基础和主体结构的原材料、构配件，应符合国家强制性标准要求。

(4) 应符合国家有强制性产品认证的要求，中华人民共和国质量监督检验检疫总局、中国国家认证认可监督管理委员会于2001年发布第33号公告，公布了"第一批实行强制性产品认证的产品目录"，并于2004年又发布第6号公告公布了"实施强制性产品认证的装饰装修产品名录"和第62号公告，公布了"实施强制性产品认证的安全技术防范产品名录"。

在以上强制性产品认证名录中涉及到工程项目需使用的许多产品，因此物资业务主管在确定采购产品的同时，应识别哪些是强制性认证产品，对采购这些产品必须由生产厂家提供的对此产品的认证证书和 c. c. c 标志，否则不能采购。

(5)应符合特殊产品有生产许可证的要求，为保护国家安全、保护人类健康或安全、保护动植物生命或健康、保护环境等，国家对重要工业产品实施生产许可证制度，并于2002年公布了"实施工业产品生产许可制度的产品名录"。依据此目录，采购业务主管在进行采购策划中应识别需要采购的产品哪些需要生产厂家提供生产许可证，以便在采购中按要求办理。

(6) 应符合环境保护的要求，对有毒有害易造成环境污染、影响室内环境的装饰材料，国家颁布了装饰装修材料有害物质限量10个强制性标准(GB 6566—2001)。在采购此类产品时，物资业务主管应要求供应单位除提供产品质量检验报告外，还应提供由国家环境保护监测部门经检测的"放射性指标测定报告"，如"人造木板及饰面人造板游离甲醛含量/游离甲醛释放量检验报告"。

(7) 应符合节能的要求，国家和当地建设主管部门近年来颁布许多居住建筑节能工程施工技术规程、标准、规范等，为符合节能工程需求在采购物资时，应注重对节能的要求。

4.1.2　对物资采购方式的策划

工程项目的物资供应主要有两种形式：一是由建设单位出资金进行采购，俗称"甲供"或甲方供应;二是由施工单位出资金进行采购,俗称“乙供”或乙方供应。

(1) 甲供采购方式

有两种方式,一是采用招标方式选定物资供应单位;二是从合格供方名册中再用货比三家的方法(比质、比价、比运距)选定物资供应单位。

(2) 乙供采购方式

在当前市场经济条件下,为了符合4.1.1条款的7项要求:

① 建设单位不出资金而指定生产厂家让施工单位采购,俗称“甲控材料”;

② 建设单位限定产品的品牌和价格让施工单位采购,俗称“甲方限价乙供”;

③ 由施工单位根据施工需要自行采购。

对工程项目所需的主要物资到底采用哪种方式、采购哪种产品,物资业务主管应事先做好策划。

4.1.3　对产品验证方式的策划

对产品验证一般有三种方式:

① 实物选择与封样验证;② 到厂家实地验证;③ 物资进场验证。以上三种验证方式,应以物资进场验证为主,按照ISO9001标准要求到厂家实地验证和实物选样与封样验证,不能代替物资进场后的验证。物资采购无论采取甲供和乙供均要实行产品验证,物资业务主管应对每项产品验证的方式提前进行策划。

4.1.4　编制采购计划

物资业务主管依据4.1.1、4.1.2和4.1.3条款对物资采购策划的结果编制采购计划,并填写“项目年(季度、月度)采购计划”(表1-3-1),报工程部长审核和主管经理批准。

4.2　对物资采购管理与实施

4.2.1　对采用招标方式采购物资的管理

(1) 物资业务主管依据对物资采购策划结果和采购计划,对实行邀请招标的物资采购,填写“采购招标知会单”(表1-3-2),在征求成本业务主管和相关专业人员意见后,报工程部长审核,主管经理批准后实施招标。

(2) 参加邀请招标的物资供应单位不得少于3家,且必须是物资供应单位的合格供方名册中或经考察列为试点供方,以保证有充分的竞争。

(3) 其他招标工作执行“工程项目招标管理程序”4.1.1和4.1.2条款。

4.2.2　对采用甲方指定或甲方限价物资采购方式的管理

为了符合物资采购策划的要求,依据策划结果对由甲方指定或甲方限价乙方采购的物资,物资业务主管填写“甲方限价/指定材料、设备通知单”(表1-3-3),经工程部长审批后发给施工单位实施。

4.2.3　对采用实物选样与封样的产品验证的管理

(1) 物资业务主管负责组织对甲供、甲方指定、甲方限价、乙供的物资、设备,凡策划中采用实物选样与封样的产品,均填写“材料、设备封样清单”(表1-3-4)一式三份,由相关部门会签确认,在实物样品上进行标识,标注实物样品名称、规格、供应单位及送样时间,并将实物样品移交给项目部保存。

(2) 必要时,项目部应设立样品间,负责统一标签及封样。保管时间至少持续到业主入住后半年。

(3) 对无法提供实物样品的材料设备,物资业务主管应收集、整理材料设备样本和技术资料。

(4) 项目部专业工程师,会同监理人员依据实物样品和相关技术资料,对进场的材料、设备对照实物样品实行进场检验和验证。具体执行"工程质量控制程序"。

4.2.4　采购产品验证

(1) 物资业务主管协调项目部专业工程师和监理人员对每项材料设备实行进场验收。具体执行"工程质量控制程序"。

(2) 监理单位负责组织施工单位、供应单位、项目部专业工程师参加,对进场的材料设备进行检验和试验。监理单位和施工单位按照施工监理合同和施工总承包合同规定,对进场材料设备承担最终质量验收责任。

(3) 项目部各专业工程师负责监督监理单位的验收工作。对主要材料设备(如门窗、保温材料等)进行全部检查;对一般材料和设备进行抽样检查,按"工程质量控制程序"规定要求进行验收和填写相关记录。

(4) 进场材料设备验收合格后,项目部、监理单位、施工单位验收人员,须在验收单上会签确认,注明验收意见和日期按当地主管部门规定的质量保证资料填写相关记录。

(5) 对甲供物资在验收合格后由物资业务主管移交给施工单位办理移交手续,施工单位登入顾客财产台账进行贮存保管,如发生产品损坏由施工单位负责。

4.3　物资采购合同与采购文件管理

4.3.1　与物资供应单位签订采购合同,物资业务主管执行"项目合同管理程序"。

4.3.2　采购业务主管对各项物资采购文件负责收集、汇总、整理、归档工作。

5. 相关文件

5.1　《第一批实行强制性产品认证的产品名录》

(国家质量监督检验检疫总局、中国国家认证认可监督管理委员会公告,2001 年第 33 号)

5.2　《实施强制性产品认证的装饰装修产品名录》

(国家质量监督检验检疫总局、中国国家认证认可监督管理委员会公告,2004 年第 6 号)

5.3　《实施强制性产品认证的安全技术规范产品名录》

(国家质量监督检验检疫总局、中国国家认证认可监督管理委员会公告,2004 年第 62 号)

5.4　《室内装饰装修材料建筑材料放射性核素限量》(GB 6566—2001)

5.5　《装修材料有害物资限量 10 个国家强制性标准》(GB 18580 ~ GB 18588—2001)

5.6　"工程项目招标管理"(见本书第一章第二节)

5.7　"工程质量控制"(见本书第一章第八节)

5.8　"项目合同管理"(见本书第一章第四节)

6. 记录

6.1　项目年(季度、月)度采购计划(表 1－3－1)

6.2　采购招标知会单(表 1－3－2)

6.3　甲方限价/指定材料、设备通知单(表 1－3－3)

6.4　材料设备封样清单(表 1－3－4)

表 1-3-1

项目年(季度、月)度采购计划表

序号	物资名称	目标成本	采购方式	验证方式	进场时间	周期	标段划分	单位	采购数量	采购金额	产品质量、技术要求	其他要求
一												
1												
2												
3												
4												
二												
1												
2												
3												
4												
填表人:								填报日期				
工程部长审核意见					主管经理批准意见							

注:本表由物资业务主管与项目部配合填写,并根据工程进度,按年、月、季度进行填写。

采购招标知会单　表1-3-2

项目名称		
采购内容		
工期要求		
质量技术要求		
现场配合要求		
保修要求		
采购图纸及采购样板		
目标成本及采购暂估金额		
采购方式		
现场项目负责人签字		
采购主办人		
发标、定标时间		
拟邀请投标单位	投标单位名称	合作等级
成本业务主管签字		
相关专业人员签字		
主管领导批准	工程部长：	主管经理：
备注		

注：审批权限按照采购管理程序执行。

甲方限价/指定材料、设备通知单 表1-3-3

<table>
<tr><td colspan="2">项目名称</td><td></td></tr>
<tr><td colspan="2">材料设备</td><td></td></tr>
<tr><td colspan="2">甲方指定物资供应单位</td><td></td></tr>
<tr><td colspan="2">甲方限定价格及价格组成说明</td><td></td></tr>
<tr><td colspan="2">施工单位责任</td><td>（签收供货合同、核算工程量、进度和质量控制、现场配合管理、付款、施工及成品保护等）</td></tr>
<tr><td colspan="2">物资供应单位责任</td><td>（签订供货合同、送样供货合同、送样封样、供货周期、质量等）</td></tr>
<tr><td>签字</td><td>工程部长
审批意见</td><td></td></tr>
<tr><td rowspan="3">签收栏</td><td>项目负责人</td><td></td></tr>
<tr><td>施工单位</td><td></td></tr>
<tr><td>物资供应单位</td><td></td></tr>
</table>

填表人： 发出通知日期：

材料设备封样清单 表 1－3－4

项目名称								
供方名称								
编号	材料名称	型号规格	材质	颜色	厂家品牌	使用部位	数量	单价
供方签字(盖章)			专业工程师签字					
项目经理签字			工程部签字					
封样样品存放地点								
封样样品保存时间								

注：产品的质量技术标准、地区准用证、合格证明、厂家及检测中心出示的检测报告等应作为本清单的附件。

第四节　项目合同管理

一、项目合同管理流程

序号	管理流程	工作内容	客观证据	责任人
1	合同管理原则	1. 与外部签订各类合同必须是本企业法定代表人或受权委托代理人，其他人无效； 2. 与外部发生经济往来必须事先订立合同		工程部、相关人员
2	合同的审查	在与外部签订各项合同前，工程部长组织有关人员对条款内容进行审查		工程部长、合同业务主管
3	合同签订	1. 招标合同签订应在发出中标书30日之内完成； 2. 签订合同应包括安全协议和其他附加协议； 3. 乙方必须填写合同文本、签发人名章等	合同文本	合同业务主管
4	合同履行	1. 合同业务主管将合同传递给资金业务主管和项目经理； 2. 资金业务主管依据合同编制年、月资金使用计划； 3. 项目经理审查提交工程进度、安全、质量考核表和下月进度计划； 4. 资金业务主管按实际进度、实物量考核结果拨款； 5. 记录合同履行偏离点和差异	文件收发记录，年、月资金使用计划，下月进度计划，工程进度考核表，质量、安全考核表，合同履行偏离点记录	合同业务主管、资金业务主管、施工单位监理单位项目经理
5	文件资料管理	1. 建立合同台账； 2. 以项目为单元建立合同档案； 3. 合同文件、资料、记录建档	合同台账、文件、资料、记录	合同业务主管
6	合同纠纷处理	1. 一般纠纷由监理协调解决； 2. 重大纠纷上报本企业法律顾问解决	合同纠纷、处理资料	监理单位、法律顾问

二、项目合同管理程序

1. 目的

为了维护合同当事人的合法权益，规范建设工程项目各类合同的管理，特制定本程序。

2. 适用范围

适用于本企业建设开发项目与设计、勘察、总包、分包、监理、咨询服务、物资供应等供方，所发生经济往来而签订的各类合同的管理。本程序不包括房屋销售合同的管理。

3. 职责

3.1　合同业务主管是合同管理的负责人，其职责：

(1) 负责对合同条款进行拟订或审查，及时与领导进行沟通；

(2) 参与合同的谈判和签约，负责经办单笔金额小于或等于10万元的采购合同的签署；

(3) 负责对合同订立后的合同履约、终止、变更、纠纷处理等全过程的管理，做好统计、分析，上报合同报表；

(4) 参与有关诉讼，对非诉讼活动，应针对合同中存在的问题进行调查研究，及时提出改进意见；

(5) 健全合同管理基础工作，完善合同台账、合同档案、报表等。

3.2　资金业务主管负责编制年、月资金使用计划。在合同履行工程款拨付中执行本程序和有关规定。

3.3　工程部长负责组织专业人员草拟合同条款和合同条款的审查，组织合同谈判、签约、上报等工作。

3.4　项目经理必要时参与合同签订，是监督乙方合同履约过程的主要责任人。

4. 工作程序

4.1　合同管理原则

4.1.1　与外部签订各类经济合同，其当事人必须是本企业法定代表人或经受权的委托代理人。未经本企业法定代表人授权或无授权委托，任何个人与外部签订的经济合同均为无效合同，后果由当事人自负。

4.1.2　本企业与外单位发生经济往来，必须事先订立合同，由工程部长申报本企业主管经理批准。没有事先签订合同而发生经济往来的，本企业不予补签合同，财务不予付款。

4.2　合同审查

4.2.1　工程部在与外部签订各项合同前，工程部长组织专业人员对合同条款进行逐条审查。

4.2.2　合同条款的审查，应包括以下内容：

(1) 项目合同有关招投标文件、中标通知书，中标人向招标人（工程部）提交履约保证金或其他形式履约担保，同时，招标人应向中标人提供工程款支付担保，对拒绝提交履约保证金的中标人视为放弃中标项目，不予签订合同；

(2) 审查资金是否落实，来源是否正当；

(3) 审查各项技术经济指标是否合理；

(4) 审查价款或酬金是否合理，结算和支付方式是否符合法律规定；

（5）审查签订合同双方当事人的主体资格，代理人的代理资格及资信情况是否真实可靠；

（6）审查合同形式和内容是否合法，合同条款是否齐全、严谨，文字表述是否准确，是否有安全协议或需要增加附加协议条款；

（7）审查权利、义务是否公正、公平等；

（8）审查合同的履约期限、履约地点和方式、违约责任、相关经济纠纷调解和仲裁条款；

（9）审查其他必要的审查项目。

4.3　合同的签订

4.3.1　对招标合同的签订，在发出中标通知书之日起30日内与中标人签订合同。同时，应签订安全协议和其他附加协议，如施工、监理单位向建设单位提交归档施工文件、总包与分包单位签订用电协议等。总包、监理单位应执行"建设开发工程安全、环境和文明施工管理规定"。

4.3.2　本企业作为甲方签订合同时，乙方必须填写好合同文本，并填写合同的生效日期、盖上法定代表人或委托代理人名章及合同专用章，报合同业务主管按程序审批。

4.3.3　中标供方与本企业和总包签订三方协议，或直接与总包签订分包合同，总包应将合同其中一份交与合同业务主管审核备案。

4.4　合同的履约

4.4.1　合同正式签订生效之日起，合同业务主管应将合同复印件传送给资金业务主管和项目经理，并填写"文件收发登记表"（通表4）。

4.4.2　资金业务主管在接到各种合同复印件和成本预算有关资料时应做好以下工作：

（1）汇总、统计各类合同，编制年度资金使用计划；

（2）向项目经理了解施工进度安排，编制月度资金使用计划；

（3）在编制年（月）资金使用计划后，报工程部长审查，主管经理批准。

4.4.3　项目经理在接到合同文本后（复印件），代表建设单位对监理单位、施工单位合同的履约负有主要责任，并应做好以下工作：

（1）要求总包单位每月24日以前，将工程进度考核表和下月进度计划报监理单位；

（2）要求监理单位每月25日中午以前，将工程安全考核表、工程质量考核表及施工单位工程进度考核表和下月进度计划一同报项目经理；

（3）项目经理核查后，应于每月25日下午5点前报工程部长；

（4）项目经理在监督合同履约中如发生设计变更，应执行"变更、签证管理规定"。

4.4.4　资金业务主管，在接到项目部报来的当月施工单位工程进度、安全、质量考核表后，与成本业务主管共同核查后，工程部长审核报主管经理批准，按"工程款拨付实施办法"予以拨付工程款，并做好月实物量统计。

4.4.5　总结合同履约过程中的偏离点和差异

（1）项目经理对施工单位和监理单位等供方，在合同履约过程中，每次发生的偏离点、遇到的问题和管理难点应做好记录，积累客观证据为竣工结算提供依据，并及时传递给成本业务主管。具体执行"项目成本控制程序"；

（2）资金业务主管在统计和审查当月产值的同时，对合同计划实物量的差异和偏离点做好记录，为竣工决算提供依据。

4.5　合同档案管理

4.5.1　合同业务主管应建立合同台账,登录工程项目发生的每项合同。

4.5.2　合同业务主管以每一个工程项目为单元,建立本工程项目所发生的所有合同档案,待竣工后移交公司档案室,执行"项目文件资料管理程序"。

4.6　合同纠纷的处理

4.6.1　如发生一般合同纠纷由监理单位负责调解,通过协商由项目经理和工程部长与乙方解决。

4.6.2　如发生难以解决的合同纠纷,由工程部长报主管经理,由本企业法律顾问予以解决。

5. 相关文件

5.1　《中华人民共和国合同法》(中华人民共和国主席令第15号)

5.2　"项目成本控制"(见本书第一章第五节)

5.3　"项目文件资料管理"(见本书第一章第十节)

5.4　"设计变更、现场签证管理规定"(见本书第二章第二节)

5.6　"工程款拨付实施办法"(见本书第二章第一节)

5.7　"建设开发工程安全、环境和文明施工管理规定"(见本书第二章第五节)

6. 记录

6.1　年度项目合同台账(表1-4-1)

6.2　合同履约偏离点记录(表略)

6.3　年度资金使用计划(表略)

6.4　月资金使用计划(表略)

6.5　文件收发登记表(通表4　见本书第一章第十节)

6.6　下月工程进度计划(施工单位提供)

6.7　工程______月份进度考核表(表2-1-1　见本书第二章第一节)

6.8　工程______月份安全考核表(表2-1-2　见本书第二章第一节)

6.9　工程______月份质量考核表(表2-1-3　见本书第二章第一节)

年度项目合同台账

表 1-4-1

项目工程名称			建筑面积		座落地点						欠款数
					付款记录						
序号	单位名称	项目名单	签定日期	合同总价款	款数/日期	款数/日期	款数/日期	款数/日期	款数/日期	款数/日期	
	合　计										

注:合同总价结算时出现增减时,以补充合同项目登记。

第五节　项目成本控制

一、项目成本控制流程

阶段	序号	管理流程	工作内容	客观证据	责任人
项目策划扩初设计阶段	1	估算成本与概算成本分析对比控制	1. 建立数据模型库； 2. 参照相应的模型数据库进行估算； 3. 严格控制设计质量； 4. 反复测算分项成本； 5. 审核施工图做细部调整	成本估算报告，成本概算报告、图纸审核记录	主管经理、工程部长、成本业务主管、预算员
项目招标阶段	2	预算成本管理与控制	1. 建立工程成本控制目标； 2. 规范招标管理，充分做好招标准备； 3. 充分进行建材市场调研； 4. 运用多种形式降低大宗材料设备成本； 5. 对预算成本实行三级审核	项目成本控制目标、市场调研报告	成本、招标、物资业务主管
项目实施阶段	3	实际成本控制与动态管理	1. 审核施工单位编制的资金使用计划； 2. 审核监理单位提供的总包单位，工程项目总资金使用计划、现金流程表和监理月报； 3. 严格执行“变更、签证管理规定”； 4. 核查工程量，对工程款支付情况进行分析； 5. 定期检查对比	施工文件审核记录、监理文件审核记录	施工单位、监理单位、项目经理、成本业务主管
项目竣工决算阶段	4	工程决算控制	1. 核查合同范围内各类工程项目变化； 2. 核实设计、变更、签证，确认费用变化项目； 3. 总结合同履约过程中的偏离点； 4. 审核承包单位竣工结算报告； 5. 编制最终决算书； 6. 做好成本调整、统计分析	变更、签证审批单、竣工结算报告、最终结算书	施工单位、监理单位、项目经理、预算员、成本业务主管
	5	文件资料、记录管理	文件、资料、记录建档，执行“项目文件资料管理程序”	成本文件、资料、记录档案	成本和文件资料业务主管

二、项目成本控制程序

1. 目的

为提高工程造价管理水平，加强成本核算，以降低工程造价为目标，实现量化管理，控制工程各项费用支出，特制定本程序。

2. 适用范围

本程序适用于工程项目成本管理与控制。

3. 职责

3.1　工程部长负责本程序的监督与实施。

3.2　成本业务主管，负责对项目概算、预算、实际成本和最终成本的管理与控制。

3.3　项目经理配合成本业务主管，对本项目施工全过程的成本进行控制。

4. 工作程序

4.1　估算成本与概算成本对比分析与控制

为在项目策划、扩初设计和设计阶段，选择和确定最佳方案。成本业务主管会同有关部门，根据市场预算选择多种方案，估算项目利润，进行估算成本与概算对比分析，以进行控制。

4.1.1　建立数据模型库

成本业务主管通过建立数据模型库，采用类似工程法进行多角度系统分析。具体程序：

(1) 根据方案论证的要求，建立工程数据模型结构；

(2) 根据需要收集整理相关类似工程案例；

(3) 对收集到的相关类似工程案例进行分类，并对其数据的准确性进行校验，并按统一规则进行调整编制；

(4) 将收集到的资料按数据模型库的结构形式拆解、分析；

(5) 建立登录工程造价数据模型库；

(6) 编制使用说明。

4.1.2　参照相应的模型数据库进行估算

(1) 根据规划设计方案，确定建筑设计结构形式；

(2) 针对项目客户群体的需要，明确产品功能、标准和质量；

(3) 按照现行的设计规范与标准调整计算；

(4) 按现行政策性收费标准调整计算；

(5) 按现行建筑材料市场价格进行调整计算；

(6) 按现行建筑市场招投标管理规定，结合本企业的招标策略及预测投标单位投标策略，确定浮动系数；

(7) 最终按方案要求(规模、结构形式、产品功能、标准和质量)，估算出所需方案的建安成本。

4.1.3　严格控制设计质量

(1) 在项目前期尽可能确定有关技术经济指标参数，防止因设计自身失误导致成本增加，设计费用的审核支付与之挂钩；

（2）成本业务主管及有关技术人员，应参与结构选型设计、基础设计等的评估，参与材料、设备的经济性评价，尽可能为设计提供全面客观的经济性建议；

（3）在满足设计质量的前提下，限制钢筋含量、混凝土含量、节点设计等对工程造价影响大的内容；

（4）在满足建筑效果的前提下，控制装饰用料和建筑材料封样对工程造价的影响。

4.1.4　反复测算分项成本

成本业务主管组织有关技术人员，必要时聘请结构设计和建筑设计顾问审核与测标：

（1）审核结构设计和建筑设计，在满足结构安全和建筑风格的基础上优化设计，从结构和建造标准上降低成本；

（2）对分项成本进行反复测算。

4.1.5　审核施工图进行细部调整

根据调整确认的扩初方案，在设计院绘制出施工图后，成本业务主管组织有关技术人员和项目经理对施工图纸进行审核，提出细部调整方案，进行图纸更改。

4.2　预算成本管理与控制

预算成本的管理与控制主要在项目招投标阶段实施。成本业务主管应反复进行预算与估算成本和概算成本对比分析，并做好以下管理与控制。

4.2.1　建立工程成本控制目标

工程成本约占项目总成本的50%～55%，主要有：总包工程、分包工程及甲供物资和配套成本等组成。建立工程成本控制目标，应以土建、专业安装、装饰、消防、弱电、电梯、甲供材料为重点，由成本业务主管通过测算提出合理的成本控制目标，经工程部长审核后报主管经理批准。

4.2.2　严格规范招标管理，充分做好招标准备

成本业务主管在招标前，依据施工图纸编制招标文件、工程量清单、标底，对施工单位进行资格预审，依据“工程项目招标管理程序”组织好各种招标，经评选后最终确定中标造价。

4.2.3　充分进行建材市场调研

物资和成本业务主管应广泛收集市场信息，了解新工艺、新材料，协助设计部门进行设计、选样、封样，尽可能实现有关材料和施工方案及施工方案的替代，以降低工程成本。

4.2.4　运用多种形式，降低大宗材料、设备成本

对大宗材料、设备严格实行甲供、甲控和甲方限价乙供材料。甲方招标确定的供方负责供货采购模式应列入招标和合同文件中，以有效控制、降低成本。

4.2.5　预算成本实行三级审核制

预算员在编制完成工程项目成本预算报告（表1-5-1）后，应按自我审核→提交成本业务主管初审→经工程部长审定→报主管经理批准程序进行，以防漏算、错算、冒算等事件发生。

4.3　实际成本控制与动态管理

实际成本的控制是在项目实施阶段进行，需要对土建施工和水、电、气、热等配套专业施工全过程发生的实际成本与预算成本定期做对比分析，根据需要适时调整测算成本，并进行以下动态控制：

4.3.1　审核施工单位编制的资金使用计划

成本业务主管会同项目经理，对施工单位的资金使用计划进行审查，对照中标造价和预算成本在实际成本上有哪些变化，并填写“施工文件审查记录”(表1－6－1)；

4.3.2　严格执行“变更、签证管理规定”(见本书第二章第二节)和业务流程

项目经理和成本业务主管，在每当发生项目内容或标准调整、重大设计或施工变更时，应及时分析其对成本的影响，检查是否超出成本目标，并对所发生的实际成本变化填写“变更、签证登记表”(表2－2－2)。

4.3.3　核查工程量，对工程款支付情况进行分析

项目经理对施工单位通过监理每月申报的工程部位和评价质量、安全情况进行核查，成本业务主管对工程量产值进行分析，以控制实际成本的发生。具体执行“工程款拨付实施办法”(见本书第二章第一节)和“项目合同管理程序”。

4.3.4　定期检查对比

成本业务主管、预算员每月深入一次工地，会同项目经理、监理检查已发生实际成本与目标(测算)成本的关系，预测分项成本和总成本的变化，采取预防措施，并总结形成月报。成本业务主管汇总后，及时将此信息报工程部长审签后提交主管经理。

4.4　工程决算控制

最终实际成本，在项目竣工决算阶段对项目发生的全部费用进行汇总、计算和分摊，其控制内容如下：

4.4.1　核实、统计承包合同范围内各类工程项目，确认实际履行合同情况。

成本业务主管会同项目经理及监理、施工单位有关人员对承包合同规定范围内的各类项目是否有：

① 减项项目；

② 甩项项目；

③ 待完善施工项目；

④ 待完善工程资料项目；

⑤ 尚存在质量问题项目；

⑥ 待施工项目等。

经核实如发现以上问题应纳入实际成本核算。

4.4.2　核实、统计设计变更、签证，确认承包合同范围内的费用变化项目。

在施工过程中发生的设计和变更、签证，由施工单位全面提供，监理单位补充，整理出各个分类项目汇总清单及电子版文件，提交项目部。项目经理会同成本业务主管和预算员共同逐一核查、统计，杜绝不合理的工程量错报、多报、瞒报等现象发生，经核查后由施工单位、监理单位、项目经理和成本业务主管共同在汇总统计清单上签字确认。

4.4.3　总结合同履约过程中的偏离点和差异

项目经理在竣工决算阶段，应细致地总结施工单位和监理单位等供方在施工过程中对承包合同履约情况、特点，总结合同执行的偏离点、遇到的问题、管理的难点、合同双方理解的差异、合同纠纷等情况，并形成文件。由成本业务主管汇总经工程部长审定后，报主管经理，以便为最终实际成本结算提供信息。

4.4.4　审核施工单位竣工结算报告(资料)

在工程竣工验收合格后，由施工单位编制“竣工结算报告”，并按以下流程进行审核：

施工单位提交竣工结算报告(资料)→专业监理工程师审核→项目总监审批→报项目经理审核→报成本业务主管核查→经工程部长审核→报主管经理批准。

4.4.5　编制最终决算书

在完成以上四项工作后,结算员编制"项目最终决算书",提交成本业务主管初审,经工程部长审核后,报主管经理批准。

4.4.6　成本业务主管做好成本调整,统计分析。

4.5　文件资料管理

成本业务主管负责成本文件、资料、记录管理。本工程项目竣工结算完毕移交文件资料业务主管建立档案后,向本企业档案室办理移交手续,具体执行"文件资料管理程序"。

5. 相关文件

5.1　"项目文件资料管理"(见本书第一章第十节)

5.2　"工程项目招标管理"(见本书第一章第二节)

5.3　"项目合同管理"(见本书第一章第四节)

5.4　"设计变更、现场签证管理规定"(见本书第二章第二节)

5.5　"工程款拨付实施办法"(见本书第二章第一节)

6. 记录

6.1　成本估算报告(报告略)

6.2　项目成本预算报告(表1－5－1)

6.3　成本目标(测算报告)(表略)

6.4　竣工结算报告(表略)

6.5　最终结算报告(表略)

6.6　图纸审查记录(表1－6－3　见本书第一章第六节)

6.7　监理文件审查记录(表1－6－2　见本书第一章第六节)

6.8　施工文件审查记录(表1－6－1　见本书第一章第六节)

6.9　设计变更、现场签证审批单(表2－2－1　见本书第二章第二节)

6.10　设计变更、现场签证登记表(表2－2－4　见本书第二章第二节)

项目成本预算报告

表 1-5-1

序号	项 目	住宅楼		写字楼、商业楼		地下车库及附属房	地下车库	设备间	成本预算合计	
		总成本	单位成本	总成本	单位成本	总成本	总成本	总成本	总成本	平均单位成本

第六节　施工准备管理

一、施工准备管理流程

类别	序号	管理流程	工作内容	客观证据	责任人
项目部内部管理与控制	1	组建甲方项目部	在建设开发工程立项后，主管经理提名、总经理任命项目经理，配置管理人员，明确责任分工	项目人员组成审批表	总经理、主管经理、工程部长、项目经理
	2	制定项目管理方案	结合新开发项目工程编制“项目管理方案”，报主管经理批准	项目管理方案	项目经理、工程部长、主管经理
	3	提供相关安全技术资料	开工前项目部向监理、施工单位提供有关安全、技术资料	文件发放（接收）记录	资料员、安全员、项目经理、工程部
	4	清除地上或地下障碍物	清理施工现场地上或地下障碍物，与拆除施工单位签订安全协议，审查拆除方案	安全协议、施工文件审查记录	项目经理、安全员及、有关人员
	5	基础设施、工作环境的策划与搭建	做好施工现场“三通一平”、搭设临建、将四区分离、设置围档、实行封闭管理	相关手续	项目经理、安全员及、有关人员
	6	图纸审核	进行图纸审核，为组织各单位图纸会审做准备	图纸会审记录	项目经理、专业工程师
	7	建立协调机制，组织召开第一次工地会议	建立工地例会制度，牵头组织监理、施工单位召开第一次工地会议	工地例会制度、会议纪要	项目经理、及管理人员
	8	建立施工现场应急救援组织，编制应急预案	组织施工和监理单位建立应急救援组织、编制应急预案	施工现场、应急预案	项目经理、安全员
	9	办理开工前各种相关手续	按规定向有关行政主管部门办理开工前的各项手续	办理开工前各项手续记录复印件	工程部长、项目经理、及内业管理人员
	10	制定物业接收标准	项目部约同物业管理单位共同制订本工程项目物业接收标准	物业接收标准	项目经理、物业单位
	11	文件、资料、记录管理	施工准备文件、资料、记录建档、执行“文件资料管理程序”	文件、资料、记录档案	资料员
对监理单位监督管理	12	审查项目监理单位人员资格	审查项目总监授权书和其他监理人员资格证书	监理 B1、B2 审查记录	项目经理
	13	要求监理单位提供文件资料	监理单位向建设单位提交监理归档文件资料，建立文件名录	文件收发登记表	项目经理、资料员
	14	审查监理规划	组织有关人员对监理规划进行审查	监理文件审查记录	项目经理、有关人员
	15	审查监理交底	在监理交底前，对监理交底文件进行审查	监理文件审查记录	项目经理

续表

类别	序号	管理流程	工作内容	客观证据	责任人
项目部对施工单位监督管理	16	审查总包、分包单位资格、人员	审查总包、分包单位项目管理人员资格和配备是否符合要求	监理A4审查记录	项目经理
	17	要求总包单位提供文件资料	施工单位向建设单位提交应归档施工文件名录和工程质量验收记录	文件收发登记表	项目经理、资料员
	18	审查开工报告	是否办理施工各项手续和具备开工条件	监理A1 监理A2 施工文件 审查记录	项目经理、 专业工程师
	19	审查施工组织设计	审查"施工组织设计",是否符合规定要求		
	20	审查施工单位应急预案	审查施工单位"应急预案"是否符合要求	施工文件审查记录	项目经理、安全员
	21	查验施工现场施工设施、施工机具、材料准备	查验施工设施、机具、材料等是否符合安全要求,能否满足施工的资源需求	监理A10施工文件审查记录	安全员、专业工程师

二、施工准备管理程序

1. 目的

为了提高建设开发项目的管理水平,规范工程项目施工准备阶段的管理行为,实现管理科学化、标准化和程序化,特制定本程序。

2. 适用范围

适用于建设开发项目立项以后、正式开工之前,施工准备阶段的各项管理工作。

3. 职责

3.1　工程部长负责监督本程序的实施。

3.2　项目部是本程序的实施责任部门,依照本程序的规定,负责对建设开发项目进行现场管理。

3.3　项目经理是本程序贯彻实施的主要责任人,对实施结果负责。

4. 工作程序

4.1　项目部内部管理与控制

4.1.1　组建建设单位项目部(以下简称项目部)

(1) 在建设开发工程立项后,工程部长应结合建设开发工程项目的规模、重要程度等因素,提出驻现场项目经理人选报主管经理审核、总经理批准,并由项目经理组建项目部,其成员应包括土建、电气、暖通工程师、资料员、安全员等岗位,企业提供必要的人力资源支持。

(2) 项目经理对组建的项目部,应明确各岗位的职责和分管的工作。

4.1.2　制定"项目管理方案"

项目经理在接受建设开发工程项目后,应组织项目部管理人员参与编制"项目管理方案",报工程部长审核,主管经理批准后予以实施。"项目管理方案"编制应包括以下内容:

(1) 项目概况、工程特点和实施条件;

（2）项目管理目标，包括质量、工期、成本、安全和环境保护目标；

（3）项目管理资源需求计划，包括人员、设施、设备和工作环境；

（4）对监理单位监督管理和要求；

（5）对施工单位监督管理和要求；

（6）质量、工期、造价、安全控制要点和分工；

（7）施工进度计划网络图；

（8）施工现场总平面图布置；

（9）施工现场应建立的制度，如安全、环境和文明施工管理、例会制度等。

4.1.3　向监理和施工单位提供有关安全技术资料

工程部和项目部安全员应依据《建设工程安全生产管理条例》（国务院令 393 号）等法律、法规的有关规定，在开工前应向监理和施工单位提供有关安全生产管理资料。具体内容见"施工安全控制程序"4.1.6 条款，并填写"文件收、发登记表"（通表4）。

4.1.4　负责清除地上或地下障碍物

（1）工程部长协调有关部门办理清除障碍手续。

（2）当施工现场，在地面或地下有障碍物需要拆除时，项目部应与拆除施工单位签订安全生产管理协议，明确双方在拆除工程中所承担的安全生产管理责任。

（3）在拆除工程施工前，项目经理必须做好影响拆除工程安全施工的各类管线的切断或迁移工作。当有架空线路或电缆时应与有关部门联系，采取措施，确认安全后方可施工。

（4）项目经理和专业工程师必须审核施工单位编制的拆除施工方案，并填写"施工文件审查记录"（表 1－6－1）。

（5）拆除完工后，项目部应要求拆除施工单位做到场地平整。在拆除过程中应有防尘措施。

4.1.5　负责基础设施和工作环境的策划与搭建

（1）项目经理负责施工现场"三通一平"策划的实施，并与前期部协调办理相关手续。

（2）项目经理依据施工平面图，并向施工单位布置临时设施的搭建规划和要求。对施工现场的施工区、办公区、生活区、加工区应划分清晰，采取相应的隔离措施。

（3）在开工前项目部应根据工程特点、规模、施工周期和社区环境，对施工所占用场地四周设置实体围挡，实行封闭管理（其围挡设置按当地政府主管部门的要求执行）。

4.1.6　建立协调机制，组织召开第一次工地会议。

（1）由项目经理牵头组织监理、总包与分包单位负责人，建立"施工现场协调组织机构"，制定工地例会制度，收集各单位负责人名单，建立通信联络网络。

（2）项目经理组织召开工地第一次协调会议，其内容应包括：

① 工地第一次会议应由项目经理主持，首先分别介绍建设、监理和施工单位驻现场的组织机构、人员及分工、联系电话等。

② 项目经理根据委托监理合同宣布对总监的授权；

③ 项目经理介绍工地开工前准备情况和"项目管理方案"；

④ 总包、分包单位介绍施工准备情况；

⑤ 项目经理和总监对施工准备情况提出意见和要求；

⑥ 总监介绍本项目"监理规划"（包括安全监理规划）的主要内容；

⑦ 协调确定各方在施工过程中参加工地例会的主要人员，召开会议时间、地点和主要议题，讨论通过“工地例会制度”。

(3) 第一次工地会议形成会议纪要，由监理单位负责起草，并由各方代表签字确认，并报项目部一份留存。

4.1.7　进行图纸审核

项目部在接到施工图纸后，项目经理和各专业工程师应对图纸进行审查，并填写“图纸审核记录”(表1-6-3)，并为组织设计、监理、施工单位进行图纸会审做好准备。

4.1.8　组织制订施工现场“应急预案”

项目经理负责牵头组织建立“施工现场应急事故救援领导小组”，编制各项事故“救援措施和应急预案”。事故救援应以施工单位为主。应急预案编制内容，可参考“项目部对施工单位监督管理作业指导书”中相关条款。

4.1.9　办理开工前各种相关手续

工程部与前期部向有关行政主管部门办理开工前各项审批文件，如建设工程施工许可证、开工审批表、工程质量和安全监督手续等，具体参考“项目文件资料管理程序”相关要求。

4.1.10　项目经理负责与物业管理单位共同制订本项目工程物业接收标准。

4.1.11　文件资料管理

资料员负责施工准备阶段文件、资料、记录的管理，并建立档案。

4.2　项目部对监理单位监督与管理

4.2.1　审查项目监理单位人员资格

(1) 项目经理审查本项目总监授权通知书(监理B1)和项目监理人员配置资格证书(监理B2)是否符合监理合同要求，了解总监是否在其他工地兼职；

(2) 对监理单位人员资格的审查，审查人应填写“监理文件、审查记录”(表1-6-2)。

4.2.2　明确要求监理单位应向建设单位提供的文件资料

项目经理应与总监协商，明确要求监理单位在施工全过程中和竣工后应向建设单位提供的文件资料，并列出清单，其内容可参考“项目文件资料管理程序”中附件“监理单位向建设单位提交归档监理文件名录”。

项目部在移交清单或接收监理文件时，应填写“文件收、发登记表”(通表4)。

4.2.3　审查监理规划

项目经理应组织有关人员对“监理规划”(包括安全监理计划)进行审查。审查重点应包括：规划内容是否齐全、具体，是否符合工程实际情况等，并填写“监理文件审查记录”(表1-6-2)。对监理规划的审查内容可参考“项目部对监理单位监督管理作业指导书”。

4.2.4　审查监理交底文件

(1)项目经理审查“监理交底”应在项目总监召开监理交底会议之前完成，以便代表建设单位作出结论在交底文件上签字，并填写“监理文件审查记录”(表1-6-2)。

(2)审查监理交底文件具体内容，详见“项目部对监理单位监督管理作业指导书”中4.3条款。

4.3　项目部对施工单位监督与管理

4.3.1　审查施工单位项目部组织机构和人员资格

(1) 项目经理审查总包单位项目经理资格证书和施工单位其他组成人员资格证书，特别对安全员、质量员的配备人员资格证书是否符合国家规定和合同要求。

(2) 项目经理审查分包单位、试验单位资质、人员资格证书是否符合国家规定要求，并作出结论，代表建设单位在监理提供的“分包、供货、试验单位报审表”(监理 A4)上签字。

4.3.2　要求施工单位向建设单位提供的文件资料

(1) 项目经理应针对工程特点会同项目监理与总包单位协商，要求总包单位在施工过程中和竣工后提供包括对工程质量进行验收的记录和“施工单位向建设单位提交归档施工文件名录”。

(2) 要求总包单位应提供的施工文件，项目部资料员在接收文件时应填写“文件收发登记表”(通表4)。

4.3.3　审查开工报告

项目经理在接到由监理单位呈报的“工程开工报审表”后(监理 A1)，对其是否具备开工条件进行核查，作出结论，并代表建设单位在报审表上签字。

4.3.4　审查“施工组织设计”

项目经理组织有关人员对监理审核后的“施工组织设计”进行再审查。项目经理代表建设单位在监理 A2 报审表上签字。

4.3.5　审查施工单位“应急预案”

按照相关法规要求，施工单位应在施工现场建立“应急救援”组织，编制“应急预案”。“预案”通过监理审核后报项目部安全员和项目经理进行再审查，并作为本项目工程“应急预案”的一部分。

4.3.6　查验施工设施、施工机具、材料的准备

项目部在接到监理转报的施工单位“施工设施(机具、材料)备案表”后，项目经理组织专业工程师、安全员等相关人员对施工单位的施工设施、机具、材料的准备情况进行查验，是否具备施工能力，资源上有哪些需求。对查验结果，项目经理代表建设单位在监理 A10 表上签字。

4.3.7　对施工文件审查内容与记录

(1) 如何对总包单位、分包单位资格审查、要求总包单位提供的文件资料、开工报告、施工组织设计、应急预案审查的内容，可参考“项目部对施工单位监督管理作业指导书”中的相关条款。

(2)对以上施工文件的审查，项目部审查人应对审查结果作出结论，并分别填写“施工文件审核记录”(表2-6-1)。

5. 相关文件

5.1　《中华人民共和国安全生产法》(主席令第70号，2002年)

5.2　《建设工程安全生产管理条例》(国务院令第393号，2004年)

5.3　“项目文件资料管理”(见本书第一章第十节)

5.4　“项目部对监理单位监督管理作业指导书”(见本书第一章第十四节)

5.5　“项目部对施工单位监督管理作业指导书”(见本书第一章第十五节)

5.6　“施工安全控制”(见本书第一章第九节)

6. 记录

6.1　项目管理方案(略)

6.2　文件收、发登记表(通表4　见本书第一章第十节)

6.3　施工文件审查记录(表1-6-1)

6.4　监理文件审查记录(表1-6-2)

6.5　图纸审核记录(表1-6-3)

6.6　第一次工地会议纪要(略)

6.7　施工现场应急救援预案(略)

6.8　总监理工程师授权通知书(监理B1)(略)

6.9　项目监理人员配置(调整)通知书(监理B2)(略)

6.10　分包(供货、试验)单位资格报审表(监理A4)(略)

6.11　工程开工报审表(监理A1)(略)

6.12　施工组织设计(方案)报审表(监理A2)(略)

6.13　施工设施(机具、材料)备案表(监理A10)(略)

施工文件审查记录　　　　表1-6-1

工程项目名称		文件提交日期	
施工单位名称		文件提交人	
施工文件名称		文件留退	
审查内容			
审查结论与要求			
反馈结果			
审查人：	日期：　年　月　日	提交人：	

监理文件审查记录 表1-6-2

工程项目名称		文件提交日期	
监理单位名称		文件提交人	
监理文件名称		文件留退	
审查内容			
审查结论与要求			
反馈结果			

审查人： 日期： 年 月 日 提交人：

图纸审核记录 表1-6-3

工程名称		施工单位	
审核人		审核日期	

图纸会审内容：

序号	图号	待研究的问题、事项	处理意见

第七节　施工进度控制

一、施工进度控制流程

序号	管理流程	工作内容	客观证据	责任人
1	进度计划的确定	在开工前编制施工进度网络图计划，经本企业领导审核批准，在实施中项目经理应提出必要的条件，并与相关部门进行沟通	施工进度计划网络图	项目经理
2	审查“施工总进度计划”	审查由总包单位编制的“施工总进度计划”	施工文件审查记录	项目经理
3	审查“施工进度控制方案”	审查由监理单位制定的“施工进度控制方案”	监理文件审查记录	项目经理
4	协调三单位计划的一致性	通过审查、交流，将建设单位进度计划与施工、监理单位计划达到一致性		项目经理
5	施工进度计划的调整	施工进度计划调整超过10天，应履行申报手续	施工进度计划调整申请表	各施工单位项目经理
6	审阅“监理月报”	掌握当月已完成的施工进度，审阅“监理月报”	监理单位文件审核记录	项目经理、施工进度负责人
7	施工进度月例会	每月召开一次由监理、总承包、分包单位参加的例会，在例会上就施工进度和存在的问题进行协商，及时采取措施达到施工计划要求	监理做会议纪要，报项目部存档	项目经理、施工进度负责人
8	施工进度周例会	每周至少召开一次由监理组织的施工进度协调会	监理做会议纪要留存	项目经理、施工进度负责人
9	月工程汇报会	每月底由工程部长组织工程汇报会，项目经理对施工进度做汇报，并协商有关进度存在的问题	会议记录	工程部长
10	文件、资料、记录管理	施工进度文件、资料、记录建档，执行“项目文件资料管理程序”	施工进度文件、资料、记录档案	资料员

二、施工进度控制程序

1. 目的

为了提高工程项目管理水平,确保施工进度符合要求,及时消除影响工期计划的各种因素,并为工程结算提供客观证据,特制定本程序。

2. 适用范围

适用于开发项目在施工过程中,对施工进度的控制与管理。

3. 职责

3.1　工程部长负责监督本程序的实施。

3.2　项目部是本程序的实施责任部门,负责对本项目施工进度的过程控制与管理。

3.3　项目经理是贯彻实施本程序的主要责任人。负责制定“施工进度计划网络图”,审查并协调总包、监理单位施工进度计划和控制方案与本项目进度计划的一致性及执行计划的同步性。

4. 工作程序

4.1　计划的确定

4.1.1　工程开工前,由项目经理负责编制“施工进度计划网络图”,作为对施工和监理单位编制的施工总进度计划和进度控制方案审查的主要依据,也是项目管理方案编制内容之一。

在实施施工进度计划网络时,项目经理提出必要的条件和完成的时间要求,并以文件形式发到施工和监理单位及相关部门。通过沟通达到相互配合。

4.1.2　审查总包单位编制的“施工总进度计划”和“月进度计划”

(1) 项目经理应对总包单位通过监理申报的“施工总进度计划”、“月进度计划”进行审查。其审查要点参照“项目部对施工单位监督管理作业指导书”;

(2) 项目经理对审查结果做出结论,并填写“施工文件审查记录”(表1-6-1);

4.1.3　审查监理制定的“施工进度控制方案”

(1) 监理单位应按《建设工程监理规范》规定,制定“施工进度控制方案”。项目经理对“施工进度控制方案”进行审查。其审查要点,参照“项目部对监理单位监督管理作业指导书”。

(2)项目经理对方案审查结果作出结论,并填写“监理文件审查记录”(表1-6-2)。

4.1.4　项目经理对施工和监理单位编制的施工进度计划和控制方案,应做好协调工作,其两单位的计划应与本企业审定的“施工进度计划网络图”保持一致性,如有偏离应及时予以纠正。

4.2　施工进度计划的调整

4.2.1　施工进度计划调整超过10天应履行申报手续。

4.2.2　为确保施工进度计划的严肃性,进度计划任何单位和个人不得随意调整。如遇下列情况之一可进行调整:

(1) 工程相关证件、手续、资料办理不及时;

(2) 工程图纸和设计方案未按承诺发送;

(3) 过程中设计变更;

（4）分部、分项工程未能及时验收；

（5）发生质量、安全事故、事件，经相关主管部门要求停工整顿；

（6）施工单位工程管理不到位、组织不力；

（7）外协配套单位与施工安排发生冲突难以协调；

（8）遇有突发和不可抗拒的事件；

（9）因其他因素需要。

4.2.3　需要对施工进度计划进行调整时，应及时提出申请，填写“施工进度计划调整申请表”，按申请程序进行申报。

4.2.4　申请程序

（1）申报

① 施工单位提出申请时，填写“施工进度计划调整申请表”（表1－7－1），经监理单位审核后，报项目部；

② 监理单位提出申请时，填写“施工进度计划调整申请表”，报项目部；

③ 项目部发现工程进度不能按计划完成需要调整时，由项目经理填写“施工进度计划调整申请表”申报。

（2）运转

① 项目经理将“施工进度计划调整申请表”报送工程部及各相关部门确认，工程部长审核报主管经理批示后发回项目部，项目部将复印件发送监理、施工单位。

② 项目部每季度将批准的“施工进度计划调整申请表”，于季度末报工程部。

4.2.5　记录管理

施工进度计划调整相关文件，应由项目部和监理、施工单位负责人确认，由项目部资料员存档备查。

4.3　施工进度计划的控制

4.3.1　审阅监理月报

（1）审阅监理月报：项目经理或施工进度负责人依照“工程款拨付实施办法”规定（见本书第二章第一节）对“监理月报”进行审阅，从中掌握当月工程形象部位，本月完成的施工进度或工程延误情况与施工进度计划进行比较，作出滞后与超出的原因分析，为协调施工进度做好准备；

（2）项目经理每月审阅监理月报，填写“监理文件审查记录”（表1－6－2）。

4.3.2　施工进度月例会

项目经理在每月底召开例会前，由施工进度负责人将所掌握的本月工程进度情况进行汇总提交项目经理，在例会上进行施工进度分析，找出存在问题，及时采取纠正措施，并由监理单位写出“会议纪要”，上报项目部。

4.3.3　施工进度周例会

（1）项目经理每周至少参加一次监理召开的工程进度周例会。

（2）通过例会重点解决工期滞后的原因和措施，解决总包、分包各工种交叉作业、材料供应、劳动力不足等影响工期的问题。

4.4　工程部长每月底组织一次工程汇报会，项目经理就施工进度进行汇报。

4.5　文件资料管理

资料员负责施工进度文件、资料、记录的管理,并建立档案。本项目工程竣工后移交文件资料业务主管,具体执行“文件资料管理程序”。

5. 相关文件

5.1　《建设工程监理规范》GB 50319—2000

5.2　“项目部对施工单位监督管理作业指导书”(见本书第一章第十五节)

5.3　“项目部对监理单位监督管理作业指导书”(见本书第一章第十四节)

5.4　“项目文件资料管理”(见本书第一章第十节)

5.5　“工程款拨付实施办法”(见本书第二章第一节)

6. 记录

6.1　施工单位“施工总进度计划”、“月进度计划”(略)

6.2　监理单位“施工进度控制方案”(略)

6.3　监理月报(略)

6.4　施工文件审查记录(表1-6-1　见本书第一章第六节)

6.5　监理文件审查记录(表1-6-2　见本书第一章第六节)

6.6　项目部“施工进度计划调整申请表”(表1-7-1)

施工进度计划调整申请表　　**表1-7-1**

项目进调申字第　　号

申请单位			申请人	
报告时间				
申请理由				
调整时间			问题是否解决	是(　)
				否(　)
审核意见	监理			年　月　日
	甲方			年　月　日
会签意见				
工程部				年　月　日
前期部				年　月　日
设计部				年　月　日
总经理				年　月　日
抄送				
财务部	负责人:(签字)			年　月　日
销售部	负责人:(签字)			年　月　日
客服部	负责人:(签字)			年　月　日

第八节 工程质量控制

一、工程质量控制流程

序号	管理流程	工作内容	客观证明	责任人
1	组织图纸会审、设计变更、洽谈	每项专业工程在施工前，组织设计、监理、施工单位技术负责人，按专业分别进行图纸会审。如发生设计变更，执行“变更、签证管理规定”	分专业填写图纸会审、设计变更、洽谈记录	项目经理、专业工程师
2	对工程定位、测量、放线、复测	①报请规划部门验线； ②会同监理对施工单位定位放线进行复测	工程定位、测量、放线、水准点、引测记录	项目经理、专业工程师
3	对原材料、构配件、设备进场验收	分专业工程对进场的原材料、构配件、设备进行验收	工程物资进场报验申请表、专业工程进场材料验收记录	监理、施工单位、专业工程师
4	关键部位（关键工序）进行监督管理	①审查监理制定的“旁站监理方案”； ②抽查“监理旁站记录”； ③对关键部位专业工程师到现场监督	旁站监理方案、监理文件审查记录、监理旁站记录	专业工程师、监理人员
5	对地基、基础工程质量验收	组织设计、勘察、施工、监理对①基坑（槽）工程施工质量验收；②地基处理工程施工质量验收；③复合地基工程施工质量验收；④桩基工程施工质量验收	分别填写四项工程质量验收记录、报验申请表	土建专业工程师
6	参加对有关工程检测试验、验收	会同监理、施工、分包单位，对防水、幕墙、建筑节能、采暖、通风、电气、智能工程试验、监测、验收	按规定分别填写各项工程验收记录、报验申请表	土建、采暖、电气专业工程师
7	对分部（子分部）工程验收	①参加分部（子分部）工程验收； ②对主体、地基、基础分部工程，报质量监督站参加验收	报验申请表、建设工程验收通知书	专业工程师、项目经理、工程部相关人员
8	组织工程竣工预验收	①监理对施工竣工报验报告进行核查、报项目部； ②项目部组织、设计、勘察、施工单位对工程进行预验； ③对预验发现的问题提出整改意见	工程竣工预验收报告、工程竣工预验收整改意见书	监理单位总监、项目经理、专业工程师
9	组织工程竣工验收和竣工验收备案	①组织设计、勘察、施工、监理和质量监督站进行竣工验收，并编写报告； ②办理消防、人防、规划、防雷、电梯、室内环境监测、验收证明； ③向建委做竣工验收备案	提交报告 ①工程质量竣工报告； ②竣工验收监理评估报告； ③工程竣工验收报告； ④其他验收证明	施工、监理单位项目经理 工程部相关人员办理

续表

序号	管理流程	工作内容	客观证明	责任人
10	对工程质量事故处理	①一般质量缺陷到现场复验结果； ②重大隐患、质量事故，经项目经理同意监理发布暂停令； ③监理提交、质量事故书面报告； ④进行处罚	监理通知书、工程暂停令、工程复工报审表、工程款交付单	项目部专业工程师、项目经理总监
11	监理服务质量控制	审查监理提交的“监理实施细则”、“监理月报”、“质量评估报告”和“监理工作总结报告”	监理文件审查记录	专业工程师、项目经理
12	组织月总结汇报会	就质量、安全、进度进行汇报总结	总结记录	工程部有关人员及项目经理
13	文件、资料、记录管理	质量控制文件、资料、建档，执行“项目文件资料管理程序”	质量控制文件、资料、记录档案	资料员

二、工程质量控制程序

1. 目的

为了提高工程项目管理水平，规范工程部与项目部在工程质量上应控制的范围和管理内容，理顺与监理、施工单位之间工作关系特制定本程序。

2. 适用范围

适用于建设开发工程项目，在施工过程中和竣工验收阶段对工程质量的控制与管理。

3. 职责

3.1　工程部长负责监督本程序的实施

3.2　项目经理对工程质量控制负有主要责任，是贯彻实施本程序的第一责任人。

3.3　项目部土建专业工程师，对建筑与结构工程质量进行控制；暖通专业工程师，对给排水、采暖通风、空调工程质量进行控制；电气专业工程师，对电气工程质量进行控制，并分别负有直接责任。

4. 工作程序

4.1　组织图纸会审、设计变更、洽商

4.1.1　图纸会审由项目经理组织设计、监理、施工单位技术负责人及有关人员参加。

4.1.2　图纸会审应按专业进行，主要包括：建筑与结构工程、给排水与采暖工程、通风与空调工程、电气工程、电梯工程、智能建筑工程等。对以上工程均要在专业工程施工前组织图纸会审，并分别填写“图纸会审、设计变更、洽谈记录”（津资 K－1 通用），建设、设计、监理、施工单位的相关负责人应签字认可。

4.1.3　如若发生设计变更，项目经理应严格执行本企业“设计变更、现场签证管理规定”（见本书第二章第二节）办理签证手续。

4.2　对工程定位、测量、放线复测。

4.2.1　项目经理（工程部长）报请规划部门，对其提供的建筑物红线桩和标高等工程放线进行验线。

4.2.2　定位、测量、放线要绘制出定位和水准点引测示意图，专业工程师会同监理对其施工单位定位、测量、放线进行复测，并在“工程定位测量、放线、水准点引测记录”（资 K－JZ－1）签署复测意见。

4.3　对原材料、构配件、设备进场验收

4.3.1　项目部在接到监理报来的“工程物资进厂报验申请表”（监理 A6）后，专业工程师对工程使用的主要材料进行验收，并签字。

4.3.2　专业工程师，对建筑与结构工程、给水与采暖、通风空调工程、电气工程、智能建筑工程所使用的原材料、设备，分别在各自工程的材料、设备进场验收记录上签署验收结果（记录见本程序验收记录清单）。

4.4　对关键部位、关键工序监督、管理

4.4.1　专业工程师应对下列工程实行监督管理：

（1）基础工程：桩基工程、沉井过程、地下混凝土浇筑、承载力监测、独立基础框架结构、基础土方回填；

（2）结构工程：混凝土浇筑、施加预应力、施工缝处理、结构件吊装；

（3）钢结构工程：重要部位焊接、机械连接安装；

（4）设备进场验收测试：单机无负荷试车、无负荷联动试车试运转、设备安装验收、压力容器等；

（5）隐蔽工程的隐蔽过程。

4.4.2　监理单位应对以上关键部位，制定“旁站监理方案”提交项目部，专业工程师应对“旁站监理方案”进行审查，是否涵盖以上内容，作出结论，并填写“监理文件审查记录”（表 1－6－2）。

4.4.3　项目部专业工程师依据“旁站监理方案”，对监理旁站记录进行抽查。

4.4.4　项目部专业工程师对以上关键部位，在施工过程中应亲临现场进行抽查监督。

4.5　地基、基础工程质量验收

4.5.1　项目部专业工程师组织设计、勘察、施工、监理单位参加，对基坑（槽）工程施工进行验收，并在“基坑（槽）工程施工验收记录”上签署验收结论。

4.5.2　项目部专业工程师组织、设计、勘察、施工、监理单位对地基处理工程进行验收，并在“地基处理工程验收记录”上签署验收结论。

4.5.3　项目部专业工程师组织勘察、设计、总包、分包、监理单位，对复合地基工程施工进行验收，并在“复合地基工程施工验收记录”上签署结论。

4.5.4　项目部专业工程师组织勘察、设计、总包、分包、监理单位，对桩基工程施工进行验收，并在“桩基工程施工验收记录”上签署结论。

4.6　对有关工程质量验收

4.6.1　项目部在接到监理单位“________报验申请表”（监理 A7）和监理通知单（监理 B2），专业工程师会同总包、分包、监理单位共同对下列工程质量验收：

① 屋面防水工程——淋水试验；

② 有防水要求的地面工程——蓄水试验；

③ 地下室防水工程——防水效果检查；

④ 幕墙工程——淋水检查验收；

⑤ 幕墙工程——金属框架避雷连接隐蔽验收；

⑥ 建筑节能工程——节能保温试验；

⑦ 采暖工程——采暖系统试运行调试验收；

⑧ 采暖工程——锅炉试运行验收；

⑨ 通风工程——通风、空调系统试运行验收；

⑩ 电气工程——低压电器系统、设备试运行验收；

⑪ 电气工程——发电机交接试验运行验收；

⑫ 电气工程——照明全负荷通电试运行验收；

⑬ 智能工程——系统试运行验收；

⑭ 智能工程——系统管理，操作人员培训验收。

4.6.2 对以上14项工程验收，项目部专业工程师对验收结果作出结论，并分别在各项工程验收记录上签字认可（见本程序验收记录清单）。

4.7 对分部（子分部）工程验收

4.7.1 项目部在接到分部（子分部）工程报验申请后，由专业工程师参加对分部（子分部）工程的验收，并在报验申请表上作出验收结论。

4.7.2 工程部长对地基、基础、主体、分部工程组织设计、勘察、监理、施工单位进行验收，并在验收前7天向当地质量监管站发出邀请通知，并填写“建设工程验收通知书”（建设表1-1）。

4.8 工程竣工预验收

4.8.1 施工单位在工程竣工后，通过自检各项工程质量和档案资料合格后，填写“工程竣工验收报验申请表”向监理单位申报。

4.8.2 监理单位组织监理专业工程师，对工程质量和资料进行全面核查后向项目部报告，项目经理组织有关设计、勘察单位参加工程竣工预验收。监理单位对验收结果写出“工程竣工预验收报告”（监理B6）和填写“单位（子单位）工程质量竣工验收记录”（监理B6-7），并由参加单位签字认可。

4.8.3 工程竣工预验中发现质量问题，由监理单位填写“工程竣工预验收整改意见书”（监理B6-6），项目部参加验收人认可后发给施工单位签字，并限期整改。

4.9 组织工程竣工验收与备案

4.9.1 在竣工预验收和施工质量的整改完成后，工程部长组织设计、勘察、施工、监理单位和项目部向当地质量监督站发出通知书（建设表1-1），对工程竣工进行验收，同时提交工程验收组成员名单。

4.9.2 参加工程验收的各相关单位向项目部提交下列报告：

（1）施工单位提交“建设工程质量施工单位（竣工）报告”；

（2）勘察单位提交“工程质量检查报告”；

（3）监理单位提交“建设工程竣工验收监理评估报告”；

（4）设计单位提交“工程质量检查报告（合格证书）”；

（5）建设单位提交“工程竣工验收报告”（建设表7-1）。

4.9.3 竣工验收备案

文件资料主管与资料员，自建设工程竣工验收合格之日起15天内持备案审查记录文件（见本程序后备案记录清单）到建设行政主管部门办理建设工程竣工验收备案。

(1)文件资料主管与资料员按照备案审查文件要求,在备案前向规划、公安、消防、环保、人防、档案馆、质检等行政主管部门办理相关手续。

(2)文件资料业务主管,在验收备案后组卷、立卷,向城建档案馆移交工程档案。具体执行“项目文件资料管理程序”。

(3)建设工程竣工后,项目部在工程明显位置镶嵌标志牌。

4.10　工程质量事故处理

4.10.1　对施工过程中出现的质量缺陷、一般不合格,项目部在接到“监理通知回复单”后,由专业工程师到施工现场查验施工单位整改结果。

4.10.2　对在施工过程中,监理人员发现的重大质量隐患,可能造成质量事故或已经造成质量事故时,监理单位总监在下达“工程暂停令”或“工程复工报审表”前必须征得项目经理同意,项目经理应到现场查验后再做结论。

4.10.3　对需要返工处理或加固补强的质量事故,监理应对施工单位事故处理过程及结果进行跟踪检查和验收,并写出“有关质量事故的书面报告”报项目部,项目经理依据“报告”对施工单位进行处理,执行本企业“工程款拨付实施办法”(见本书第二章第一节)。

4.11　监理服务质量控制

4.11.1　对监理服务质量控制,重点审查以下几点:

(1)“监理实施细则”,监理在施工过程中应针对专业工程特点对其质量控制,编制“监理实施细则”提交项目部。

(2)“监理月报”,监理每月对工程质量、进度、安全及工程量完成情况写出书面总结,编制“监理月报”提交项目部。

(3)“质量评估报告”,在对地基、基础和主体分部工程验收以及竣工预验收合格后,监理应对四个阶段的工程质量作出评估,分别编写四项“质量评估报告”提交项目部。

(4)“监理工作总结”,在工程竣工验收合格后,对整个工程监理过程结果编写“监理工作”总结提交项目部。

4.11.2　项目经理和专业工程师,应对以上提交的四项监理文件进行审查,作出结论,并分别填写“监理文件审查记录”。审查要点可参照“项目部对监理单位监督管理作业指导书”。

4.12　工程部长每月组织一次总结汇报会,就项目进度、工程质量、施工安全管理等情况进行总结,项目经理及有关人员参加,并做好总结记录。

4.13　文件资料管理

资料员负责工程质量文件、资料、记录的管理,并建立档案,本工程项目竣工后移交文件资料业务主管,具体执行“项目文件资料管理程序”。

5. 相关文件

5.1　“项目文件资料管理”(见本书第一章第十节)

5.2　“项目部对施工单位监督管理作业指导书”(见本书第一章第十五节)

5.3　“项目部对监理单位监督管理作业指导书”(见本书第一章第十四节)

5.4　“设计变更、现场签证管理规定”(见本书第二章第二节)

5.5　“工程款拨付实施办法”(见本书第二章第一节)

6. 记录

6.1　工程质量验收记录清单(表1-8-1)

6.2　工程竣工验收备案审查记录清单(表1－8－2)

6.3　建设工程验收通知单（建设表1－1）

6.4　分部工程验收组成员名单（建设表1－2）

6.5　工程质量验收证明书（建设表2－1、建设表2－2）

6.6　工程竣工验收报告（建设表7－1～建设表7－6）

6.7　竣工验收备案表（建备表1－1～建备表1－5）

6.8　监理文件审查记录（表1－6－2　见本书第一章第六节）

工程质量验收记录清单　　　　**表1－8－1**

<table>
<tr><th>工程</th><th>序号</th><th>记录名称</th><th>编码</th><th>参加验收单位</th><th>项目部验收人</th></tr>
<tr><td rowspan="14">建筑与结构</td><td>1</td><td>图纸会审、设计变更、洽谈记录</td><td>津资K－1(通用)</td><td>建设、设计、施工、监理</td><td>项目经理
土建工程师</td></tr>
<tr><td>2</td><td>工程定位测量、放线、水准点引测记录</td><td>津资K－12－1</td><td>建设、监理、施工、测量人、复测人</td><td>土建工程师</td></tr>
<tr><td>3</td><td>原材料(构配件)进场验收记录</td><td>津资
K－J3－1(通用)</td><td>建设、监理、施工单位、分包</td><td>土建工程师</td></tr>
<tr><td>4</td><td>基坑(槽)工程施工验收记录</td><td>津资K－J8－1</td><td rowspan="2">建设、设计、勘察、施工、监理</td><td rowspan="2">项目经理
土建工程师</td></tr>
<tr><td>5</td><td>地基处理工程验收记录</td><td>津资K－J8－3</td></tr>
<tr><td>6</td><td>复合地基工程施工验收记录</td><td>津资K－J8－4</td><td rowspan="2">建设、勘察、设计、施工、分包、监理</td><td rowspan="2">项目经理
土建工程师</td></tr>
<tr><td>7</td><td>桩基工程施工验收记录</td><td>津资K－J8</td></tr>
<tr><td>8</td><td>屋面淋水试验记录</td><td rowspan="2">津资A－J1－1</td><td rowspan="5">建设单位
施工单位
分包单位
监理单位</td><td rowspan="7">土建工程师</td></tr>
<tr><td>9</td><td>有防水要求的地面蓄水试验</td></tr>
<tr><td>10</td><td>地下室防水效果检查记录</td><td>津资A－J2</td></tr>
<tr><td>11</td><td>幕墙工程淋水检查验收记录</td><td>津资A－J1－1</td></tr>
<tr><td>12</td><td>幕墙金属框架避雷连接隐蔽验收记录</td><td>津资K－J5－1</td></tr>
<tr><td>13</td><td>节能、保温测试记录</td><td>津资A－J8</td><td rowspan="2">建设、施工、分包、监理</td></tr>
<tr><td>14</td><td>节能工程—子分部分项工程质量验收记录</td><td>津资统表－JN</td></tr>
<tr><td rowspan="6">给排水采暖通风空调</td><td>15</td><td>图纸会审、设计变更、洽谈记录</td><td>津资K－1
(通表)</td><td>建设、设计、监理、施工</td><td rowspan="6">水暖专业工程师</td></tr>
<tr><td>16</td><td>建筑给水、采暖、通风、空调工程主要材料进场验收记录</td><td>津资K－S2－1
(通用)</td><td rowspan="2">建设、施工、分包、监理</td></tr>
<tr><td>17</td><td>设备开箱检查记录</td><td>津资K－S2－2</td></tr>
<tr><td>18</td><td>采暖系统试运行调试记录</td><td>津资K－S6－4</td><td rowspan="3">建设、施工、分包、监理</td></tr>
<tr><td>19</td><td>锅炉试运行记录</td><td>津资K－S6－6</td></tr>
<tr><td>20</td><td>通风、空调系统试运转记录</td><td>津资A－K1</td></tr>
</table>

续表

工程	序号	记录名称	编码	参加验收单位	项目部验收人
电气工程	21	图纸会审、设计变更、洽谈记录	津资K－1（通用）	施工、监理、设计	电气专业工程师
	22	电气设备、材料、进场验收记录	津资K－D2	施工单位 分包单位 监理单位 建设单位	
	23	低压电器系统、设备—试运行记录	津资K－D3－3		
	24	发电机交接试验、试运转记录	津资K－D3－4		
	25	照明全负荷通电试运行记录	津资A－D1		
智能建筑工程	26	图纸会审、设计变更、洽谈记录	津资K－1（通用）	施工、监理、设计	软电专业工程师
	27	设备材料进场验收记录	津资K－Z2	分包、施工、监理	
	28	系统技术、操作和维护手册汇总表	津资K－Z5	施工、监理、建设	
	29	系统管理、操作人员培训记录	津资K－Z6	建设单位	
	30	系统试运行记录	津资A－Z1	分包、施工、监理、建设	
其他	31	新材料、新工艺施工记录	津资K－11（通用）	分包、施工、监理、建设	土建工程师、项目经理
	32	砌体裂缝检查检验记录	津资A－J10	建设单位 监理单位 设计单位 施工单位	
	33	工程质量事故调查处理结果	津资K－10－2（通用）		
	34	单位（子单位）工程质量竣工验收记录	津资统表一		

注：本清单由施工单位向建设单位申报，共同对工程质量进行验收。

工程竣工验收备案审查记录清单 表1－8－2

项次	序号	文件名称	分数
一、各方报告	1	工程施工验收报告	1
	2	施工单位竣工报告	1
	3	勘察单位质量检查报告	1
	4	设计单位质量检查报告	1
	5	监理单位工程质量评估报告	1
二、批准许可	6	规划许可证	1
	7	施工图设计文件审查批准书	1
	8	建筑消防设计审核意见书	1
	9	工程施工许可证	1

续表

项次	序号	文件名称	分数
三、验收检测	10	建筑工程竣工规划验收合格证	1
	11	公安消防验收证明文件	1
	12	建设项目环境状况监测报告	1
	13	室内环境监测报告	1
四、其他	14	施工单位签署的工程质量保修书	1
	15	商品住宅《住宅质量保证书》	1
	16	商品住宅《住宅使用说明书》	1
	17	防雷检测	1
	18	档案合格证明文件	1
	19	文明施工措施费支付情况	1
	20	标牌办理回复	1
	21	工程款结算书	1
	22	备案表	3
	23	监督报告	2

建设工程(地基、基础、主体、竣工)验收通知书 **建设表1-1**

____________________监督站:

由__________勘察院堪察,__________设计院设计,__________公司施工,__________监理公司监理的,(地基、基础、主体、竣工)工程,建筑面积__________m^2,施工、勘察、设计、监理各责任主体在工程施工中按照有关法规、规章及强制性标准履行了各自的职责,完成了合同、设计文件要求,已具备验收条件。我方于______年____月____日上午(下午)______点,组织(地基、基础、主体、竣工)分部工程验收。

验收地点:

联系人: 电话:

附:(地基、基础、主体、竣工)分部工程验收组成员名单

建设单位:(公章)

年 月 日

注:验收前七日通知监督单位。

（地基、基础、主体、竣工）分部工程验收组成员名单　　建设表 1-2

工程名称		工程地址		
建筑面积	m^2	结构类型		
开工时间		完工时间		
组织单位		主持人		
参加验收单位		验收组成员		
		姓名	职务	专业
建设单位				
勘察单位				
设计单位				
施工单位				
监理单位				
其他单位				

建设单位：（公章）　　年　月　日

建设表2－1

编号：

地基
基础
主体

工程质量验收证明书

单位工程名称：

建筑面积：

结构类型、层数：

施工单位名称：

<table>
<tr><td rowspan="5">质
量
验
收
意
见</td><td>勘察单位意见：

技术负责人：　　　　　　　　年　月　日
项目负责人：　　　　　　　　年　月　日
勘查单位部门章：</td></tr>
<tr><td>施工单位意见：

总工程师：　　　　　　　　年　月　日
项目经理：　　　　　　　　年　月　日
施工企业质量部门章：</td></tr>
<tr><td>设计单位意见：

设计项目负责人：　　　　　　　　年　月　日
设计单位部门章：</td></tr>
<tr><td>监理单位意见：

总监理工程师：　　　　　　　　年　月　日
监理项目部门章：</td></tr>
<tr><td>建设单位意见：

项目负责人：　　　　　　　　年　月　日
建设单位部门章：</td></tr>
</table>

质量监督站：

工程质量验收证明收到

经办人：　　　　年　月　日　　　　监督站部门章：

建设表7－1

工程竣工验收报告

工程名称：

建设单位：

年　　月　　日

竣工工程验收组成员名单 建设表 7－2

<table>
<tr><td>组织单位</td><td colspan="2"></td><td>主持人</td><td colspan="2"></td></tr>
<tr><td colspan="2" rowspan="2">参加验收人员</td><td colspan="4">验收组成员</td></tr>
<tr><td>姓名</td><td>职务</td><td colspan="2">专业</td></tr>
<tr><td rowspan="4">建设单位</td><td></td><td></td><td></td><td colspan="2"></td></tr>
<tr><td></td><td></td><td></td><td colspan="2"></td></tr>
<tr><td></td><td></td><td></td><td colspan="2"></td></tr>
<tr><td></td><td></td><td></td><td colspan="2"></td></tr>
<tr><td rowspan="4">勘察单位</td><td></td><td></td><td></td><td colspan="2"></td></tr>
<tr><td></td><td></td><td></td><td colspan="2"></td></tr>
<tr><td></td><td></td><td></td><td colspan="2"></td></tr>
<tr><td></td><td></td><td></td><td colspan="2"></td></tr>
<tr><td rowspan="4">设计单位</td><td></td><td></td><td></td><td colspan="2"></td></tr>
<tr><td></td><td></td><td></td><td colspan="2"></td></tr>
<tr><td></td><td></td><td></td><td colspan="2"></td></tr>
<tr><td></td><td></td><td></td><td colspan="2"></td></tr>
<tr><td rowspan="4">施工单位</td><td></td><td></td><td></td><td colspan="2"></td></tr>
<tr><td></td><td></td><td></td><td colspan="2"></td></tr>
<tr><td></td><td></td><td></td><td colspan="2"></td></tr>
<tr><td></td><td></td><td></td><td colspan="2"></td></tr>
<tr><td rowspan="4">监理单位</td><td></td><td></td><td></td><td colspan="2"></td></tr>
<tr><td></td><td></td><td></td><td colspan="2"></td></tr>
<tr><td></td><td></td><td></td><td colspan="2"></td></tr>
<tr><td></td><td></td><td></td><td colspan="2"></td></tr>
</table>

单位工程基本概况 建设表 7－3

<table>
<tr><td colspan="2">工程名称</td><td colspan="3"></td><td colspan="2">开工、竣工时间</td><td colspan="2"></td></tr>
<tr><td colspan="2">建筑面积</td><td></td><td colspan="2">结构类型</td><td></td><td></td><td>建筑高度</td><td></td></tr>
<tr><td colspan="2" rowspan="2">装修类型</td><td colspan="3">初装修(　　)</td><td rowspan="2">层 数</td><td>地上</td><td colspan="2"></td></tr>
<tr><td colspan="3">整体装修(　　)</td><td>地下</td><td colspan="2"></td></tr>
<tr><td colspan="2">施工单位
竣工报告</td><td colspan="3">有(　　)
没有(　　)</td><td colspan="2">监理单位
评估报告</td><td colspan="2">有(　　)
没有(　　)</td></tr>
<tr><td>工程主要营造做法及初装修标准</td><td colspan="8"></td></tr>
<tr><td>结构及装修变更</td><td colspan="2">有(　　)
没有(　　)</td><td>变更内容</td><td colspan="2"></td><td>变更手续</td><td colspan="2">有(　　)
没有(　　)</td></tr>
<tr><td colspan="2">工程分包项目</td><td colspan="7"></td></tr>
<tr><td colspan="2">电梯安装质量验收</td><td>验(　　)
没验(　　)</td><td colspan="2">原因结论</td><td colspan="4"></td></tr>
<tr><td rowspan="6">参建单位</td><td>建设单位</td><td colspan="7"></td></tr>
<tr><td>勘察单位</td><td colspan="7"></td></tr>
<tr><td>设计单位</td><td colspan="7"></td></tr>
<tr><td>施工单位</td><td colspan="7"></td></tr>
<tr><td>监理单位</td><td colspan="7"></td></tr>
<tr><td></td><td colspan="7"></td></tr>
<tr><td colspan="2">工程验收时间</td><td colspan="7"></td></tr>
</table>

建设单位执行基本建设程序情况　　　　建设表 7－4

      建设单位负责人(签字) (公章) 年　月　日

建设单位对勘察、设计、施工、监理单位在施工过程中质量行为的评价　　　　建设表 7－5

        建设单位负责人(签字) 年　月　日

单位(子单位)工程质量工程综合验收报告 建设表7-6

<table>
<tr><th>序号</th><th>项目</th><th colspan="2">验收项目记录</th><th colspan="3">验收结论</th></tr>
<tr><td>1</td><td>分部工程</td><td colspan="2">共　　分部,经检查　　分部符合强制性标准及设计要求　　分部</td><td colspan="3"></td></tr>
<tr><td>2</td><td>安全、功能检查(检测)报告</td><td colspan="2">地基、基础　　份,符合要求　　份
主体结构　　份,符合要求　　份
重要设备　　份,符合要求　　份</td><td colspan="3"></td></tr>
<tr><td>3</td><td>质量控制资料核查</td><td colspan="2">共　　项,经审查符合要求　　项
经核定符合规范要求　　项</td><td colspan="3"></td></tr>
<tr><td>4</td><td>主要使用功能抽查结果</td><td colspan="2">共抽查　　项,符合要求　　项
经返工处理符合要求　　项</td><td colspan="3"></td></tr>
<tr><td>5</td><td>观感质量验收</td><td colspan="2">共抽查　　项,符合要求　　项
不符合要求　　项</td><td colspan="3"></td></tr>
<tr><td>6</td><td>综合验收结论</td><td colspan="2"></td><td colspan="3"></td></tr>
<tr><td rowspan="4">7</td><td rowspan="4">验收组成员会签</td><td>建设单位</td><td colspan="4"></td></tr>
<tr><td>设计单位</td><td colspan="4"></td></tr>
<tr><td>施工单位</td><td colspan="4"></td></tr>
<tr><td>监理单位</td><td colspan="4"></td></tr>
<tr><td>参加验收单位</td><td colspan="2">建设单位(公章)

单位负责人:

年　月　日</td><td colspan="2">设计单位(公章)

单位项目负责人:

年　月　日</td><td>监理单位(公章)

总监理工程师:

年　月　日</td><td>施工单位(公章)

单位项目负责人:

年　月　日</td></tr>
</table>

建备表 1－1

建筑安装工程和市政基础设施工程

竣工验收备案表

建设工程竣工验收备案表

建备表1－2

建设单位名称			
备案日期			
单位工程名称			
工程地点			
建筑面积			
结构类型			
工程造价			
工程用途			
开工日期			
竣工验收日期			
施工许可证编号			
施工图审查批复编号			
勘察单位名称		资质等级	
设计单位名称		资质等级	
施工单位名称		资质等级	
监理单位名称		资质等级	
工程质量监督机构名称			

建设工程竣工验收备案表 建备表 1－3

竣工验收意见	勘察单位意见	项目负责人： 法定代表人：	年　月　日 年　月　日（公章）
	施工单位意见	项目经理： 法定代表人：	年　月　日 年　月　日（公章）
	设计单位意见	项目负责人： 法定代表人：	年　月　日 年　月　日（公章）
	监理单位意见	总监理工程师： 法定代表人：	年　月　日 年　月　日（公章）
	建设单位意见	项目负责人： 法定代表人：	年　月　日 年　月　日（公章）

建设工程竣工验收备案表　　建备表1-4

<table>
<tr><td>工程竣工验收文件目录</td><td colspan="3">1. 工程竣工验收报告；
2. 工程施工许可证；
3. 施工图设计文件审查意见；
4. 单位工程质量综合验收文件（工程质量竣工报告、质量检查报告、质量评估报告）；
5. 市政基础设施工程质量检测报告和功能试验资料；
6. 规划、公安消防、环保等部门出具的证明文件或者准许使用文件；
7. 施工单位签署的工程质量保修书；
8. 商品住宅的《住宅质量保证书》和《住宅使用说明书》；法规、法律、规定必须提供的其他文件</td></tr>
<tr><td>备案意见</td><td colspan="3">该工程的竣工验收备案文件已于　　年　　月　　日收讫，文件齐全

（公章）

年　　月　　日</td></tr>
<tr><td>备案机关负责人</td><td></td><td>备案经办人</td><td></td></tr>
</table>

建设工程竣工验收备案表　　建备表1-5

<table>
<tr><td>备案机关处理意见：

处理经办人：

备案机关负责人：

（公章）

年　　月　　日</td></tr>
</table>

第九节　施工安全控制

一、施工安全控制流程

分类	序号	管理流程	工作内容	客观证据	责任人
项目部内部管理与控制	1	签订“安全生产责任书”	每年年初项目经理与工程部长签订“安全生产责任书”	安全生产责任书	工程部长 项目经理
	2	制定“项目管理方案”	在“项目管理方案”中应有安全管理措施	项目管理方案	项目经理 安全员
	3	在办理施工许可证时向建设行政主管部门作出“三项承诺”	三项书面承诺： 1. 明确本工程项目建设、施工、监理相关方各自履行的安全、环境和文明施工责任； 2. 提供所需的安全措施费用； 3. 提供危及毗邻建筑物、地下管线、地下工程的保护措施	三项书面承诺	工程部长 项目经理 安全员
	4	拆除工程备案	涉及拆除工程的到建设行政主管备案。提供： 1. 施工单位资质等级证明； 2. 拟拆除建筑物可能危及毗邻建筑的说明； 3. 拆除施工组织方案； 4. 堆放、清除废弃物的措施； 5. 实施爆破作业的，应遵守爆炸物品管理规定	备案资料	工程部长 项目经理 安全员
	5	执行“三个不得”	对勘察、设计、施工、监理等单位： 1. 不得提出不符合法规和强制性标准的要求； 2. 不得压缩合同约定工期； 3. 不得明示或暗示施工单位购买、租赁不符合要求的防护用具、设备机具、消防器材和设施		工程部长 项目管理
	6	向监理、施工单位提供安全技术资料	执行《建设工程安全生产管理条例》第六条	文件发放（接收）记录	安全员 资料员
	7	施工现场实行封闭管理	开工前根据工程特征、规模、施工周期和社区环境四周设置围挡，按标准规定实行封闭管理		项目经理 安全员
	8	实行日巡查制度	每日应对施工现场安全、环境和文明施工进行巡查，发现不符合应做好记录	检查记录	安全员

续表

分类	序号	管理流程	工作内容	客观证据	责任人
项目部内部管理与控制	9	实行施工现场安全周联检	参加每周由监理组织总包单位的安全联合检查,发现问题由监理下达"监理通知单"	检查记录监理通知单	安全员 监理、总包单位
	10	实行安全例会	每月底在召开工程总结会时,对当月安全、环境和文明施工进行总结,写出会议纪要	会议纪要	项目经理 监理、总包单位
	11	执行月总结汇报	每月依据"监理月报"、"巡查记录"、"月安全考核表",写出总结报工程部	月书面安全总结	安全员 项目经理监理、总包单位
	12	对重大安全隐患的监管	日巡视中发现重大安全隐患下达"隐患整改通知书",对整改情况进行监管	隐患整改通知书、隐患整改反馈表	项目经理 安全员
	13	建立施工现场应急救援组织	项目部应组建施工现场应急救援领导小组	应急救援小组名单、应急预案	项目经理
	14	进行月度安全考核实施奖励	每月对监理、总包单位安全工作进行考核,按规定进行奖惩	安全考核表、付款统计表	项目经理 安全员
施工准备阶段对监理单位安全监理服务质量的监督	15	审查专职安全监理人员资格	要求监理单位提供专职安全监理人员名单、安全培训证明,管理经历	监理提供的资料	安全员
	16	审查施工单位项目部安全组织机构	项目部要求总包单位提供安全组织机构人员名单、资格证明和培训证书,报监理审查后,提交项目部审查	总包单位安全管理资料、施工文件审查记录	安全员 监理、总包单位
	17	审查"重大风险和重要环境因素清单"	要求总包单位在施工前辨识本项目重大风险及重要环境因素及控制措施	清单、施工文件审查记录	安全员
	18	审查"安全、环境和文明施工管理方案"	要求总包单位在施工前编制"安全、环境和文明施工管理方案",报监理单位审查后提交项目部审查	方案、施工文件审查记录	安全员
	19	审查"应急预案"	要求施工单位制定施工现场"应急预案",报监理单位审查后提交项目部审查	应急预案、施工文件审查记录	安全员
	20	监督总包与分包单位签订"用电协议"和"安全合同"	审查总包单位与同在一施工现场施工的分包单位签订的"用电协议"和"安全合同",报项目部备案	用电协议、安全合同	电气专业工程师、安全员

续表

分类	序号	管理流程	工作内容	客观证据	责任人
施工过程阶段对监理单位安全服务质量的监督	21	审查“专项施工方案”	要求总包单位对危险性较大工程编制“专项施工方案”报监理单位审查后,提交项目部审查	专项方案、施工文件审查记录	专业工程师 安全员
	22	审查“安全监理规划”和“专项安全监理实施细则”	要求监理单位编写“安全监理规划”和“专项安全监理实施细则”报项目部	实施细则、监理文件审查记录	专业工程师 安全员
	23	审查监理“旁站记录”	监理单位对重大危险部位和直接影响安全的分部分项工程进行旁站,并向项目部提供“旁站记录”	旁站记录	安全员
	24	审查特种人员资格证书	总包、分包单位特种作业人员名单及资格证明材料报监理审查后提交项目部审查	特种人员名单及资料	安全员
	25	审查施工起重设备备案	总包、施工单位办理的“施工起重机械备案证明”、“使用登记表”报监理审查后提交项目部审查	备案证明、设备使用登记表	
	26	审查特种设备检测报告	总包、分包单位特种设备登记表和检测报告、合格证书报监理审查后提交项目部审查	施工文件审查记录	
	27	审查临时租赁设备的相关文件	总包、分包单位租赁的设备应有“租赁设备检测合格报告”、“租赁安全协议”、操作人员证书报监理审查后提交项目部审查	提交的资料	
	28	审查安全隐患发现和整改情况	监理单位发现施工现场安全隐患及整改情况进行总结,以“监理月报”形式报项目部	监理月报	
	29	审查“工程暂停令”	监理单位发现施工现场存在重大安全隐患对总、分包单位下达“工程暂停令”,项目部对其审核批准	工程暂停令	项目经理
	30	施工现场环境监督	监理单位应对总、分包施工现场污水排放、噪声控制、粉尘污染等环境因素和作业、办公、生活区域环境设施与日常管理是否符合要求进行监理,以“监理月报”报项目部	监理月报	安全员
	31	对消防保卫进行监督情况	监理单位应监督总、分包单位的消防保卫情况,并做出总结,提交“监理月报”	监理月报	安全员
	32	重大安全事故处理	发生重大安全事故监理单位立即报告项目部,启动“应急预案”,项目部接报后,立即报工程部,协助事故调查组开展工作	事故报告	项目经理 安全员

二、施工安全控制程序

1. 目的

为使建设开发工程项目施工现场安全、环境和文明施工符合相关法律、法规和其他要求，做到安全、文明生产，减少和杜绝安全事故的发生，特制定本程序。

2. 适用范围

本程序适用于建设开发工程施工现场安全、环境和文明施工管理。

3. 职责

3.1　工程部长负责对本程序实施情况进行监督。

3.2　项目经理负责本程序的组织实施。

3.3　安全员负责本程序的执行。

4. 工作程序

4.1　项目部内部管理与控制

4.1.1　签订“安全生产责任书”

(1) 项目经理每年初与工程部长签订“安全生产责任书”（见本程序附件1、2），并与项目部成员分别签订对分管工程项目内的安全、环境和文明施工负全责的“安全生产责任书”。

(2) 各岗位员工应认真履行本岗位“安全生产责任制”各条款。项目经理每半年对项目部成员履行安全生产责任制情况进行考核，执行本企业“安全生产责任制度”（见本书第三章第四节）。

(3) 严格遵守、执行相关安全、环境和文明施工法律、法规和其他要求，并根据工程项目具体情况制定安全管理方案，列入项目部项目管理方案的内容之中。

(4) 项目经理领导和支持项目部专职安全员的工作。

4.1.2　制定“工程项目管理方案”

安全员在开工前参加“工程项目管理方案”的制定，提出安全、环境和文明施工控制要点和控制措施，具体执行“施工准备管理程序”第4.1.2条款。

4.1.3　向建设行政主管部门作出三项书面承诺。

在办理施工许可证时，工程部（项目部）代表企业向建设行政主管部门作出三项书面承诺：

(1) 工程相关各方的安全责任及履行安全生产责任的书面承诺；

(2) 在编制工程概算中确定的施工现场安全、环境和文明施工措施所需费用拨付使用的书面承诺；

(3) 对可能涉及毗邻建筑物、构筑物、地下管线、地下工程保护措施的书面承诺。

4.1.4　拆除工程必须向建设行政主管部门备案

工程项目如遇有拆除工程，工程部责成项目部在拆除工程施工5日前，将下列资料报送建设行政主管部门备案。

(1) 施工单位资质等级证明；

(2) 拟拆除建筑物、构筑物及可能危及毗邻建筑的说明；

(3) 拆除工程施工组织方案；

(4) 堆放、清除废弃物的措施。

拆除施工具体管理执行“施工准备管理程序”4.1.4条款。

4.1.5　执行“三个不得”

工程部、项目部在施工过程中对勘查、设计、施工、监理单位严格执行“三个不得”：

(1) 不得提出不符合建设工程安全生产法律、法规和强制性标准规定的要求；

(2) 不得压缩合同约定的工期；

(3) 不得明示和暗示施工单位购买、租赁、使用不符合安全施工要求的安全防护用具、机械设备、施工机具及配件、消防设施和器材。

4.1.6　向监理和施工单位提供安全技术资料

在施工准备阶段，资料员负责收集并向监理、施工单位提供如下文件资料，填写“文件收、发(登记)表”通表4(见本书第一章第十节)。

(1) 施工现场及毗邻区域内供水、供电、供气、供热、通信、广播电视、排水等地下管线资料和地质水文资料；

(2) 相邻建筑物、构筑物、地下工程有关资料；

(3) 对拆改、重新装修工程，如涉及建筑主体和承重结构变动或荷载发生变化时，应提供原设计单位或具有相应资质等级的设计单位的设计文件，对结构的安全性进行认定；

(4) 需要临时占用规划批准范围以外场地，可能损坏道路、管线、电力、邮电、通信等公共设施，需要临时停水、停电、停气、中断道路交通，需要进行爆破作业以及法规规定需要办理报批事项的批复资料；

(5) 涉及施工安全的重点部位和环节的设计说明或指导意见；

(6) 针对工程所采用的新技术、新结构、新材料、新工艺和特殊结构，提出保障施工作业人员和预防生产安全事故的措施或建议；

(7) 建设单位安全监督人员名单及对施工安全管理的规定和措施，施工许可证和开工报告。

4.1.7　施工现场封闭管理

在开工前项目部应根据工程特点、规模、施工周期和社区环境对施工所占用场地四周设置围挡，实行封闭管理。具体执行“施工准备管理程序”(见本书第一章第六节)。

4.1.8　实行日巡查制度

建筑施工现场项目部安全员，每日应对施工单位现场安全、环境和文明施工进行日巡查，对不符合项和安全隐患填写“安全检查记录”(表1-9-2)，以作为奖罚的客观证据。其监督、巡查重点：

(1) 使用安全、环境和文明施工措施费情况，防止挪作他用；

(2) 使用的机械设备和安全防护用具、劳动保护用品的情况；

(3) 违章操作和违章指挥行为，执行“安全、环境和文明施工违章处罚细则”(见本书第二章第三节)。

4.1.9　建立安全生产协调机制，安全联检制度

项目部参加每周由监理组织的对总包、分包单位施工现场安全、环境和文明施工状况的检查。发现安全隐患和员工违章行为，由监理下达“监理通知单”(表1-9-1)，对整改情况进行复验后提交项目部作为奖罚依据。

4.1.10　实行安全例会制度

每月底项目部召开工程总结会时,同时对当月安全、环境和文明施工情况进行总结,并写出纪要。

4.1.11　执行月总结汇报制度

项目部安全员依据日巡查记录和要求监理单位填写后提交的"________月份工程安全考核表"(表2-1-2),以及对施工现场安全月考核及收集的有关安全信息进行汇总、写出月总结,经项目经理审阅后报安全主管。

4.1.12　对重大安全隐患的监管

(1) 安全员在日巡查中发现施工单位存在重大安全隐患,应下达"隐患整改通知单"(表1-9-3),经项目经理签字后交监理单位执行。施工单位整改后填写"隐患整改反馈表"(表1-9-4),报监理复验后报项目部,安全员对整改情况进行跟踪监管,留存记录。

(2) 在每周联检中发现重大安全隐患,由监理单位按监理程序实施,项目部安全员对整改情况进行跟踪监管。

4.1.13　建立施工现场应急救援组织

由项目经理牵头组建施工现场应急救援领导小组,编制各项"应急救援预案"。具体执行"项目施工准备管理程序"和"项目部对施工单位监督管理作业指导书"中第4.8.2条款。

4.1.14　进行月安全考核,实施安全奖惩

(1) 每月由项目经理、安全员参加,按照"工程款拨付实施办法"(见本书第二章第一节)和"建设开发工程安全、环境和文明施工管理规定"(见本书第二章第五节),对施工和监理单位日常安全管理工作进行考核,根据考核结果进行奖惩;

(2) 项目经理在抓生产的同时抓安全工作。监督施工单位日常安全、环境和文明施工管理工作,倡导施工单位开展创建市级文明工地活动。对总包单位获得市级文明工地或参建单位员工违章指挥、违章作业行为,依照"建设开发工程安全、环境和文明施工管理规定"(见本书第二章第五节)进行奖罚。

4.2　对安全监理服务质量的监督

4.2.1　施工准备阶段

(1) 对安全监理人员资格审查

安全员负责对监理单位提供专职安全监理人员名单、安全培训证明、资格证书、管理经历进行核查保存资料,并对安全监理人员到位情况进行监督;

(2) 对施工单位安全组织机构的监督

监理单位应对施工单位提供安全组织机构和成员名单及其上岗证、安全生产考核合格证书进行审查后报项目部做备案复审。

(3) 对总包单位"安全、环境和文明施工管理方案"的审查

监理单位应对施工单位制定"安全、环境和文明施工管理方案"的内容,采取措施的针对性、完整性进行审查报项目部做备案复查。

(4) 对重大风险和重要环境因素的审查

监理单位应要求总包单位提供施工现场重大风险和重要环境因素清单及控制措施,进行审查后报项目部备案复审。

(5) 对总包单位应急救援组织和"应急救援预案"的审查。

监理单位应对总包单位提交的施工现场应急救援组织、针对重大风险和重要环境因素编制的“应急救援预案”进行审查后报项目部备案复审。

(6) 对总包单位与分包单位签订“安全用电协议”和“安全合同”的监督。

监理单位应要求总包单位与在同一施工现场施工的分包单位签订“安全用电协议”和“安全合同”,在审查后报项目部备案复评。

(7) 安全员对以上监督具体内容可参照“施工准备管理程序”、“项目部对施工单位监督管理作业指导书”。对以上复审结果填写“施工文件审查记录”(表1-6-1),并保留其备案资料。

4.2.2　对危险性较大专项工程的监理服务质量的监督

(1) 危险性较大的专项工程主要包括:

① 深基础和地下暗挖工程及其相关的土方开挖工程;

② 基坑支护及降水工程;

③ 大型脚手架工程;

④ 高层、大跨度的模板工程;

⑤ 大型设备或构件的起重吊装工程;

⑥ 施工现场原有地下管线的拆除或防护工程;

⑦ 建筑物、构筑物的拆除工程;

⑧ 燃气或有害介质作业;

⑨ 爆破作业;

⑩ 临时用电设备5台以上或设备总容量在50kW的临时用电作业。

(2) 对专项安全施工技术方案的审查

施工单位遇有以上工程,监理单位应要求施工单位在施工前必须编制相应的专项安全施工技术方案,提交监理单位审核后报项目部,项目经理组织专业工程师及安全员进行审查,填写“监理文件审查记录”(表1-6-2)。

(3) 对旁站监理的监督

项目部要求监理单位在遇有以上分项工程施工时应进行旁站监理,施工结束后将旁站记录报项目部,安全员负责监督和资料保存。

4.2.3　对特种设备安拆作业的安全监理服务质量的监督。

特种设备作业是指涉及生命安全、危险性较大的锅炉、压力容器、压力管道、电梯、起重机械等安拆作业。

(1) 监理单位是否对下列特种作业人员的资格证书进行审查:

① 塔吊、外跨电梯、卷扬机、翻斗车司机;

② 安装、拆卸工;

③ 起重、信号工;

④ 架子工;

⑤ 电工;

⑥ 金属焊接(切割)工;

⑦ 燃气或有害介质作业人员;

⑧ 爆破作业人员;

⑨ 射线检测人员等。

以上人员进行施工作业，必须有资格证书、安全操作证书等。施工单位应提交监理单位审查后报项目部，安全员负责监督和资料保存。

（2）对办理“施工起重机械备案登记”的监督。

监理单位应要求施工单位提供建设行政主管部门审批“施工起重机械备案和登记证明文件”，对其审核后报项目部备案，安全员留存。

（3）在对特种设备、生产资质证书、检测报告等的审查。

监理单位应要求施工单位提供特种设备生产厂家的资质证书、安全许可证、质量合格证明和检验合格报告等有效文件，审查后报项目部备案，安全员复审查后保存，填写“施工文件审查记录”（表1-6-1）。

（4）对临时租赁的起重设备、大型机械施工设备的审查。

监理单位应要求施工单位提供临时租赁的起重设备、大型机械等设备备案证明有效的检测合格报告、操作人员资格证书和与租赁单位签订的安全协议等，审核后报项目部，安全员审查后保存，填写“施工文件审查记录”（表1-6-1）。

（5）特种设备安拆，监理单位应执行本程序4.2.2条款的要求。

4.2.4　对安全隐患及整改和工程暂停令的审查

审查“工程____月份安全考核表”是对安全隐患的整改、预防安全事故和持续改进的一项重要措施，也是考察监理人员发现问题能力和管理力度的具体体现。

（1）监理单位每月将下达的“监理通知单”进行汇总，以“监理月报形式”报项目部安全员进行核查。

（2）审查工程暂停令。

施工现场存在重大安全隐患，监理单位向施工单位下达工程暂停令前，必须报项目部，经项目经理批准后方可实施。

4.2.5　对施工现场环境的监督

监理单位应监督施工单位严格贯彻执行建设部颁发的《建筑施工现场环境与卫生标准》中，对施工现场环境安全的有关规定。

（1）对公共环境安全的监督。

监理单位应对施工单位施工现场噪声、扬尘，场区地坪硬化、绿化、渣土、砂石存放，运输工程垃圾车辆封盖，冲洗装置等进行监理，监理结果以“工程________月份安全考核表”形式报项目部安全员审核，经项目经理审定后报工程部。

（2）对施工现场场区环境的监督。

监理单位应要求施工单位对施工现场环境的五牌一图、安全标志、污水排放、明水沟和污水沉淀池的设施、材料定置管理、边角余料的堆放和处置、作业环境卫生的日清等进行监理，监理结果以“工程________月份安全考核表”形式报项目部安全员审核。

（3）对生活设施进行监督。

监理单位应要求施工单位对施工现场的生活、办公、施工作业区域的设施，食堂、有毒有害污染源，炊事人员健康合格证，现场饮水设备，厕所卫生，劳务人员宿舍管理，现场急救器材等设置情况进行监理，监理结果以“监理月报”形式报项目部安全员审核，经项目经理审定后报工程部。

（4）对消防保卫的监督。

监理单位应要求施工单位在施工现场建立消防、保卫管理体系和制度，对日常治安消防进行巡查，设置门卫，对外来出入人员进行登记，合理配置消防器材，明火作业实行申报、审批制度等。监理结果以“监理月报”形式报项目部安全员审核，经项目经理审定后报工程部。

4.2.6　对重大安全事故处理的监督

（1）当施工现场发生重大安全事故时，监理单位必须立即向项目部报告，项目经理立即向工程部长报告。

（2）项目部在接到事故报告后应立即启动应急预案。项目经理依据“应急预案”要求组织有关单位、人员抢救伤员，保护现场，配合调查组进行事故调查，协助施工单位做善后处理。并将事故纳入对施工单位的考核评价。

附件

附件1　项目经理安全生产责任书

附件2　项目部管理人员安全生产责任书

5. 相关文件

5.1　《建设工程安全生产管理条例》（国务院令第393号）

5.2　《建设施工现场环境与卫生标准》（JGJ 146—2004）

5.3　“工程款拨付实施办法”（见本书第二章第一节）

5.4　“施工准备管理程序”（见本书第一章第六节）

5.5　“项目部对施工单位监督管理作业指导书”（见本书第一章第十五节）

5.6　“项目部对监理单位监督管理作业指导书”（见本书第一章第十四节）

5.7　“安全、环境和文明施工违章处罚细则”（见本书第二章第三节）

5.8　“安全生产责任制度”（见本书第二章第四节）

5.9　“建设开发工程安全、环境和文明施工管理规定”（见本书第二章第五节）

6. 记录

6.1　监理通知单（表1－9－1）

6.2　安全检查记录（表1－9－2）

6.3　隐患整改通知单（表1－9－3）

6.4　隐患整改反馈表（表1－9－4）

6.5　文件发放登记表（通表4　见本书第一章十节）

6.6　施工文件审查记录（表1－6－1　见本书第一章第六节）

6.7　监理文件审查记录（表1－6－2　见本书第一章第六节）

6.8　工程______月份安全考核表（表2－1－2　见本书第二章第一节）

附件1

建　设　开　发　企　业

安全生产责任书

（项目经理）

年度

一、方 针

遵守国家法规，强化安全意识；
严格安全管理，创建安全场所；
明确安全责任，消除责任事故；
人人遵章守纪，保护员工健康。

二、目 标

1. 安全生产责任制 100% 履行；
2. “安全生产责任书”签定率 100%；
3. 一般责任事故为零；
4. 安全教育培训率 100%。

三、安全承诺

本人作为本企业工程项目派驻施工现场项目经理（含副项目经理），亦即分管项目工程安全生产责任人。严格履行国家有关安全生产法律、法规和其他要求，接受本企业制定的年度安全生产目标。强化安全意识，履行安全责任，运用法律、行政、经济、技术手段及科学化安全生产管理模式，保证生产安全，确保所分管项目工程全年一般责任事故为零。为保证安全目标的实现，本人做以下承诺：

（一）认真贯彻“安全第一，预防为主”的安全生产方针；严格执行有关安全生产法律、法规和其他要求，模范遵守，认真履行。

（二）认真履行本岗位安全生产责任制。根据本企业安全生产责任制度规定，组织落实分管项目工程部各岗位安全生产责任制，并签订“安全生产责任书”，明确安全生产的责任和义务。

（三）针对分管项目工程特点，参加安全生产知识和技能培训，参培率达到 100%。

（四）认真组织分管项目工程开展安全检查活动，发现隐患，及时消除。针对项目工程存在的重大危险源制定应急预案。

（五）认真履行监督、检查的职责，做好安全工作记录。

（六）严格遵守和执行本企业“建设开发工程安全、环境和文明施工管理规定”，在工程管理工作中，在经济往来活动中保证遵守各项纪律。

（七）保证完成安全目标。如果未完成安全目标，接受企业按相关规定给予的处罚。

工程部长（签字）：
年　　月　　日
责 任 人（签字）：
年　　月　　日

附件 2

建 设 开 发 企 业

安 全 生 产 责 任 书

（项目部管理人员）

年度

一、方针

遵守国家法规，强化安全意识；
严格安全管理，创建安全场所；
明确安全责任，消除责任事故；
人人遵章守纪，保护员工健康。

二、目标

1. 安全生产责任制100%履行；
2. “安全生产责任书”签定率100%；
3. 一般责任事故为零。

三、安全承诺

本人作为本企业工程项目派驻施工现场工程管理人员，亦即分管项目工程管理安全生产责任人。严格履行国家有关安全生产法律、法规和其他要求，接受本企业制定的年度安全生产目标。强化安全意识，履行安全责任，保证生产安全，确保所分管工程管理工作全年一般责任事故为零。为保证安全目标的实现，本人做以下承诺：

（一）认真贯彻“安全第一，预防为主”的安全生产方针；严格执行有关安全生产法律、法规和其他要求，模范遵守，认真履行。

（二）认真履行本岗位安全生产责任制，并签订“安全生产责任书”，明确安全生产的责任和义务。

（三）针对分管项目工程管理工作的特点，参加安全生产知识和技能培训。

（四）参加项目部组织的安全检查活动，发现隐患，督促整改，并对整改情况进行监督。

（五）认真履行监督、检查的职责，做好安全工作记录。

（六）严格遵守本企业各项规章制度，执行本企业“建设开发工程安全、环境和文明施工管理规定”。在工程管理工作中，不谋私利，保证遵守各项纪律。

（七）保证完成安全目标。如未完成安全目标，接受企业按相关规定的处罚。

项目经理（签字）：

年　　月　　日

责 任 人（签字）：

年　　月　　日

监　理　通　知　单　　　　表1－9－1

工程名称：　　　　　　　　　　　　　　　　　　　　编号：

项目监理机构：__________________ 日期：___________

总监理工程师：__________________ 日期：___________

建设单位收件人签字：

施工单位收件人签字：

安　全　检　查　记　录　　　　　表1－9－2

No：

被检地点		检查时间	年　月　日
被检单位(部门)		检查负责人	
参加检查人			

检　查　记　录
存在主要问题：

处理情况	检查人(签字)： 年　月　日
主管意见	负责人(签字)： 年　月　日

隐患整改通知单 表1-9-3

检查部门		检查日期	
参加检查人　　员			
受检单位		受检部位	

存在问题：

落实整改负责人：(签字)　　　　检查负责人：(签字)

年　月　日　　　　年　月　日

复查意见	复查人：(签字) 年　月　日

注：本表一式两份，一份交被检单位，一份检查人留存

隐患整改反馈表 表1－9－4

检查部门		被检单位	
整改负责人		目标完成时间	年　月　日

整改结果：

其他需要说明的问题	整改负责人:(签字) 年　月　日

第十节　项目文件资料管理

一、项目文件资料管理流程

序号	管理流程	工作内容	客观证据	责任人
1	文件资料分类	1. 法律、法规、标准、规范； 2. 企业内部管理文件； 3. 建设工程文件		
2	公司内部管理文件	1. 文件的审核、批准、修改； 2. 文件编码标识，盖受控文件印章	文件修改控制表	业务主管、工程部长、主管经理
3	法律、法规、标准、规范	1. 各管理岗位、识别、选择适用的法规、标准并获取； 2. 定时发布更新的法规、标准	法律、法规和其他要求清单	文件资料及各岗位业务主管
4	工程文件收集	1. 收集和接收监理、施工文件； 2. 收集和接收施工准备文件、竣工图和竣工验收文件； 3. 及时传递或归档各类文件	档案移交接收登记表	资料员、文件资料业务主管
5	工程文件整理、组卷、立卷	按不同归档单位、范围名录对移交企业、城建、档案馆、人防部门和其他部门档案，分别进行组卷	各种归档文件	文件资料业务主管
6	工程文件归档	1. 归档前，请城建档案馆做档案预验收和验收，并取得“认可文件”； 2. 竣工后60天内向本企业、城建档案馆、人防部门、消防部门移交档案	档案移交接收登记	文件资料业务主管
7	文件收发	各类文件收发(包括施工图纸)，办理收发、接受手续	文件收发登记表	办公室资料员、文件资料主管、项目部资料员
8	文件保管	1. 工程部各管理岗位，分别建立本岗位文件资料管理档案及岗位工作日志、施工日志； 2. 确定文件资料档案编目内容	受控文件清单	各管理岗位业务主管
9	文件借阅	需临时借阅文件办证借阅手续	文件借阅登记表	文件保管人、文件借阅人
10	文件销毁	1. 在工作场所撤销各种失效和作废文件； 2. 文件的销毁须办理销毁手续	失效、作废、销毁文件登记表	各管理岗位文件保管人
11	文件管理的监督检查	1. 对各管理岗位文件管理纳入本企业岗位能力考核标准之一； 2. 对应形成文件而未形成者、对应填写的记录而未填写者，要追究其责任		工程部长

二、项目文件资料管理程序

1. 目的

为使项目管理文件资料的形成、使用、保管、归档、处置等环节得到控制，保证使用部门的文件为有效版本和竣工后文件资料归档的完整性、准确性，特制定本程序。

2. 适用范围

适用于本企业建设工程项目，从立项、招标、施工和竣工归档各环节，对文件资料的管理与控制。

3. 职责

3.1　工程部长监督本程序的实施。

3.2　文件资料业务主管负责工程项目文件的收集、汇总、立卷，向本企业、城建档案馆、人防等部门的归档，并负责对各管理岗位文件的管理进行监督、核查。

3.3　项目部资料员负责收集、接收监理文件，施工文件，协助文件资料业务主管做好组卷、归档工作。

3.4　工程部各管理岗位，负责本岗位职责范围内文件资料的形成、使用、建档和保管。

4. 工作程序

4.1　文件资料分类

4.1.1　企业内部文件

由本企业自行编写的文件：包括程序文件、作业指导书、规章制度、工程项目管理方案、招标文件和各岗位年、月度总结计划等，以及程序文件中规定的工作客观证据及记录等。

4.1.2　法律、法规、标准、规范

由国家、市、部委颁布的各种法律、法规、标准、规范和其他管理要求。

4.1.3　工程文件

在工程建设过程中形成的全部文件。包括：工程准备阶段文件、监理文件、施工文件、施工图、变更图、变更签证文件、会议纪要、本系统信函、施工日志、竣工图和竣工验收文件等。

4.2　企业内部管理文件

4.2.1　文件的审核、批准、修改

(1) 由工程部制定的程序文件、作业指导书、各种管理制度以及招标文件、项目管理方案、成本核算表等，由相关业务主管参加编写和修改，工程部长初审报主管经理复审，呈总经理批准发布。

(2)文件在发布实施后，确需对文件进行修改时，由原编写业务主管提出修改意见，报工程部长批准后再进行修改。修改后的文件，按4.2.1(1)款进行再批准，文件资料业务主管填写“文件修改控制表”(通表1)，下发各管理岗。

4.2.2　文件编码、标识

(1) 程序文件、作业指导书、制度、规定等，编码按企业规定进行。下面仅用一个企业的编码为例：

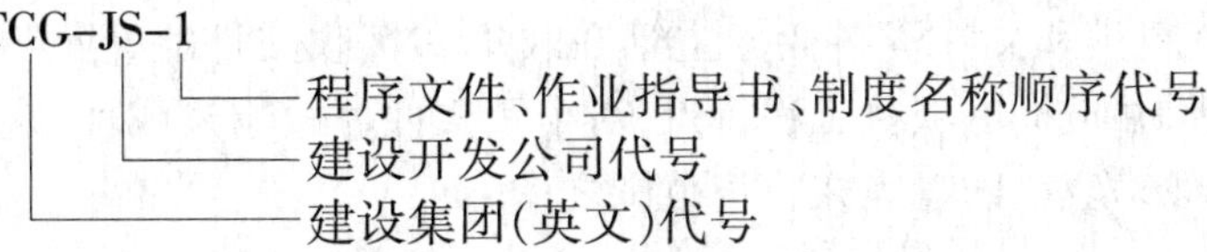

（2）凡企业编写经审核批准发布的文件均做“受控状态”和“分发号”标识，文件资料主管负责在文件上盖“受控文件”印章和编写分发号后再进行发放。

（3）在程序文件、制度中，所规定要求填写的记录其编码按企业规定编码执行。下面列举本书对各项记录的编号规定（但本程序记录编码除外）：

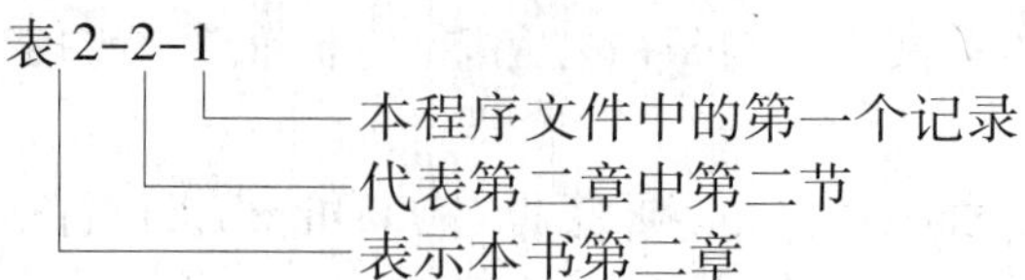

4.3　法律、法规、标准、规范

4.3.1　法规标准的识别与获取

（1）工程部各项管理工作政策性很强，因此要求各管理岗位依据本身的管理职能，参考相关“法律、法规和其他要求清单（摘录）”（见本书附录一）识别和选择适用的法规、标准，并填写“法律、法规和其他要求清单”（通表2），并报文件资料业务主管一份备案。

（2）为了贯彻《实施工程建设强制性标准监督规定》（建设部令第 91 号），项目部可参考“法律、法规、标准名录”，选择应执行的强制性标准，并列出清单报文件资料业务主管备案。

（3）文件资料业务主管将各管理岗位法律、法规清单进行汇总，清点原有版本，制定需购计划，报主管经理批准，为各管理岗位配齐适用的法规、标准，并做“有效版本”印章标识。

4.3.2　法规、标准的更新

文件资料业务主管应经常从行政主管部门、互联网、新闻媒体、出版社、书店等渠道，及时捕捉有关法规、标准、修改、换版信息，并将更新信息以“信息联络处理单”（通表8）形式告知各岗主管，收回作废版本，换发新的有效版本。

4.4　工程文件

4.4.1　工程文件的收集

（1）项目部资料员负责收集和接收由监理和施工单位（总包）提交的监理和施工文件。其收集和接收文件的范围，按本程序附件 4、附件 5 规定的“监理和施工单位（总包）应提交的文件资料名录”要求进行。

（2）各分包单位应将本单位形成的工程文件整理立卷移交给总包单位，再由总包单位向建设单位项目部资料员移交。

（3）工程项目由几个单位承包的，各承包单位负责收集、整理、立卷，其承包的工程项目文件向建设单位项目部资料员移交。

（4）项目部资料员将收集、接收的监理和施工文件等，经整理后按附件 4 和附件 5 名录列出清单，向文件资料业务主管移交。

（5）文件资料业务主管负责收集和接收由前期部或勘查、设计单位和各业务主管提交的工程准备阶段文件、竣工图和竣工验收文件，其收集和接收文件范围按附件 1 规定的名录要求范围进行。

（6）项目部资料员和文件资料业务主管在收集和接收文件时，应严格按照附件 2、4、5 名录规定要求执行，并根据本项目工程特点，对个别文件可做删减或增加。对工程施工过程中产生的照片、录像、光盘、磁盘也在收集范围之中。

（7）项目部资料员及各管理人员在接收、收集各种文件过程中，应及时传递到应传递的岗位。需要归档的文件、资料应及时归档。

4.4.2　工程文件的整理、组卷、立卷

（1）工程部文件资料业务主管负责对所有竣工工程文件的整理、立卷，相关工程项目的资料员进行协助。

（2）按不同的归档单位进行组卷。

①向本企业办公室归档，按附件1“向公司移交存档文件资料名录”规定范围进行组卷；

②向城建档案馆归档，按附件2“向城市建设档案馆归档文件资料名录”规定范围进行组卷；

③向人防部门归档，按附件3“向人防部门归档文件资料名录”。

（3）立卷可按工程准备阶段文件、监理文件、施工文件、竣工图和竣工验收文件五个部分进行。

（4）对立卷的质量要求。卷内文件的排列案卷的编目、装订等执行《建设工程文件归档整理规范》相关条款要求。

4.4.3　工程文件的归档

（1）文件资料业务主管负责本企业所有工程项目建设文件，向本企业、城建档案馆和人防等部门归档工作；

（2）在工程项目规划验收前，文件资料业务主管邀请城建档案馆对已形成的工程项目档案进行预验收；

（3）在工程备案前，文件资料业务主管邀请城建档案馆对工程档案进行验收，并取得相应的“工程档案认可文件”；

（4）在工程备案前，文件资料业务主管向消防部门移交需申报的文件资料，并邀请其到现场验收，取得“公安消防验收证明书”；

（5）在工程竣工后60天内，文件资料业务主管，向城建档案馆、人防部门和本企业办公室各移交一套符合规定要求的工程文件档案。

4.4.4　工程文件接收、移交手续

项目部资料员在接收监理和施工单位（总包）移交的工程文件和工程部文件资料业务主管向本企业、城建档案馆、人防部门移交的工程档案，均要办理移交（接收）手续，编写“移交文件目录”、填写“档案移交（接收）登记表”（通表3），并双方签字认可。

4.5　文件资料的管理

4.5.1　文件的发放

（1）各类文件的发放和接收，由发放人填写“文件收发登记表”（通表4），接收人在登记表上签字。

（2）工程项目施工图纸由办公室接收后转发项目部资料员，由资料员进行再发放，所有发放、接收均填写“文件收发登记表”（通表4）。

4.5.2　文件的保管

（1）对本企业内部管理文件、法规、标准和工程文件，工程部按照招标管理、合同管理、成本核算、物资管理、资金管理、文件资料、售后维修、项目经理、土建工程师、电气工程师、暖通工程师、项目安全员、项目资料员等管理岗位，分别建立本岗位文件资料保管档案。

(2)各岗位建立的文件资料档案编目内容，可从相关的程序文件中记录和制度中规定的填写记录和本程序中附件1、附件2名录中摘取，并填写“受控文件清单”(通表5)。

(3)各管理岗位分别建立并按日填写各自岗位工作日志，项目部建立施工日志。

(4)各管理岗位建档保管的文件资料内容，也是企业年终对每个岗位员工进行绩效考核的主要客观依据。

4.5.3　文件的借阅

各管理岗位保管的文件，若需要临时借阅时，各岗位文件保管人应填写“文件借阅登记表”(通表6)，并请借阅人签字、约定归还日期，以防丢失。

4.5.4 文件的销毁

(1)按规定不在归档范围内的文件资料，如超过保存期限，再无保留价值的文件应及时销毁。

(2)对外来文件、法规、标准因换版或失效，应及时换取新的有效版本，撤销并销毁作废版本。

(3)对需要销毁的文件或法规、标准文件，保管人应填写“失效、作废(销毁)文件登记表”(通表7)。

4.6　文件管理的监督检查

4.6.1　各管理岗位对文件的管理，纳入企业年终对其岗位绩效考核内容之一。具体执行“岗位绩效考核标准”(见本书第三章第四节)。

4.6.2　按照程序文件和各项管理制度规定，对应形成文件而未形成者，对应填写的记录而未填写者，对应纳入文件档案管理范围而未纳入保管的文件资料，均应追究管理人的责任。

附件

附件1　向本企业移交存档文件资料名录

附件2　向城市建设档案馆归档文件资料名录

附件3　向人防部门归档文件资料名录

附件4　监理单位向建设单位提交归档监理文件名录

附件5　施工单位向建设单位提交归档施工文件名录

5. 相关文件

5.1　《建设工程文件归档整理规范》(GB/T 50328—2001)

5.2　《实施工程建设强制性标准监督规定》(建设部第91号)

5.3　“岗位绩效考核标准”(见本书第三章第三节)

6. 记录

6.1　文件修改控制表(通表1)

6.2　法律法规和其他要求清单(通表2)

6.3　档案移交(接收)登记表(通表3)

6.4　文件收、发登记表(通表4)

6.5　受控文件清单(通表5)

6.6　文件借阅登记表(通表6)

6.7　失效、作废(销毁)文件登记表(通表7)

6.8　信息联络处理单(通表8)

6.9　管理岗位工作日志(略)

6.10　项目施工日志(略)

6.11　月工作总结、计划表(略)

附件1

向本企业移交存档文件资料名录

分类	序号	文件资料名称	保管期限	移交公司	未发生文件	总包提交	监理提交
一、立项文件	1	项目建议书	永久				
	2	项目建议书审批意见及前期工作通知书	永久				
	3	可行性研究报告及附件	永久				
	4	可行性研究报告审批意见	永久				
	5	关于立项有关的会议纪要、领导讲话	永久				
	6	专家建议文件	永久				
	7	调查资料及项目评估研究材料	长期				
二、建设用地、征地、拆迁文件	8	选址申请报告及选址规划意见通知书	永久				
	9	用地申请报告及县级以上人民政府城乡建设用地批准书	永久				
	10	建设用地建议书	长期				
	11	拆迁安置意见、协议、方案等	永久				
	12	建设用地规划许可证及附件	永久				
	13	划拨建设用地文件	永久				
	14	国有土地使用证	永久				
三、勘察、测绘、设计文件	15	工程地质勘察报告	永久				
	16	水文地质勘察报告、自然条件、地震调查	永久				
	17	建设用地钉桩通知书	永久				
	18	地形测量和拨地测量成果报告	永久				
	19	申报的规划设计条件和规划设计条件通知书	永久				
	20	初步设计图纸和说明	长期				
	21	技术设计图纸和说明	长期				
	22	审定设计方案通知书及审查意见	长期				
	23	有关行政主管部门(人防、环保、消防、交通、园林、市政、文物、通信、保密、河湖、教育、白蚁防治、卫生等)批准文件或取得有关协议	永久				
	24	施工图及其说明	长期				
	25	设计计算书	长期				
	26	政府有关部门对施工图设计文件的审批意见	永久				

附件1续表

分类	序号	文件资料名称	保管期限	移交公司	未发生文件	总包提交	监理提交
四、招投标文件	27	勘察设计招投标文件	长期				
	28	勘察设计中标通知书及承包合同	长期				
	29	施工招投标文件	长期				
	30	施工中标通知书及承包合同	长期				
	31	工程监理招投标文件	长期				
	32	监理中标通知书及委托合同	长期				
五、开工审批文件	33	建设项目列入年度计划的申报文件	永久				
	34	建设项目列入年度计划的批复文件或年度计划项目表	永久				
	35	规划审批申报表及报送的文件和图纸	永久				
	36	标准地名使用证	永久				
	37	建设工程规划许可证及附件	永久				
	38	建设工程开工审查表	永久				
	39	建设工程施工许可证	永久				
	40	投资许可证、审计证明、交纳绿化建设费等证明	长期				
	41	工程质量监督手续	长期				
	42	安全监督手续	长期				
六、财务文件	43	工程投资估算材料	短期				
	44	工程设计概算材料	短期				
	45	施工图预算材料	短期				
	46	施工预算	短期				
七、建设监理施工机构	47	工程项目管理机构（项目经理部）及负责人名单	长期				
	48	工程项目监理机构（项目监理部）及负责人名单	长期				
	49	工程项目施工管理机构（施工项目经理部）及负责人名单	长期				

附件1续表

分类	序号	文件资料名称	保管期限	移交公司	未发生文件	总包提交	监理提交
八、监理文件、进度控制、质量控制、造价控制	50	监理规划	长期				
	51	建立实施细则	长期				
	52	监理部总控制计划等	长期				
	53	进度控制,工程开工/复工审批表	长期				
	54	进度控制,工程开工/复工暂停令	长期				
	55	有关进度控制的监理通知	长期				
	56	有关进度控制的回复单	长期				
	57	施工进度计划(调整计划)报审表	长期				
	58	工程延期报告及审批	永久				
	59	有关质量控制的监理通知	长期				
	60	有关质量控制的回复单	长期				
	61	质量事故报告及处理结果	长期				
	62	不合格项目处理方案及处理结果	长期				
	63	有关造价控制的监理通知	长期				
	64	有关造价控制的回复单	短期				
	65	预付款报审与支付	短期				
	66	付款报审与支付	短期				
九、监理文件、分包、合同、总结	67	设计变更、洽商费用报审与签认	长期				
	68	工程竣工决算审核意见书	长期				
	69	分包单位资质材料	长期				
	70	供货单位资质材料	长期				
	71	试验等单位资质材料	长期				
	72	费用索赔报告及审批	长期				
	73	合同争议、违约报告及处理意见	永久				
	74	合同变更材料	长期				
	75	监理专题总结	长期				
	76	月报总结	长期				
	77	工程竣工总结	长期				
	78	工程竣工监理验收评估报告	长期				

附件1续表

分类	序号	文件资料名称	保管期限	移交公司	未发生文件	总包提交	监理提交
十、施工管理文件	79	施工现场质量管理检查记录	长期				
	80	现场质量管理制度	长期				
	81	质量责任制	长期				
	82	主要专业工种操作上岗证书	长期				
	83	分包方资质与对分包单位的管理制度	长期				
	84	施工图审查情况	长期				
	85	施工组织设计、施工方案及审批	长期				
	86	施工技术批准	长期				
	87	工程质量检查制度	长期				
	88	搅拌站及计量设置	长期				
	89	现场材料、设备存放与管理	长期				
十一、工程质量控制、建筑与建构工程	90	图纸会审、设计变更、洽商记录	永久				
	91	工程定位测量、放线记录	永久				
	92	原材料出厂合格证及进场检（试）验报告	长期				
	93	施工实验报告及见证检测报告	永久				
	94	隐蔽工程验收记录	永久				
	95	施工记录（施工日志）	长期				
	96	预制构件、预拌混凝土合格证	长期				
	97	地基、基础、主体结构检验及抽样检测资料（地基验槽、地基处理记录、桩基测试报告等）	永久				
	98	检验批、分项工程质量验收记录	长期				
	99	分部（子分部）工程质量验收记录	永久				
	100	工程质量事故及事故调查处理资料	长期				
	101	新材料、新工艺、新技术施工记录	长期				
十二、质量控制给排水与采暖工程	102	图纸会审、设计变更、洽商记录	永久				
	103	材料、配件出厂合格证及进场验（试）验报告	长期				
	104	管道设备强度试验、严密性试验记录	长期				
	105	隐蔽工程验收记录	长期				
	106	系统清洗、灌水、通水、通球试验记录	长期				
	107	施工记录	长期				
	108	检验批、分项工程质量验收记录	长期				
	109	分部（子分部）工程质量验收记录	永久				

附件 1 续表

分类	序号	文件资料名称	保管期限	移交公司	未发生文件	总包提交	监理提交
十三、电气工程	110	图纸会审、设计变更、洽商记录	永久				
	111	材料、配件出厂合格证及进场检（试）验报告	长期				
	112	设备调试记录	长期				
	113	接地、绝缘电阻测试记录	长期				
	114	隐蔽工程验收记录	长期				
	115	施工记录（施工日志）	长期				
	116	检验批、分项工程质量验收记录	长期				
	117	分部（子分部）工程质量验收记录	长期				
十四、通风与空调工程	118	图纸会审、设计变更、洽商记录	长期				
	119	材料、配件出厂合格证及进场检（试）验报告	长期				
	120	制冷、空调、水管道强度试验、严密性试验记录	长期				
	121	隐蔽工程验收记录	长期				
	122	制冷设备运行调试记录	长期				
	123	通风空调系统调试记录	长期				
	124	施工记录（施工日志）	长期				
	125	检验批、分项工程验收记录	长期				
	126	分部（子分部）工程验收记录	长期				
十五、电梯工程施工文件	127	图纸会审、设计变更、洽商记录	长期				
	128	设备出厂合格证及开箱检验记录	长期				
	129	隐蔽工程验收记录	长期				
	130	施工记录	长期				
	131	接地、绝缘电阻测试记录	长期				
	132	负荷试验、安全装置检查记录	长期				
	133	检验批、分项工程验收记录	长期				
	134	分部（子分部）工程质量验收记录	长期				
十六、智能化工程	135	图纸会审、设计变更、洽商记录	长期				
	136	材料、设备出厂合格证等技术文件及进场检（试）验报告	长期				
	137	隐蔽工程验收记录	长期				
	138	系统功能测定及设备调试记录	长期				
	139	系统技术、操作和维护手册	长期				
	140	系统管理、操作人员培训记录	长期				

附件1续表

分类	序号	文件资料名称	保管期限	移交公司	未发生文件	总包提交	监理提交
十六、智能化工程	141	系统检测报告	长期				
	142	检验批、分项工程质量验收报告	长期				
	143	分部(子分部)工程质量验收记录	长期				
十七、工程安全和功能检验、建筑与结构	144	屋面淋水试验记录	长期				
	145	地下室防水效果检查记录	长期				
	146	有防水要求的地方蓄水试验记录	长期				
	147	建筑物垂直度、标高、全高测量记录	长期				
	148	抽气(风)道检查记录	长期				
	149	幕墙及外窗气密性、水密性、耐风压、检测报告	长期				
	150	建筑物沉降观测测量记录	长期				
	151	节能、保温测试记录	长期				
	152	室内环境检测报告	长期				
	153	砌体裂缝检查验收记录	长期				
	154	钢结构分部(子分部)工程有关安全及功能的检验和见证检测项目检查记录	长期				
十八、给排水采暖	155	给水管道通水试验记录	长期				
	156	暖气管道、散热器压力试验记录	长期				
	157	卫生器具满水试验记录	长期				
	158	消防管道、燃气管道压力试验记录	长期				
	159	排水干管通球试验记录	长期				
十九、电气工程	160	照明全负荷试验记录	长期				
	161	大型灯具牢固性试验记录	长期				
	162	避雷接地电阻测试记录	长期				
	163	线路插座、开关接地检验记录	长期				
二十、通风空调	164	通风空调系统调试记录	长期				
	165	风量、温度测试记录	长期				
	166	洁净室洁净度测试记录	长期				
	167	制冷机组试运行测试记录	长期				
二十一、电梯	168	电梯运行记录	长期				
	169	电梯安全装置检测报告	长期				
二十二、智能	170	系统试运行记录	长期				
	171	系统电源及接地检测报告	长期				
二十三、室外工程	172	室外安装(给水、雨水、污水、热力、燃气、电讯、电力、照明、电视、消防等)施工文件	长期				
	173	室外建筑环境(建筑小品、水景、道路、园林、绿化)等施工文件	长期				

附件1续表

分类	序号	文件资料名称	保管期限	移交公司	未发生文件	总包提交	监理提交
二十四、专业竣工图	174	设计总说明书	永久				
	175	建筑竣工图	永久				
	176	结构竣工图	永久				
	177	装修(装饰)工程竣工图	永久				
	178	电气工程(智能化工程)竣工图	永久				
	179	给水排水(消防工程)竣工图	永久				
	180	采暖、通风、空调工程竣工图	永久				
	181	燃气工程竣工图	永久				
二十五、室外竣工图	182	总平面布置图(包括建筑、建筑小品、水景、照明、道路、绿化等)	永久				
	183	竖向布置图	永久				
	184	室外给水、排水、热力、燃气等管网综合图或室外专业图	永久				
	185	电气(包括电力、电讯、电视系统等)综合图或室外专业图	永久				
二十六、工程竣工报告	186	工程概况表(简介)	永久				
	187	工程竣工验收报告	永久				
	188	施工单位竣工报告	永久				
	189	设计单位质量检查报告	永久				
	190	勘查单位质量检查报告	永久				
	191	监理单位工程质量评估报告	永久				
二十七、竣工验收记录	192	单位(子单位)工程质量竣工验收记录	永久				
	193	单位(子单位)工程质量控制资料核查记录	永久				
	194	单位(子单位)工程安全与功能检查资料核查及主要功能抽查记录	永久				
	195	单位(子单位)工程观感质量检查记录	永久				
二十八、工程备案文件	196	建设工程规划许可证	永久				
	197	施工图设计文件审查批准书	永久				
	198	建筑消防设计审核意见书	永久				
	199	工程施工许可证	永久				
	200	建筑工程竣工规划验收合格证	永久				
	201	公安消防验收证明文件	永久				
	202	建设项目环境状况监测报告	永久				
	203	室内环境检验报告	永久				
	204	施工单位签署的工程质量保修书	永久				
	205	商品住宅《住宅质量保证书》	永久				
	206	商品住宅《住宅使用说明书》	永久				
	207	防雷检测	永久				
	208	工程档案验收认可文件	永久				
	209	文明施工措施费支付证明	永久				
	210	标牌办理证明	永久				
	211	工程款结算书	永久				
	212	备案通知书	永久				
	213	监理报告(含电梯安装工程)	永久				
二十九	214	工程照片、录像、光盘、磁盘	长期				

附件 2

向城市建设档案馆归档文件资料名录

阶段	类别	序号	文件资料名称	未发生文件	已提交文件
工程准备阶段文件	一、立项文件	1	项目建议书		
		2	项目建议书审批意见及前期工作通知书		
		3	可行性研究报告及附件		
		4	可行性研究报告及审批意见		
		5	关于立项有关的会议纪要、领导讲话		
		6	专家建议文件		
	二、建设用地征地	7	用地申请报告及县级以上人民政府城乡建设用地批准书		
		8	建设用地建议书		
		9	建设用地规划许可证及附件		
		10	国有土地使用证		
	三、勘察、测绘、设计文件	11	工程地质勘查报告		
		12	水文地质勘察报告，自然条件、地震调查		
		13	地形测量和拨地测量成果报告		
		14	有关行政主管部门（人防、环保、消防、交通、园林、市政、文物、通信、保密、河湖、教育、卫生等）批准文件或取得的有关协议		
		15	政府有关部门对施工图设计文件的审批意见		
	四、招投标	16	勘察设计中标通知书及承包合同		
		17	施工中标通知书及承包合同		
		18	监理中标通知书及承包合同		
	五、开工审批文件	19	标准地名使用证		
		20	建设工程规划许可证及附件		
		21	建设工程施工许可证		
		22	工程质量监督手续		
监理文件	六、监理文件	23	质量事故报告及处理结果		
		24	工程竣工决算审核意见书		
		25	工程竣工总结		
		26	工程竣工监理验收评估报告		
施工文件、工程质量控制资料	七、施工文件	27	施工管理文件：施工现场质量管理检查记录		
	八、建筑与结构工程	28	图纸会审、设计变更、洽商记录		
		29	工程定位测量、放线记录 ①工程定位测量、放线、水准点引测记录		
			②工程定位测量、放线、水准点引测经过记录		

附件2续表

阶段	类别	序号	文件资料名称	未发生文件	已提交文件
施工文件、工程质量控制资料	八、建筑与结构工程	30	隐蔽验收工程验收记录 ①______记录汇总表		
			②隐蔽工程验收记录		
			③钢筋隐蔽工程检查记录验收记录		
			④预应力隐蔽工程检查验收记录		
			⑤幕墙金属框架避雷连接隐蔽检查验收记录		
		31	地基、基础、主体结构检验、抽样检测资料 ①基坑(槽)工程施工验收记录		
			②地基处理工程验收记录		
			③复合地基工程施工验收记录		
			④桩基工程施工验记录		
			⑤混凝土实体检测天气温度累计记录		
			⑥结构实体混凝土强度记录		
			⑦结构实体钢筋保护层厚度验收记录		
		32	分部(子分部)工程质量验收记录		
		33	工程质量事故及事故调查验收记录		
		34	新材料、新工艺、新技术施工记录		
	九、给水与采暖工程	35	图纸会审、设计变更、洽谈商记录		
		36	隐蔽工程验收记录 ①室内给水排水、彩暖、通风、空调工程隐蔽验收(津资K－S4－1通用)		
			②低温地板辐射采暖隐蔽工程验收记录		
		37	分部(子分部)工程质量验收记录		
	十、建筑电气工程	38	图纸会审、设计变更、洽商记录		
		39	电气隐蔽工程验收记录 ①______记录汇报表(津资K－5通用)		
			②封闭、插接母线隐蔽工程验收记录		
			③桥架、线槽隐蔽工程验收记录		
			④直埋、缆沟、电缆隐蔽工程验收记录		
			⑤电线、电缆导管隐蔽工程验收记录		
			⑥大、重型灯具固定、悬吊装置隐蔽验收记录		
			⑦人工接地体隐蔽工程验收记录		
			⑧接地装置、避雷、导电位隐蔽工程验收记录		
		40	分部(子分部)工程质量验收记录		
	十一、通风空调	41	图纸会审、设计变更、洽商记录		
		42	隐蔽工程验收记录		
		43	分部(子分部)工程质量验收记录		

附件 2 续表

阶段	类别	序号	文 件 资 料 名 称	未发生文件	已提交文件
施工文件、工程质量控制资料	十二、电梯工程	44	图纸会审、设计变更、洽商记录		
		45	隐蔽工程验收记录		
		46	分部(子分部)工程质量验收记录		
	十三、智能化	47	图纸会审、设计变更、洽商记录		
		48	隐蔽工程验收记录		
		49	分部(子分部)工程质量验收记录		
工程安全和功能检验核查及主要功能抽查记录	十四、建筑与结构工程	50	屋面淋水试验记录 ①________防水工程试水检查记录		
			②幕墙工程淋水检查验收记录		
		51	地下室防水效果检查记录		
		52	有防水要求的地面蓄水试验		
		53	建筑物垂直度、标高、全高测量记录 ①建筑物标高、轴线技术复核记录		
			②建筑物垂直度、全高测量记录		
		54	抽气(风)道检查记录		
		55	幕墙及外窗气密性、水密性、耐风压检测报告 ①建筑门窗、物理性能检验报告		
			②建筑幕墙物理性能检验报告		
		56	建筑物沉降观测测量记录 ①沉降观测记录		
			②沉降量汇总表		
		57	节能保温测试记录		
		58	室内环境监测报告		
		59	砌体裂缝检查验收记录		
		60	钢结构分部(子分部)工程有关安全及动能的检验和见证检测项目检查记录		
	十五、给水排水与采暖	61	给水管道通水试验记录		
		62	暖气管道、散热器压力试验记录		
		63	卫生器具满水试验记录		
		64	消防管道、燃气管道压力试验记录		
		65	排水管道通球试验记录		

附件 2 续表

阶段	类别	序号	文件资料名称	未发生文件	已提交文件
工程安全和功能检验核查及抽查记录	十六、电气工程	66	照明全负荷试验记录		
		67	大型灯具固牢性试验记录		
		68	避雷接地电阻测试记录		
		69	线路、插座、开关、接地检验记录		
	十七、通风空调	70	通风、空调系统试运行记录		
		71	风量、温度测试记录		
		72	洁净室洁净度测试记录		
		73	制冷机组试运行测试记录		
	十八、电梯	74	电梯运行记录		
		75	电梯安全装置检测报告		
	十九、智能	76	系统试运行记录		
		77	系统电源及接地检测报告		
竣工图	二十、专业竣工图	78	设计说明书		
		79	建筑竣工图		
		80	结构竣工图		
		81	装修(装饰)工程竣工图		
		82	电气工程(智能化工程)竣工图		
		83	给水排水工程(消防工程)竣工图		
		84	采暖、通风、空调工程竣工图		
		85	燃气工程竣工图		
	二十一、室外竣工图	86	总平面图(包括建筑、建筑小品、水景、照明、道路、绿化等)		
		87	竖向布置图		
		88	室外给水、排水,热力、燃气等管网综合图或室外专业图		
		89	电气(电力、电讯、电视系统等)综合图或室外专业图		
竣工验收文件	二十二、工程竣工报告	90	工程概况表		
		91	工程竣工验收报告		
		92	施工单位竣工验收报告		
		93	设计单位质量检查报告		
		94	勘察单位质量检查报告		
		95	监理单位工程质量评估报告(地基、基础、主体)		
	二十三、竣工验收记录	96	单位(子单位)工程质量竣工验收记录		
		97	单位(子单位)工程质量控制资料核查记录		
		98	单位(子单位)工程安全与功能检查资料核查及主要功能抽查记录		
		99	单位(子单位)工程观感质量检查记录		

附件2续表

阶段	类别	序号	文件资料名称	未发生文件	已提交文件
工程备案文件	二十四、验收检测	100	建筑工程竣工规划验收合格证		
		101	公安消防验收证明文件		
		102	建筑项目环境状况监测报告		
		103	室内环境检验报告		
	二十五、其他	104	施工单位签署的工程质量保修书		
		105	商品住宅《住宅质量保证书》		
		106	商品住宅《住宅使用说明书》		
		107	防雷检测		
		108	工程档案验收认可文件		
		109	文明施工措施费支付证明		
		110	标牌办理证明		
		111	工程款结算书		
		112	备案通知书		
		113	监督报告(含电梯安装工程)		
电子声像		114	工程照片、录音、录像材料		
		115	电子文件、光盘、磁盘		

附件3

向人防部门归档文件资料名录

类别	序号	文件资料名称	总包提供	未发生
一、工程前期文件	1	工程项目建议书和批复文件		
	2	可行性研究报告和批复文件		
	3	工程建设计划和批复文件		
	4	初步设计文件和审批文件		
	5	工程地质勘察报告		
	6	工程建设用地、征地、拆迁文件		
	7	总体规划设计及批复文件		
	8	土地使用证、规划许可证		
	9	土地勘察设计委托书及合同		
二、施工准备阶段	10	人防部门初步设计审查意见(结建工程)		
	11	工程施工许可证		
	12	勘察合同、设计合同、施工合同、监理合同及各项独立分包合同、招投标审批书、中标通知书等		
	13	人防工程质量监督申批表		

附件3续表

类别	序号	文件资料名称	总包提供	未发生
三、施工阶段质量保证资料	14	人防工程施工组织设计		
	15	打(试)桩记录、验收记录、检测报告		
	16	基础验槽记录		
	17	地基与基础工程验收记录		
	18	主体结构工程验收记录		
	19	隐蔽工程检查验收记录		
	20	防护门、防护密闭门、密闭门、防爆皮活门出厂合格证		
	21	防爆超压排气活门、自动排气活门出厂合格证		
	22	系统清洗记录、排水管道灌水通水试验记录		
	23	给水排水阀门试验记录(孔口防护阀每个都要试压)		
	24	通风系统检测报告(测定系统总风量与设计值对比系统风口风量经调整平衡、通风系统漏风率)		
	25	电气设备试验、调整记录		
	26	其他质保资料均按人防工程质量验评标准的要求系统完善整理		
四、工程质量评定资料(施工阶段)	27	单位工程质量综合评定表		
	28	单位工程观感质量评定表		
	29	质量保证资料核查表		
	30	防护门、防护密闭门、密闭门门框墙制作(防检一)		
	31	防护门、防护密闭门、密闭门安装、钢筋混凝土防护门(防检二)		
	32	防爆破活门,防爆超压排气活门安装(防检五)		
	33	进出工程管线的防护密闭(防检六)		
	34	密闭阀门安装(防检四)		
	35	钢质防护门(防检三)		
	36	通风机和除湿机安装(防检七)		
	37	消声(减振)设备制作(防检八)		
	38	过滤器、除尘器、过滤吸收器(防检九)		
	39	其他各分部、分项工程均按人防工程质量验评标准的要求进行评定		
五、竣工验收阶段	40	建设工程(地基、基础、主体、竣工)验收通知书		
	41	(地基、基础、主体、竣工)分布工程验收组成员名单		
	42	建设工程质量人员从业资格审查表		
	43	勘察单位工程质量检查报告(合格证明书)		
	44	设计单位工程质量检查报告(合格证明书)		
	45	建设工程质量、施工单位(竣工)报告		
	46	建设工程竣工验收监理评估报告		
	47	工程竣工验收报告		
	48	(单位式人防工程)竣工验收备案表(全套资料)		
	49	(结建式人防工程)监督单位工程质量检查报告(合格证明书)		
六	50	人防工程全套竣工图及磁盘,如不能提供竣工图磁盘可另外提供一套竣工图		
注明		所有档案资料均采用A4纸,如为复印件需加盖公章,并注明原件存放处		

附件4

监理单位向建设单位提交归档监理文件名录

类别	序号	文件资料名称	份数	未发生	移交公司	移交建设单位
一、招投标	1	监理中标通知书及委托合同				
二、监理机构	2	工程项目监理机构(项目监理部)及负责人名单				
三、监理文件、进度控制、质量控制	3	监理规划				
	4	监理实施细则				
	5	监理部总控制计划等				
	6	进度控制,工程开工/复工审批表				
	7	进度控制,工程开工/复工暂停令				
	8	有关进度控制的监理通知				
	9	有关进度控制的回复单				
	10	施工进度计划(调整计划)报审表				
	11	工程延期报告通及审批				
	12	有关质量控制的监理通知				
	13	有关质量控制的回复单				
	14	质量事故报告及处理结果				
	15	不合格项目处理方案及处理结果				
	16	有关造价控制的监理通知				
	17	有关造价控制的回复单				
	18	预付款报审与支付				
	19	付款报审与支付				
四、监理文件、分包、合同、总结	20	设计变更、洽商费用报审与签认				
	21	工程竣工决算审核意见书				
	22	分包单位资质材料				
	23	供货单位资质材料				
	24	试验等单位资质材料				
	25	费用索赔报告及审批				
	26	合同争议、违约报告及处理意见				
	27	合同变更材料				
	28	监理专题总结				
	29	月报总结				
	30	工程竣工总结				
	31	工程竣工监理验收评估报告				
	32	工程概况表(简介)				
	33	工程竣工验收报告				
	34	监理单位工程质量评估报告				

附件5

施工单位向建设单位提交归档施工文件名录

类别	序号	文件资料名称	份数	未发生	移交公司	移交建设单位
一、招投标	1	施工中标通知书及承包合同				
二、施工管理文件	2	工程项目施工管理机构（施工项目经理部）及负责人名单				
	3	施工现场质量管理检查记录				
	4	现场质量管理制度				
	5	质量责任制				
	6	主要专业工种操作上岗证书				
	7	分包方资质与对分包单位的管理制度				
	8	施工图审查情况				
	9	施工组织设计、施工方案及审批				
	10	施工技术批准				
	11	工程质量检查制度				
	12	搅拌站及计量设置				
	13	现场材料、设备存放与管理				
三、工程质量控制、建筑与结构工程	14	图纸会审、设计变更、洽商记录				
	15	工程定位测量、放线记录				
	16	原材料出厂合格证及进场检（试）验报告				
	17	施工实验报告及见证检测报告				
	18	隐蔽工程验收记录				
	19	施工记录（施工日志）				
	20	预制构件、预拌混凝土合格证				
	21	地基、基础、主体结构检验及抽样检测资料（地基验槽、地基处理记录、桩基测试报告等）				
	22	检验批、分项工程质量验收记录				
	23	分部（子分部）工程质量验收记录				
	24	工程质量事故及事故调查处理资料				
	25	新材料、新工艺、新技术施工记录				
四、质量控制给水排水与采暖工程	26	图纸会审、设计变更、洽商记录				
	27	材料、配件出厂合格证及进场验（试）验报告				
	28	管道设备强度试验、严密性试验记录				
	29	隐藏工程验收记录				
	30	系统清洗、灌水、通水、通球试验记录				
	31	施工记录				
	32	检验批、分项工程质量验收记录				
	33	分部（子分部）工程质量验收记录				

附件5续表

类别	序号	文件资料名称	份数	未发生	移交公司	移交建设单位
五、电气工程	34	图纸会审、设计变更、洽商记录				
	35	材料、配件出厂合格证及进场检(试)验报告				
	36	设备调试记录				
	37	接地、绝缘电阻测试记录				
	38	隐蔽工程验收记录				
	39	施工记录(施工日志)				
	40	检验批、分项工程质量验收记录				
	41	分部(子分部)工程质量验收记录				
六、通风与空调工程	42	图纸会审、设计变更、洽商记录				
	43	材料、配件出厂合格证及进场检(试)验报告				
	44	制冷、空调、水管道强度试验、严密性试验记录				
	45	隐蔽工程验收记录				
	46	制冷设备运行调试记录				
	47	通风空调系统调试记录				
	48	施工记录(施工日志)				
	49	检验批、分项工程验收记录				
	50	分部(子分部)工程验收记录				
七、电梯工程	51	图纸会审、设计变更、洽商记录				
	52	设备出厂合格证及开箱检验记录				
	53	隐蔽工程验收记录				
	54	施工记录				
	55	接地、绝缘电阻测试记录				
	56	负荷试验、安全装置检查记录				
	57	检验批、分项工程验收记录				
	58	分部(子分部)工程质量验收记录				
八、智能化工程	59	图纸会审、设计变更、洽商记录				
	60	材料、设备出厂合格证技术文件及进场检(试)验报告				
	61	隐蔽工程验收记录				
	62	系统功能测定及设备调试记录				
	63	系统技术、操作和维护手册				
	64	系统管理、操作人员培训记录				
	65	系统检测报告				
	66	检验批、分项工程质量验收报告				
	67	分部(子分部)工程质量验收记录				

附件5续表

类别	序号	文件资料名称	份数	未发生	移交公司	移交建设单位
九、工程安全和功能检验、建筑与结构	68	屋面淋水试验记录				
	69	地下室防水效果检查记录				
	70	有防水要求的地方蓄水试验记录				
	71	建筑物垂直度、标高、全高测量记录				
	72	抽气(风)道检查记录				
	73	幕墙及外窗气密性、水密性、耐风压、检测报告				
	74	建筑物沉降观测测量记录				
	75	节能、保温测试记录				
	76	室内环境检测报告				
	77	砌体裂缝检查验收记录				
	78	钢结构分部(子分部)工程有关安全及功能的检验和见证检测项目检查记录				
十、给水排水采暖	79	给水管道通水试验记录				
	80	暖气管道、散热器压力试验记录				
	81	卫生器具满水试验记录				
	82	消防管道、燃气管道压力试验记录				
	83	排水干管通球试验记录				
十一、电气工程	84	照明全负荷试验记录				
	85	大型灯具牢固性试验记录				
	86	避雷接地电阻测试记录				
	87	线路插座、开关接地检验记录				
十二、通风空调	88	通风空调系统调试记录				
	89	风量、温度测试记录				
	90	洁净室洁净度测试记录				
	91	制冷机组试运行测试记录				
十三、电梯	92	电梯运行记录				
	93	电梯安全装置检测报告				
十四、智能	94	系统试运行记录				
	95	系统电源及接地检测报告				
十五、室外工程	96	室外安装(给水、雨水、污水、热力、燃气、电讯、电力、照明、电视、消防等)施工文件				
	97	室外建设环境(建筑小品、水景、道路、园林、绿化)等施工文件				

附件5续表

类别	序号	文件资料名称	份数	未发生	移交公司	移交建设单位
十六、专业竣工图	98	设计总说明书				
	99	建筑竣工图				
	100	结构竣工图				
	101	装修(装饰)工程竣工图				
	102	电气工程(智能化工程)竣工图				
	103	给排水(水防工程)竣工图				
	104	采暖、通风、空调工程竣工图				
	105	燃气工程竣工图				
十七、室外竣工图	106	总平面布置图(包括建筑、建筑小品、水景、照明、道路、绿化等)				
	107	竖向布置图				
	108	室外给水、排水、热力、燃气等管网综合图或室外专业图				
	109	电气(包括电力、电讯、电视系统等)综合图或室外专业图				
十八、工程竣工报告	110	施工单位竣工报告				
	111	单位(子单位)工程质量竣工验收记录				
	112	单位(子单位)工程质量控制资料核查记录				
	113	单位(子单位)工程安全与功能检查资料核查及主要功能抽查记录				
	114	单位(子单位)工程观感质量检查记录				

文 件 修 改 控 制 表

通表 1

编号：

申请单号		修改人		审核人		批准人	
修改章节	修改前内容			修改后内容			生效日期

法律法规和其他要求清单

通表2

编号：

序号	文件名称	代码	发布时间	生效时间	备　注

编制人：　　　　　　　　审核：　　　　　　　　批准：

通表 3

档案移交(接收)登记表

编号:

目录号	案卷目录题名	年度	移交(接收)日期	移交(接收)原因	案卷数量				注
					小计	其中			
						永	长	短	

移交人(签字):　　　　接受人(签字)

通表 4

文件收、发登记表

编号：

序号	文件名称	类别	发放情况				收回情况		备注
			分发编号	领用部门	领用人	日期	签字	日期	

文件发放人：

受　控　文　件　清　单　　　　通表5

编号：

序号	文件名称	类别	编号	发放编号	备注

审批人：　　　　编制人：　　　　日期：

通表6

文件借阅登记表

编号：

文件编号	借阅部门	借阅人	文件名称	日期	事由	归还时间	备注

通表 7

失效/作废(销毁)文件登记表

编号：

序号	文件名称	文件编号	销毁(作废)日期	批准人	执行人	监督人	备注

保存部门：

信息联络处理单 **通表8**

编号：

信息来源		载体		日期	
信息类别		获得部门		记录人	
信息内容					

本部门处理意见：

部门负责人： 年 月 日

应传递到主管或相关部门			传递日期	
接收信息部门		接收人	接收日期	

主管信息部门处理意见：

信息处置结果	

第十一节　工程质量保修管理

一、工程质量保修管理流程

序号	管理流程	工作内容	客观证据	责任人
1	质量保修各方责任	①建设单位保修责任； ②施工单位保修责任； ③监理单位保修责任	按合同约定	建设、施工、监理三方负责人
2	质量保修期限与范围	保修期从竣工验收合格之日起，基础、主体工程按设计规定合理年限；屋面防水、防水工程为5年；供热、供冷为2个采暖期；电气、给水排水、设备安装、维修工程为2年；其他按本地区“商品住宅质量保证书”和合同的规定	按法规、规定和在合同中约定	签订合同各方负责人
3	组建保修小组	总包单位负责组建；建设单位委托候补维修队伍	各单位维修小组通讯录	售后维修业务主管
4	分阶段维修	总包单位组织自检、维修；建设、物业单位组织“物业交接维修”；总包单位组织业主入住维修	按各类查验记录表	售后维修业务主管
5	维修单运转	“物业交接阶段”和“业主入住维修”阶段，由建设单位下达“维修单”给总包单位进行维修，维修后返回给建设单位	物业交接验收单和“业主入住验收单”、维修单	售后维修业务主管、总包单位项目经理
6	违约责任	由监理进行监督，如未按要求进行维修对责任各方进行罚款处置		总监、施工单位负责人
7	安全管理	执行“项目工程安全和文明施工协议和监理协议”	合同协议	签订协议各方负责人
8	统计分析	售后维修主管分阶段对工程质量主要问题进行统计、分析，并向工程部长汇报	工程存在主要质量问题统计表、业主入住维修单完成情况统计表	售后维修业务主管

二、工程质量保修管理程序

1. 目的

为了提高建设工程质量保修管理水平，达到业主对保修服务质量的满意，保证物业接收工作顺利进行，特制定本程序。

2. 适用范围

本程序适用于本企业工程部、项目部和参与本项目施工的总包、分包单位、物资供应单位和监理单位，在工程质量保修期间对业主的保修服务与管理。

3. 职责

3.1　工程部长负责监督、实施保修管理工作。

3.2　售后维修业务主管，在未移交物业管理前负责接受业主要求的维修信息，向总包单位或分包单位、监理单位下达维修任务，并对维修结果作出评价签字。

3.3　项目部负责监督管理，要求总包、分包、监理单位贯彻执行本程序的各项规定。

4. 工作程序

4.1　质量保修各方的责任

按照有关法规要求和合同约定，工程质量保修其各方责任是：

4.1.1　建设单位的责任

(1) 建设工程在保修期内出现质量缺陷，由保修业务主管和项目部、组织施工单位到现场核查、修复。

(2) 建设工程修复完成后，由保修业务主管和项目部组织验收，涉及结构安全的应将验收报告报建设行政主管部门备案。

4.1.2　施工单位的责任

(1) 按照《建设工程质量管理条例》等有关法规和合同约定，施工单位在保修期内，负有保修的责任和义务；

(2) 属于总包单位施工的由总包负责，属专业分包和物资供应单位安装的工程质量问题均由总包牵头负责解决；

(3) 施工单位不按照约定的工程质量保修，建设单位可以另行委托其他施工单位维修，由原施工单位支付保修费用，并依法承担相应的民事责任。

4.1.3　监理单位的责任

(1) 按照合同约定，在工程竣工验收完成后，监理单位应落实保修期的监理人员；

(2) 在保修期内监理工作主要有 3 项责任。即：检查工程状况，对质量问题进行处理；鉴定工程质量缺陷，分清责任；监督保修工作的实施；

(3) 监理单位的保修责任一般为 1 年。

4.2　质量保修的范围和期限

4.2.1　建设工程的保修期，从工程竣工验收合格之日起计算。

4.2.2　在正常使用条件下，建设工程的最低保修期限为：

(1) 基础设施工程。房屋建筑的地基基础工程和主体结构工程，为设计文件规定的该工程的合理使用年限；

(2) 屋面防水工程。有防水要求的卫生间、房间和外墙面的防渗漏为 5 年；

(3) 供热与供冷系统，为 2 个采暖期、供冷期；

(4) 电气管线、给排水管道，设备安装和装修工程为 2 年；

(5) 墙面抹灰脱落为 1 年；

(6) 地面空鼓开裂、大面积起砂为 1 年；

(7) 门窗翘裂、五金件损坏为 1 年；

(8) 管道堵塞为 2 个月；

(9) 卫生洁具为 1 年；

(10) 灯具、电器开关为 6 个月；

（11）其他项目保修按合同规定。

4.3　组建维修小组

各单位在项目工程通过竣工验收后应成立维修小组。

4.3.1　建设单位应委托候补维修队伍。

4.3.2　总包单位应负责组建分包单位、物资供应单位、劳务队伍等维修小组。

4.3.3　各单位维修小组组长应由该单位在本项目的施工负责人担任。

4.3.4　监理单位负责建立维修小组通讯录。维修期间，组长应保证24小时联络通畅，对修复后的质量进行验收。

4.4　分阶段维修

各单位在项目工程通过竣工验收后，应按“自检维修”、“物业交接维修”、“业主入住维修”三阶段进行维修。

4.4.1　自检维修

（1）自检维修期为竣工验收通过后的1个月内；

（2）自检维修由总包单位组织进行检查、维修，并负责成品保护；

（3）自检维修的验收由监理负责，除应达到图纸和规范要求外，还应符合“物业接受标准”（见本书第一章第十二节）要求。监理验收通过后，方可进入“物业交接验收”。

4.4.2　物业交接维修

（1）物业交接维修期为自检维修的验收通过后的1个月内；

（2）物业交接维修由建设单位和物业单位组织检查，总包单位负责维修；

（3）物业交接维修的验收由监理负责，除应达到图纸和规范要求外，还应符合“物业接受标准”要求。验收通过后，方可与物业进行交接；

（4）交接之前总包单位负责成品保护，交接之后，物业单位负责成品保护。

4.4.3　业主入住维修

（1）业主入住维修期为业主验房后的1周之内；

（2）业主入住维修由业主检查，总包单位负责维修；

（3）业主入住维修的验收由业主负责，除应达到图纸和规范要求外，还应满足使用功能和业主的合理要求；

（4）总包单位入户维修期间的成品保护由总包单位负责。

4.5　维修单运转

4.5.1　物业交接维修阶段和业主入住维修阶段，由项目部填写“物业交接验收单”（表1-11-1）和“业主入住验收单”（表1-11-2）。

4.5.2　项目部将“验收单”的问题分解，填写“工程维修单”（表1-11-3）。

4.5.3　售后维修业务主管将“工程维修单”发给总包单位，由总包单位分发给责任单位。

4.5.4　各单位接到“工程维修单”（表1-11-3）后，应于7天内完成保修。

4.5.5　各单位完成保修后由验收方验收，并在“工程维修单”（表1-11-3）上签字。签字后的“维修单”返还售后维修业务主管。

4.6　违约责任

4.6.1　如各单位不能在保修期按要求完成，由监理、建设单位共同认定有可能影响入住的,建设单位将委托候补维修队伍完成,发生的费用由责任单位承担,且不免除责任单位的保修责任。

4.6.2　“工程维修单”不按期返回或未经验收签字的,责任单位向建设单位支付200元/单的违约金。

4.6.3　业主因保修不及时而拒交物业费的,责任单位按照业主所欠物业费的10倍向建设单位支付违约金。

4.6.4　监理对保修项目的验收签字负责,出现随意签字的情况,每起向甲方支付200元违约金。

4.7　安全管理

保修工程的安全管理参见“工程项目安全和文明施工协议”(见本书第二章第七节)和“工程项目安全和文明施工监理协议”(见本书第二章第六节)。

4.8　通过质量保修,顾客投诉等方式,分阶段由售后维修主管对工程主要质量问题进行统计分析,汇报给主管经理,并填写:

(1)工程存在主要质量问题统计表(表1-11-4);

(2)工程存在主要质量问题汇总表(表1-11-5);

(3)业主入住维修单维修完成情况统计表(表1-11-6)。

4.9　附则

本工程保修期起始日期为业主办理入住日期,并参照“商品住宅质量保证书”(见附件)执行。

附件　商品住宅质量保证书

5. 相关文件

5.1　《建设工程质量管理条例》(国务院令第279号,2000年1月30日)

5.2　《房屋建筑工程质量保修办法》(建设部令第80号,2000年3月30日)

5.3　“工程项目安全和文明施工协议”(见本书第二章第七节)

5.4　“工程项目安全和文明施工监理协议”(见本书第二章第六节)

5.5　“物业接收标准”(见本书第一章第十二节附件1)

6. 记录

6.1　物业交接验收单(表1-11-1)

6.2　业主入住验收单(表1-11-2)

6.3　工程维修单(表1-11-3)

6.4　工程存在主要质量问题统计表(表1-11-4)

6.5　工程存在主要质量问题汇总表(表1-11-5)

6.6　业主入住维修单维修完成情况统计表(表1-11-6)

附件

商品住宅质量保证书

根据国家法规和建设部有关规定，为保障商品住宅购房人的合法权益，加强商品住宅销售后的服务，本公司对所销售的　　区　　路　　里　　幢　　门　　室，建筑面积　　平方米的商品住宅作出如下质量保证：

1. 本商品住宅工程已经竣工验收，符合本市住宅建设设计标准，工程质量合格，由本公司负责保修。工程竣工验收日期为　　年　　月　　日。

2. 本商品住宅所在幢号已按规定办理《××市新建住宅商品房准许使用证》，证号为：

3. 本商品住宅工程地基基础和主体结构在使用寿命年限内保修。

4. 本商品住宅自验收合格之日起，本公司对屋面防水工程、有防水要求的卫生间、房间和外墙面防渗漏的保修期为5年。交付使用时工程竣工验收已超过两年的，自本保证书签发之日起，以上各项防水、防渗漏工程的保修期为3年。

5. 自本保证书签发之日起，在购房人正常使用情况下，凡本商品住宅有以下工程质量缺陷，本公司按如下期限免费保修：

5.1　供热或供冷系统，为2个采暖期或供冷期；

5.2　电气管线、给水排水管道，为2年；

5.3　墙面、顶棚抹灰层脱落，为1年；

5.4　地面空鼓开裂、大面积起沙，为1年；

5.5　门窗翘裂、五金件损坏，为1年；

5.6　管道堵塞，为2个月；

5.7　卫生器具，为1年；

5.8　灯具、电器开关，为6个月。

6. 本商品住宅交付使用后，购房人认为主体结构质量不合格的，可以依照有关规定委托工程质量检测重新核验，经核验，确属结构质量不合格的，购房人有权退房；给购房人造成损失的，本企业依法承担赔偿责任。

7. 本商品住宅用户进住后如因质量问题来信、来访，本公司将于3日内直接或委托物业管理公司派员予以答复和检修。

8. 本商品住宅自交付使用之日起，用户自行添置、改动设施、设备的，以及因用户使用不当或擅自改动结构而造成质量问题的，不在本公司保修范围之内，由用户自行承担维修责任；造成他人损失的，依法承担相应的赔偿责任。

9. 本公司质量保证的其他内容（另行补充）。

10. 本保证书在商品房交付使用时由开发企业向购房人签发。

11. 本保证书作为商品房销售合同的附件，与合同具有同等法律效力。

签发单位：
法人代表：

签发日期：

公司地址：
联 系 人：
联系电话：
邮　　编：

序号:(　　)　　　　　　　　　　**物业交接验收单(　　)**　　　　　　　　　　**表 1－11－1**

格调春天　　号楼　　门　　单元;　　　　　　　　　　　　验房日期:　　年　　月　　日

序号	检查项目	检查内容	检查情况	备注
1	净空尺寸	户内净空尺寸及方正(　　　　　);梁及旋脸方正(　　)		
2	屋面质量	顶棚有无漏痕(　　　　　)		
3	空调机位	是否可安装(　　);空调眼高度是否符合设计要求(　　)插座、空调眼与机位三位一体是否符合要求(　　)		
4	滴水线	是否有滴水线(　　　　　)		
5	通风道	是否排风畅通(　　　　　)		
6	墙面质量	墙面有无裂缝(　　);室内外飘窗台是否方正(　　);空调室外机位板是否有泛水不渗漏(　　　)		
7	地面质量	地面有无裂缝(　　　　　)		
8	顶棚质量	顶棚腻子是否平整(　　);有无裂缝(　　);外飘窗顶板有无漏痕(　　　)		
9	闭水试验	卫生间是否漏水;本户(　　)、上层(　　)		
10	门窗质量	开启是否灵活(　　);表观质量(　　);玻璃有无滑痕(　　);五金配件是否齐全完好、使用灵活(　　);沙扇质量是否完好(　　　)		
11	阳台护栏	栏板玻璃有无滑痕(　　);栏杆外观以及有无松动(　　)		
12	入户门	是否方正(　　);有无滑痕(　　);锁具是否开启灵活(　　)		
13	室内给水管道	水流是否正常(　　);是否有渗漏(　　)		
14	室内排水管道	是否渗漏(　　);通水通球试验结果(　　　)		
15	散热器	表观质量(　　　);安装是否牢固(　　　)		
16	采暖打压	打压是否合格(　　　　　)		
17	新风系统	风机运转是否正常(　　);户内风量是否正常(　　)		
18	吸尘系统	吸尘主机是否有效(　　);接口质量是否有效(　　)		
19	照明	面板是否完好(　　);开关是否有效(　　)		
20	插座及漏电保护	相位是否准确(　　　　　)		
21	强电箱	是否有效(　　　　　)		
22	弱电	电话线路是否齐全(　　);有无断路(　　);设备是否齐全(　　);网络线路是否齐全(　　);有无断路(　　);设备是否齐全(　　);有线线路是否齐全(　　);有无断路(　　);设备是否齐全(　　);安防设备是否齐全(　　);有无断路(　　);设备是否有效(　　);可视对将设备是否完好无损(　　);调试结果(　　)		施工单位提供自检资料及验收记录。对讲设备办理入住时业主签收
23	其他			

验房人员:　　　　　　　　　　　　　　物业负责人:

业主入住验收单　　　　表 1－11－2

项目名称：　　　　　　　　　　　　房号：　　楼　　门　　室

业主姓名：　　　　验收时间：　　　　　　　年　　月　　日

验收项目	验收情况	验收项目	验收情况
吸尘		窗户	
新风		室内门	
空调预留洞		入户门	
燃气表外观及配件		开关	
水表外观及读数		暖气	
电表外观及读数		卫生间闭水（本层及上层）	
中水表		电话	
护栏		有线	
断路器(内、外)		网络	
灯		可视对讲	
插座		紧急按钮	
顶棚		门磁	
墙体		红外报警	
地面		弱电箱	
室内上下水			
纱门及纱窗			

预定维修时间：

备注：

物业人员签字：			业主签字：		
施工方人员签字：					

第一联：物业中心留存（第二联：转工程部）

工程维修单

表1－11－3

编号：

项目名称：　　　　　　　　　　　　　　　　　总包(分包)单位：

维修地点		联系电话		报修时间		限期完成维修时间	

维修内容：

维修结果：

维修人员签字：　　　　　　业主确认：　　　　　　回访人：

监理验收签字		维修单位负责人验收签字		物业管理人员验收签字	

维修单接单人签字：　　年　月　日　　　　　　维修单发单人签字：　　年　月　日

注：本维修单为三联，一联为工程部留存，二联由维修者在完成维修后签字交工程部，三联施工单位留存。

工程存在主要质量问题统计表

表 1－11－4

年　　月　　日

幢号	土建						门窗						水电				卫生间漏水(户/%)	室内雨水管漏水(户/%)	户门划痕(户/%)	其他(设计缺陷)										
	墙体裂缝(户/%)	顶子不平(户/%)	地面不平起沙(户/%)	卫生间地面高(户/%)	玻窗不方正(户/%)		门锁不上打不开(户/%)	密封条八字口不严(户/%)	纱窗推不动或松动(户/%)	窗框污染严重(户/%)	玻璃划痕(户/%)		暖气磕碰划痕(户/%)	插座接反灯不亮(户/%)	断路器不跳闸(户/%)	新风(户/%)				手报面板对座便(户/%)	煤气管挡排风孔(户/%)	空调孔不合理(户/%)	护栏玻璃不齐(户/%)	吸尘管挡空调插座	卫生间下水关与门口持平	厅有线-11-04理	空调孔与雨水管互阻拦			

工程存在主要质量问题汇总表 表1－11－5

年 月 日

施工单位	幢号	已办入住户数(户)	存在主要问题(个)	户均存在问题(个)	备注

业主入住维修单维修完成情况统计表　　　　表 1 - 11 - 6

楼号：

序号	楼层号	存 在 问 题	结果

第十二节　物业交接管理

一、物业交接管理流程

序号	管理流程	工作内容	客观证据	责任人
1	物业交接实物验收	对物业管辖范围内的房屋、设施、设备等项与物业管理人员进行实物交接验收	物业交接验收单、物业接收清单	项目经理 售后维修业务主管 总包、监理单位 物业管理人员
2	设备、安全和功能试运行交接验收	1. 对采暖系统、锅炉、通风空调系统、低压电器、发电机、照明全负荷通电，智能工程系统、电梯等设备试运行进行验收； 2. 可采取与总包、分包、监理单位验收质量的同时邀请物业单位共同验收也可单独进行	物业接收清单	
3	工程文件资料交接验收	向物业管理人员移交竣工图，地下管网、附属设备、设施维护保养、技术资料、质量保证文件、使用说明书等工程技术文件	列出工程文件移交清单双方签字	项目经理、资料员
4	工程质量保修工作交接	向物业管理人员交接已完成的质量保修项目和尚未完的保修项目，保修小组、监理人员名单	列出已保修完和尚未保修的清单，维修小组、监理单位名录	售后维修业务主管
5	培训与沟通	对物业设备、设施管理、操作人员进行操作和安全知识培训，协助物业管理人员与相关方进行信息沟通	与物业管理人员制定培训计划和与相关方沟通名录	项目经理、售后维修业务主管、物业管理人员

二、物业交接管理程序

1. 目的

为保证竣工房屋与其相配套的公用设施、设备和场地顺利移交，使物业交接工作达到程序化、规范化，特制定本程序。

2. 适用范围

适用于工程部和项目部向物业公司进行物业移交的活动。

3. 职责

3.1　工程部长负责监督本程序的实施。

3.2　项目经理组织有关人员向物业公司进行物业移交工作。

3.3　售后维修业务主管负责工程质量保修工作的日常管理。

3.4　资料员负责向物业公司移交竣工资料。

4. 工作程序

4.1 物业交接实物验收

4.1.1 在施工单位通过“自检维修”阶段，在验收1个月内，项目经理组织监理、施工和物业单位有关人员，对房屋、设备、设施进行实物验收，可参照附件2“物业接收内容”，并填写“物业接收清单”(表1-12-1)。

4.1.2 与物业公司进行交接，执行“物业接收标准”(附件1)规定，并填写“物业交接验收单”(表1-11-1)。

4.2 设备、安全和功能试运行交接

4.2.1 对以下项目做试运行交接验收包括：

(1) 采暖工程——采暖系统方式试运行调试；

(2) 采暖工程——锅炉试运行；

(3) 通风工程——通风、空调系统试运行；

(4) 电气工程——低压电器系统设备试运行；

(5) 电气工程——发电机交接试验运行；

(6) 电气工程——照明全负荷通电试运行；

(7) 智能工程——系统试运行；

(8) 电梯运行等。

4.2.2 对以上8种(或更多项目)设备试运行交接验收可采用两种方式进行。

(1) 专业工程师，在与分包、总包、监理单位等，对以上工程试运行进行验收的同时，邀请物业单位一起办理交接手续；

(2) 在工程竣工验收后，向物业办理交接手续的同时进行功能试运行交接验收。

4.3 工程文件资料的交接

4.3.1 项目经理组织资料员，按有关规定移交给物业公司如下资料：

(1) 竣工总平面图，单位建筑、结构、设备、地下管网的附属配套设施等资料；

(2) 工程竣工验收资料；

(3) 公用设施、设备安装使用和维护保养技术资料；

(4) 工程质量保证文件和使用说明文件；

(5) 物业管理需要的其他资料。

4.3.2 资料员向物业公司移交的上述文件资料，详细列出清单，双方在移交清单上签字。

4.4 工程质量保修工作交接

4.4.1 在工程自检维修阶段完成后，售后维修业务主管会同项目部和监理单位向物业公司交接工程保修工作。介绍施工单位维修小组、负责保修的监理人员以及尚未完成的工作等。

4.4.2 向物业移交保修工作，不代表施工单位、监理单位、保修的责任已经完成，而是转向物业维修阶段，具体执行“工程质量保修管理程序”(见本书第一章第十一节)。

4.5 对物业管理人员和操作人员的培训

4.5.1 必要时，在与物业交接过程中，对难度较大的设备、设施进行操作规程和安全知识的培训，售后维修业务主管与项目经理负责联系邀请物资供应单位专业工程师作为培训老师。

4.5.2　为更好帮助物业管理人员在今后管理中发挥作用，必要时，售后维修业务主管和项目经理协助物业管理人员与相关方进行沟通、交流，建立信息沟通渠道。

附件

附件1　物业接收标准

附件2　物业接收内容

5. 相关文件

“工程质量保修管理”（见本书第一章第十一节）

6. 记录

6.1　工程文件资料移交清单名录（略）

6.2　物业交接验收单（表1－11－1　见本书第一章第十一节）

6.3　已完成和未完成保修项目清单（略）

6.4　物业接收清单（表1－12－1）

附件1

物业接收标准

1. 土建类

1.1　接收时无大批量工程施工人员在现场施工，仅留少量维修人员。

1.2　每层电梯厅设楼层号标志，消防通道楼梯设楼层号；应急照明齐全。

1.3　设备房门上应有标识牌，各设备房应装单独锁。

1.4　高层所有防火门、消防通道门、强弱电井、电水表房用通开锁，应有标识牌。

1.5　高层消防楼梯应增设扶手，消防楼梯及楼层通道照明及开关已安装。

1.6　控制中心室内应设能与各电梯乘客联络的对讲电话，并有电梯的楼层显示。

1.7　屋顶阳台门设通开锁。

1.8　楼内户内卫生整洁、无垃圾，窗明洁净。所有设施无划痕、无污染，所有地面使用墩布清洁干净。

2. 给水排水

2.1　水泵房应有排水沟、槽，排水装置满足使用要求；高层供水系统配备双电源且有国家专业部门质检、防疫合格证。

2.2　水泵房控制柜应与水泵隔离，双电源安全可靠。

2.3　地下水池到给水泵的管道的两侧都要装阀门，所有水表、阀门两侧都应加装活节阀，以便维修更换。

2.4　所有地下室排污井、雨水井都应安装自动排污泵，设置防护网盖。

2.5　各给水管闸阀位置合理，预留维修空间，标识明显齐全，闸阀开关灵活耐用。

2.6　各排水井位置合理，便于维修，井底标高正确合理，排水通畅，井内无工程垃圾、废物。

2.7　各污水井、收水井井盖应按国家规范要求配备。

2.8　各种管道应做好相应防护措施，标识正确齐全。

2.9　户内各类表安装齐全,水、电全部开通。

2.10　楼内给水及供暖管井设地漏。

2.11　所有设施干净整洁,无污染。

3. 电气

3.1　所有设备房应有应急照明,通风设备。

3.2　电梯已办理运行许可证。

3.3　配电柜上标识清晰。

3.4　所有电缆首尾端应接编号挂牌。

3.5　各箱柜应有可靠接地装置。

3.6　所有设施干净整洁,无污染。

3.7　各类开关标识清楚。

4. 消防

4.1　地下室排风管应刷防火漆。

4.2　消防泵房及消防水箱间应有独立供排水装置,双电源配置齐全,防水达到使用要求。

4.3　楼内消防箱配置齐全。

4.4　紧急广播安全可靠,满足使用要求。

4.5　所有设施干净整洁,无污染。

4.6　水管标明水流方向。

5. 其他重要要求

5.1　留守足够的返修人员,并配合、服从工程部维修组及物业公司管理。

5.2　按实际情况配备相应数量备品、备件,甲方根据实际情况另行安排。

5.3　物业及验房小组预验收提出的问题全部100%整改合格。

附件 2

物业接收内容

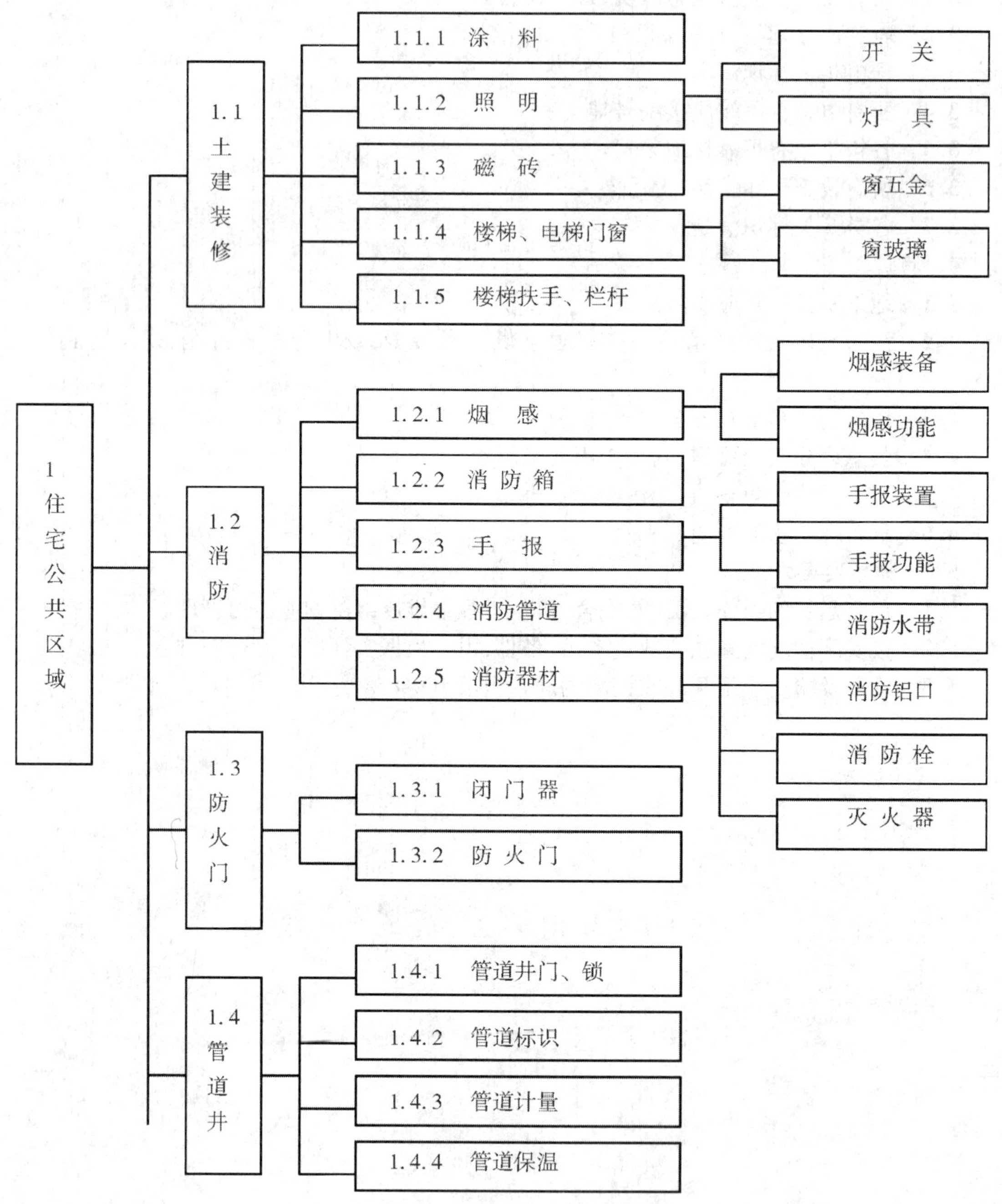
1 住宅公共区域
1.1 土建装修
1.1.1 涂　料
1.1.2 照　明
开　关
灯　具
1.1.3 磁　砖
1.1.4 楼梯、电梯门窗
窗五金
窗玻璃
1.1.5 楼梯扶手、栏杆
1.2 消防
1.2.1 烟　感
烟感装备
烟感功能
1.2.2 消 防 箱
1.2.3 手　报
手报装置
手报功能
1.2.4 消防管道
1.2.5 消防器材
消防水带
消防铝口
消 防 栓
灭 火 器
1.3 防火门
1.3.1 闭 门 器
1.3.2 防 火 门
1.4 管道井
1.4.1 管道井门、锁
1.4.2 管道标识
1.4.3 管道计量
1.4.4 管道保温

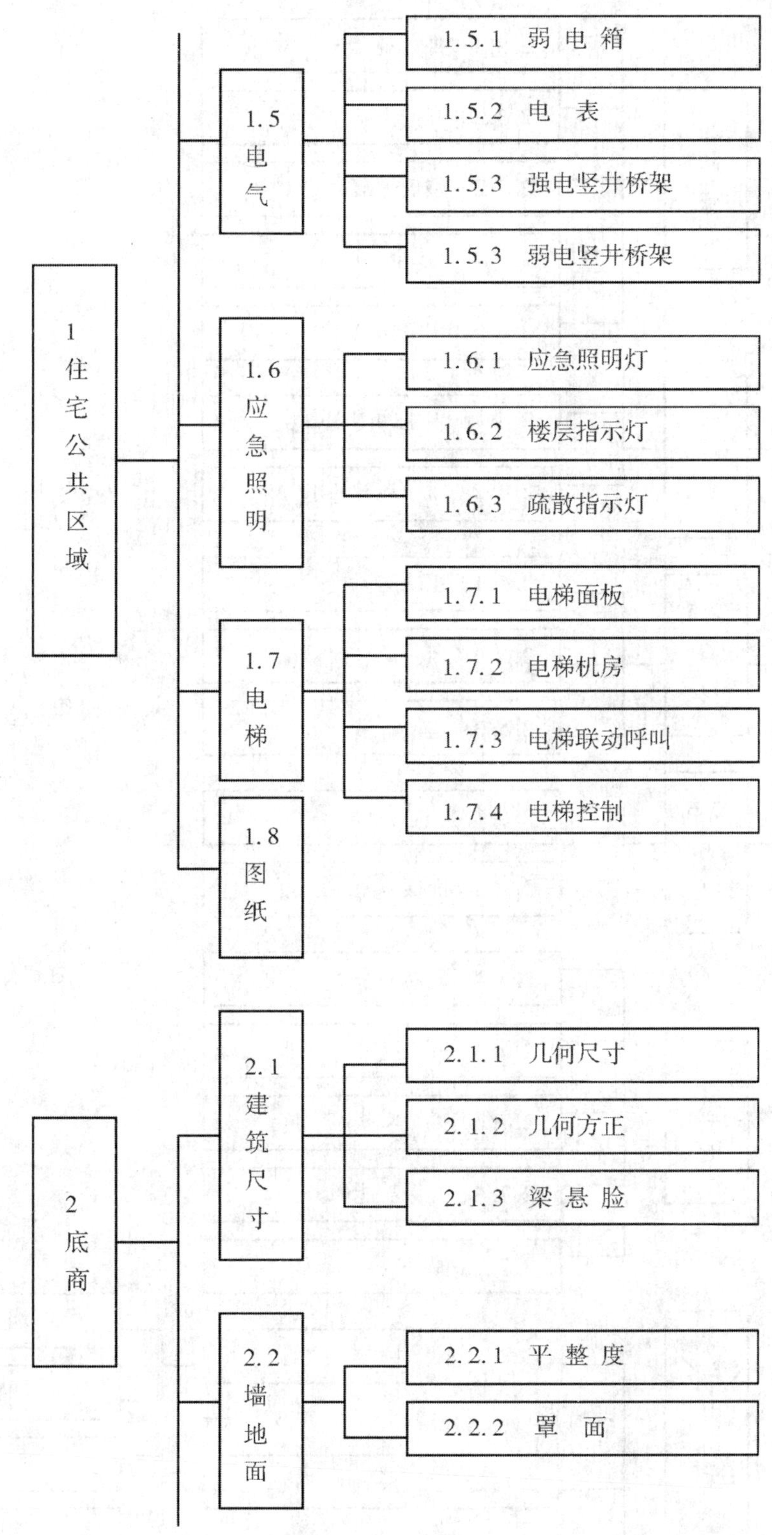
1 住宅公共区域
1.5 电气
1.5.1 弱电箱
1.5.2 电 表
1.5.3 强电竖井桥架
1.5.3 弱电竖井桥架
1.6 应急照明
1.6.1 应急照明灯
1.6.2 楼层指示灯
1.6.3 疏散指示灯
1.7 电梯
1.7.1 电梯面板
1.7.2 电梯机房
1.7.3 电梯联动呼叫
1.7.4 电梯控制
1.8 图纸
2 底商
2.1 建筑尺寸
2.1.1 几何尺寸
2.1.2 几何方正
2.1.3 梁悬脸
2.2 墙地面
2.2.1 平整度
2.2.2 罩 面

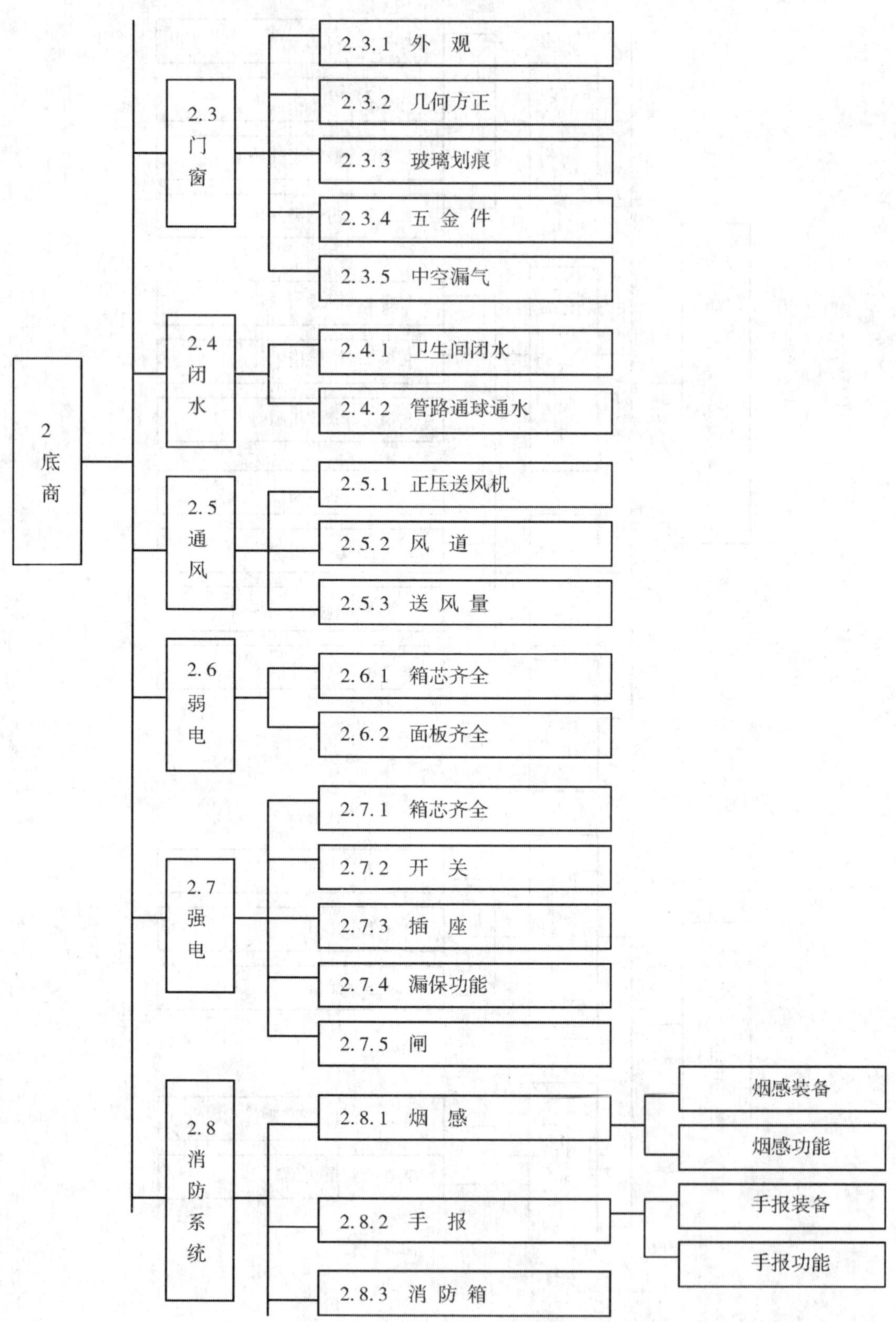
2 底商
2.3 门窗
2.3.1 外 观
2.3.2 几何方正
2.3.3 玻璃划痕
2.3.4 五 金 件
2.3.5 中空漏气
2.4 闭水
2.4.1 卫生间闭水
2.4.2 管路通球通水
2.5 通风
2.5.1 正压送风机
2.5.2 风 道
2.5.3 送 风 量
2.6 弱电
2.6.1 箱芯齐全
2.6.2 面板齐全
2.7 强电
2.7.1 箱芯齐全
2.7.2 开 关
2.7.3 插 座
2.7.4 漏保功能
2.7.5 闸
2.8 消防系统
2.8.1 烟 感
烟感装备
烟感功能
2.8.2 手 报
手报装备
手报功能
2.8.3 消 防 箱

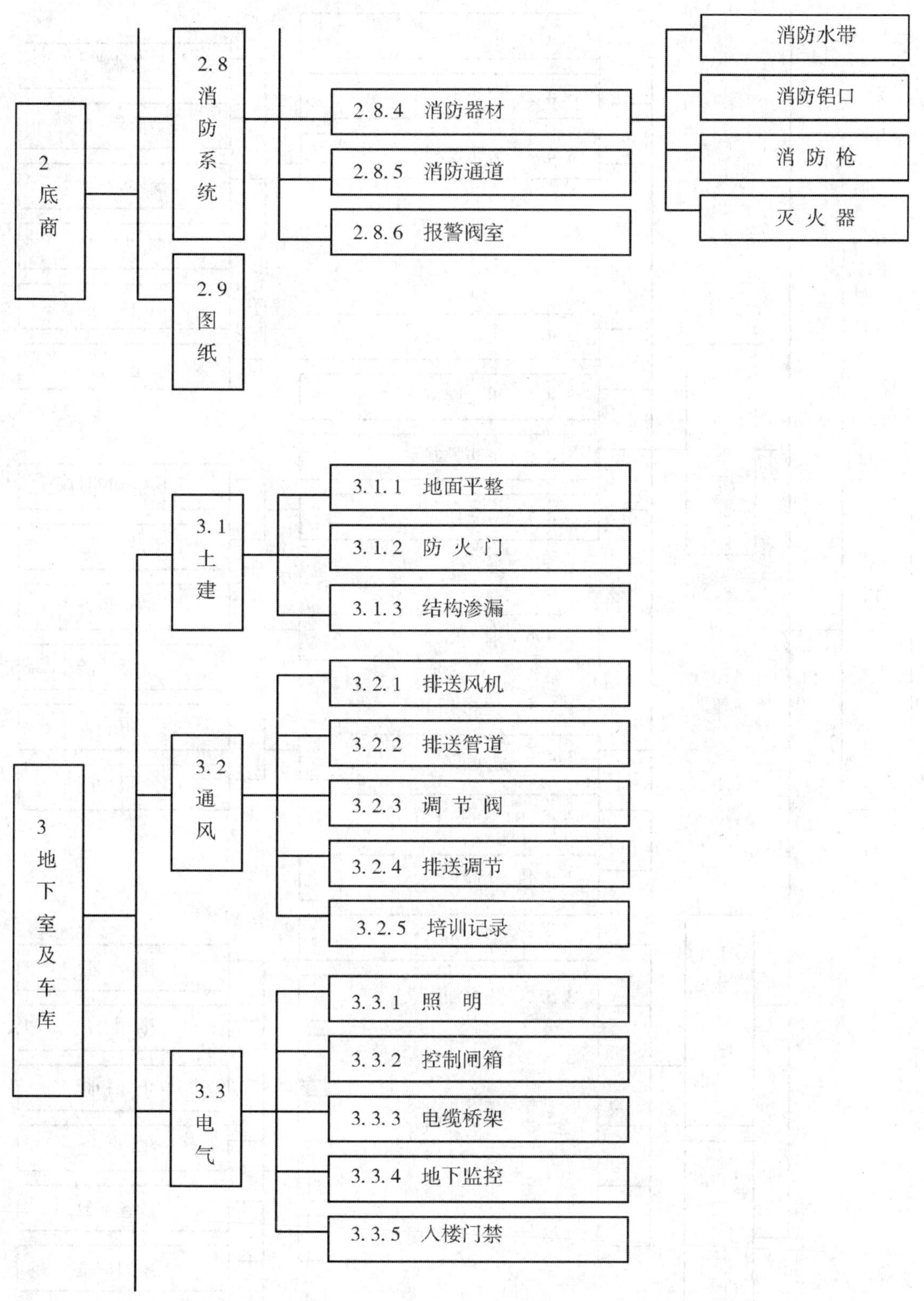
2
底
商
2.8
消
防
系
统
2.8.4　消防器材
2.8.5　消防通道
2.8.6　报警阀室
消防水带
消防铝口
消 防 枪
灭 火 器
2.9
图
纸
3
地
下
室
及
车
库
3.1
土
建
3.1.1　地面平整
3.1.2　防 火 门
3.1.3　结构渗漏
3.2
通
风
3.2.1　排送风机
3.2.2　排送管道
3.2.3　调 节 阀
3.2.4　排送调节
3.2.5　培训记录
3.3
电
气
3.3.1　照　明
3.3.2　控制闸箱
3.3.3　电缆桥架
3.3.4　地下监控
3.3.5　入楼门禁

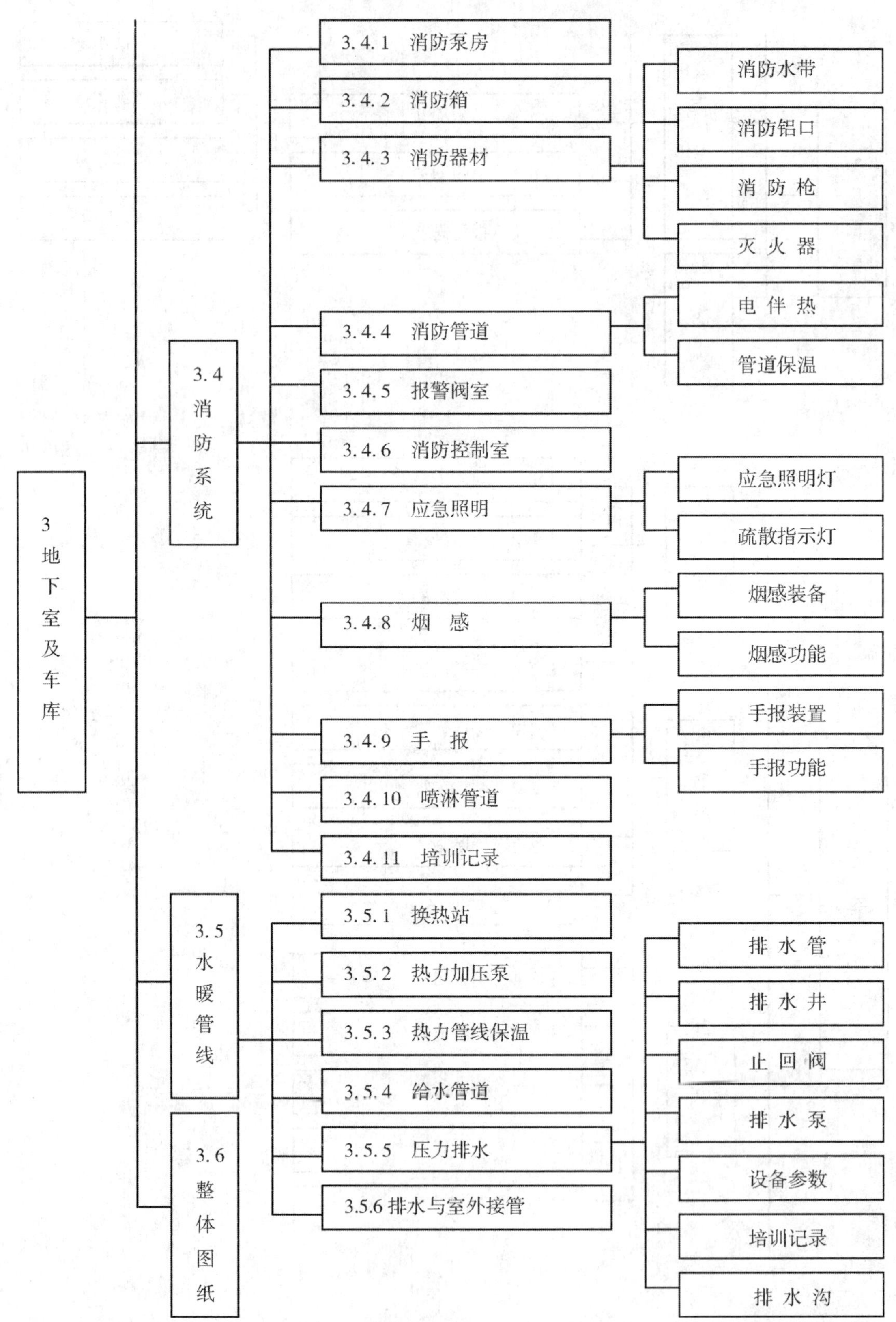
3 地下室及车库
3.4 消防系统
3.4.1 消防泵房
3.4.2 消防箱
3.4.3 消防器材
消防水带
消防铝口
消 防 枪
灭 火 器
3.4.4 消防管道
电 伴 热
管道保温
3.4.5 报警阀室
3.4.6 消防控制室
3.4.7 应急照明
应急照明灯
疏散指示灯
3.4.8 烟 感
烟感装备
烟感功能
3.4.9 手 报
手报装置
手报功能
3.4.10 喷淋管道
3.4.11 培训记录
3.5 水暖管线
3.5.1 换热站
3.5.2 热力加压泵
3.5.3 热力管线保温
3.5.4 给水管道
3.5.5 压力排水
排 水 管
排 水 井
止 回 阀
排 水 泵
设备参数
培训记录
排 水 沟
3.5.6 排水与室外接管
3.6 整体图纸

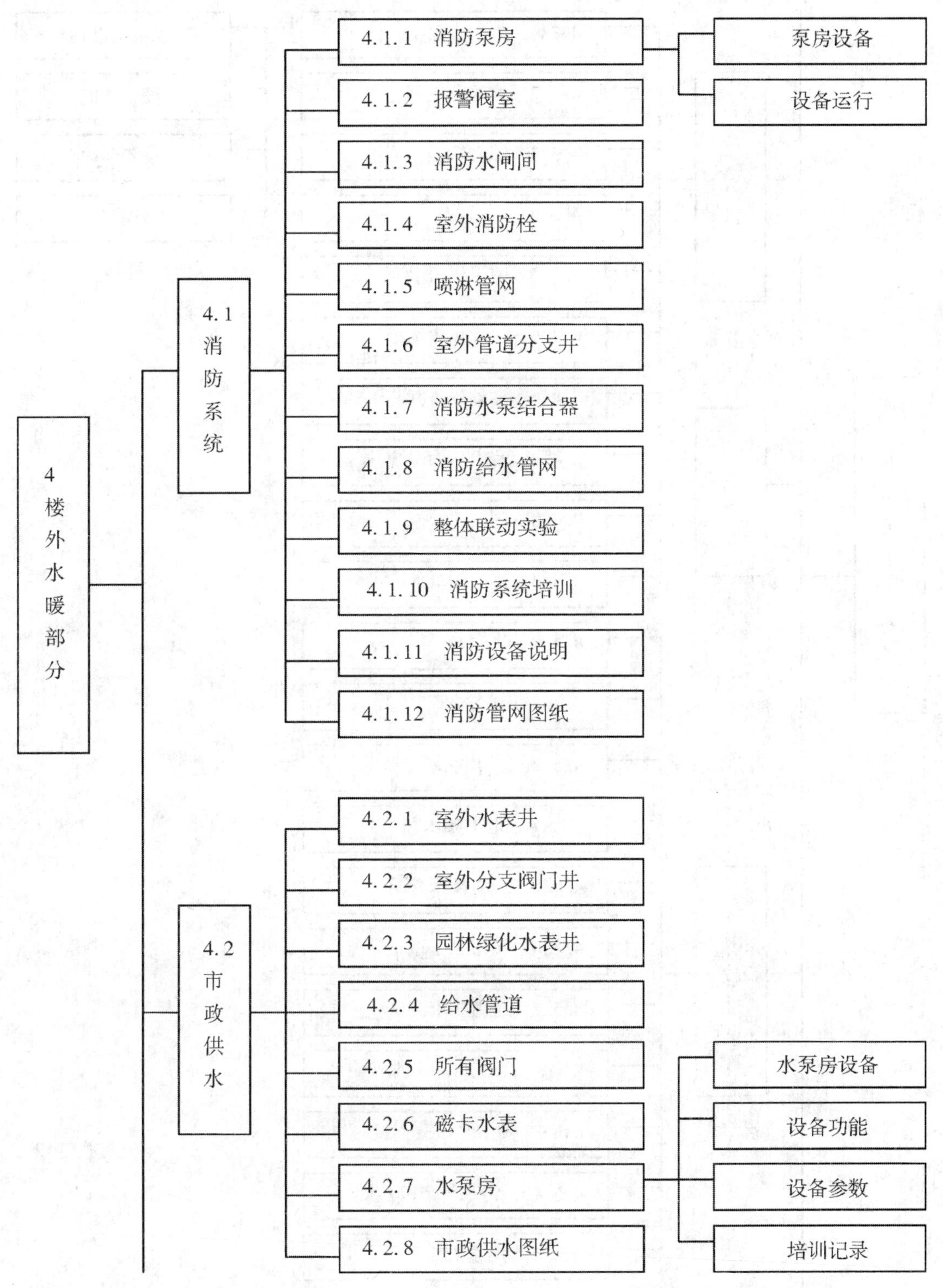
4 楼外水暖部分
4.1 消防系统
4.1.1 消防泵房
泵房设备
设备运行
4.1.2 报警阀室
4.1.3 消防水闸间
4.1.4 室外消防栓
4.1.5 喷淋管网
4.1.6 室外管道分支井
4.1.7 消防水泵结合器
4.1.8 消防给水管网
4.1.9 整体联动实验
4.1.10 消防系统培训
4.1.11 消防设备说明
4.1.12 消防管网图纸
4.2 市政供水
4.2.1 室外水表井
4.2.2 室外分支阀门井
4.2.3 园林绿化水表井
4.2.4 给水管道
4.2.5 所有阀门
4.2.6 磁卡水表
4.2.7 水泵房
水泵房设备
设备功能
设备参数
培训记录
4.2.8 市政供水图纸

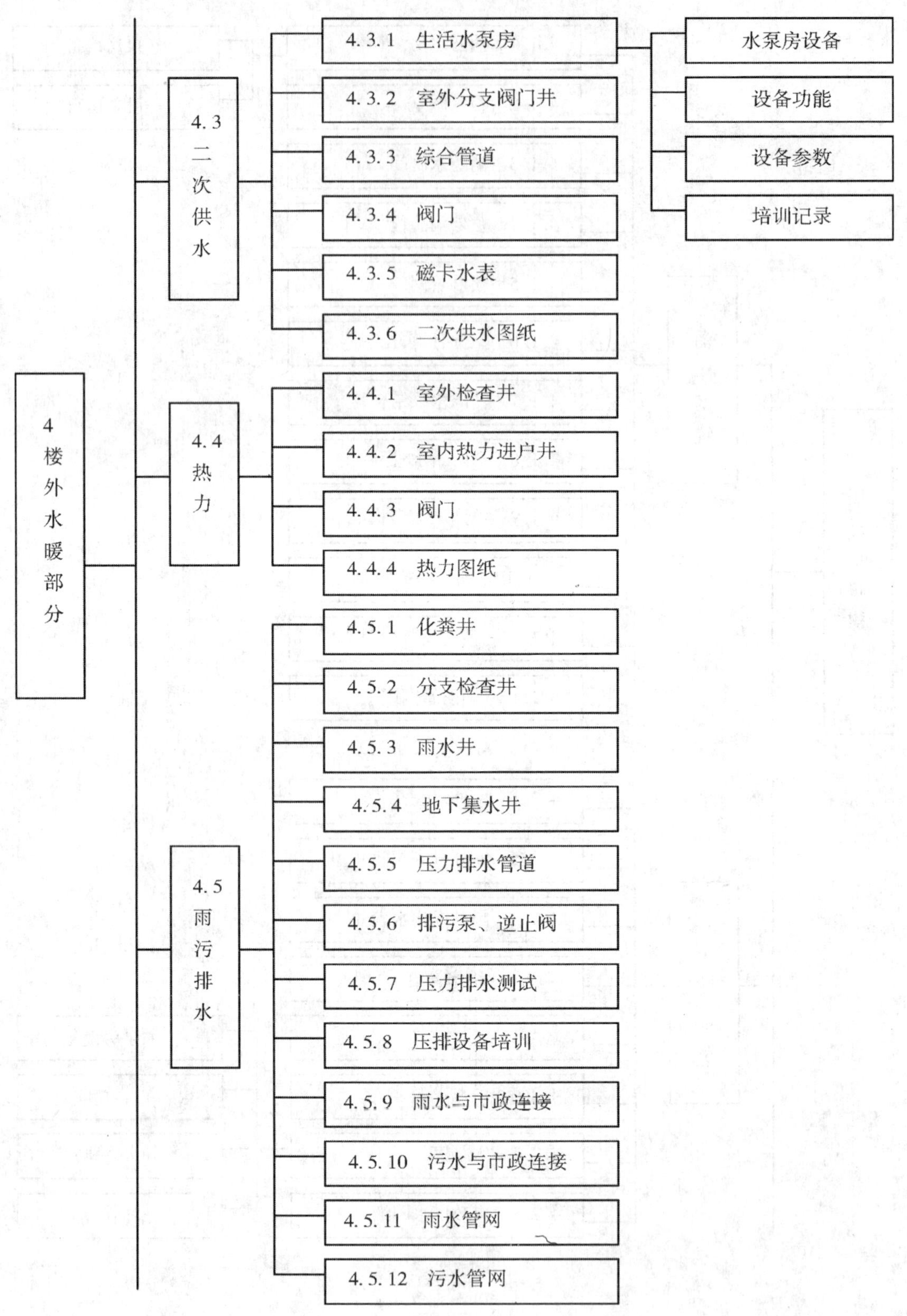
4 楼外水暖部分
4.3 二次供水
4.3.1 生活水泵房
水泵房设备
设备功能
设备参数
培训记录
4.3.2 室外分支阀门井
4.3.3 综合管道
4.3.4 阀门
4.3.5 磁卡水表
4.3.6 二次供水图纸
4.4 热力
4.4.1 室外检查井
4.4.2 室内热力进户井
4.4.3 阀门
4.4.4 热力图纸
4.5 雨污排水
4.5.1 化粪井
4.5.2 分支检查井
4.5.3 雨水井
4.5.4 地下集水井
4.5.5 压力排水管道
4.5.6 排污泵、逆止阀
4.5.7 压力排水测试
4.5.8 压排设备培训
4.5.9 雨水与市政连接
4.5.10 污水与市政连接
4.5.11 雨水管网
4.5.12 污水管网

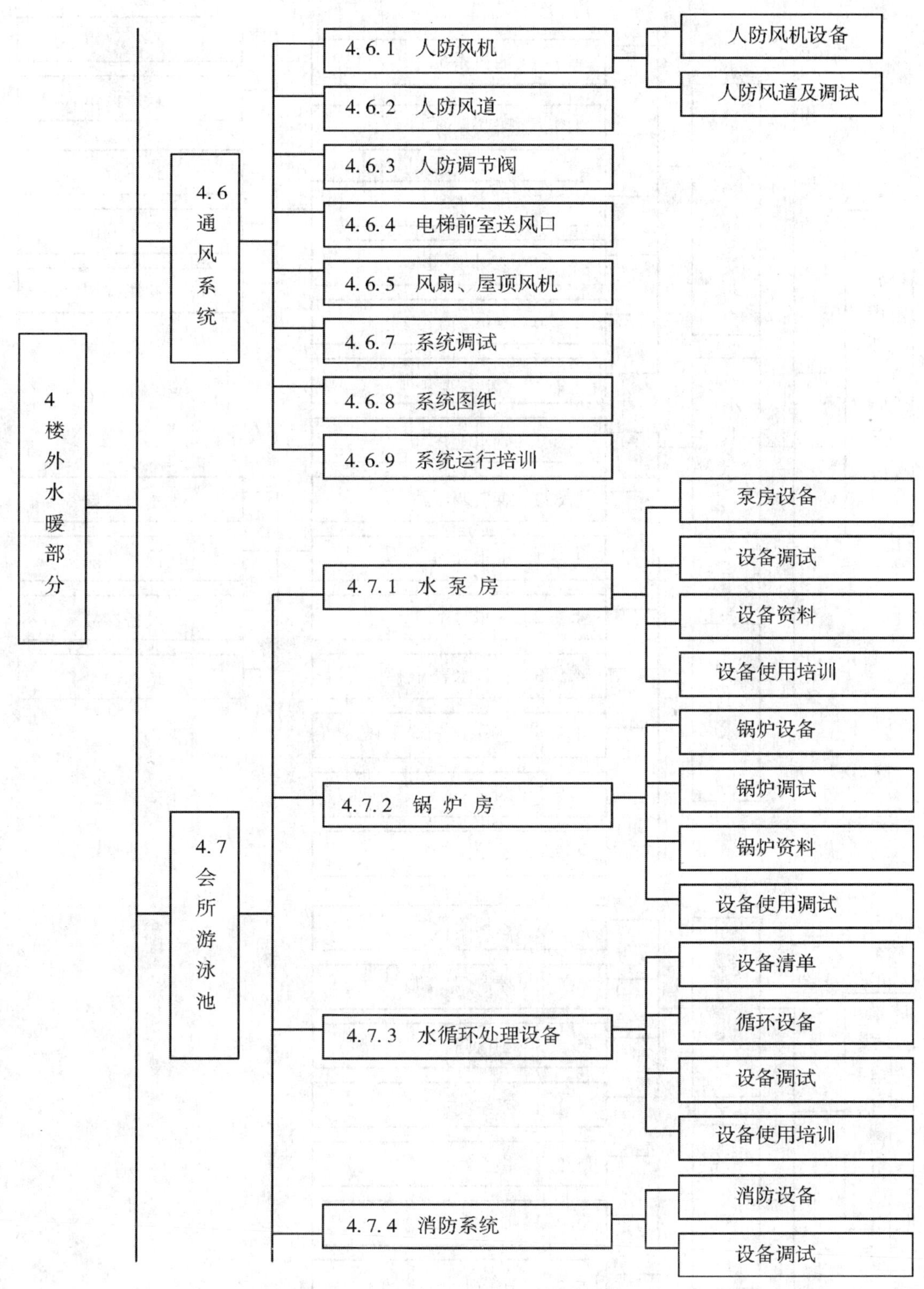
4 楼外水暖部分
4.6 通风系统
4.6.1 人防风机
人防风机设备
人防风道及调试
4.6.2 人防风道
4.6.3 人防调节阀
4.6.4 电梯前室送风口
4.6.5 风扇、屋顶风机
4.6.7 系统调试
4.6.8 系统图纸
4.6.9 系统运行培训
4.7 会所游泳池
4.7.1 水 泵 房
泵房设备
设备调试
设备资料
设备使用培训
4.7.2 锅 炉 房
锅炉设备
锅炉调试
锅炉资料
设备使用调试
4.7.3 水循环处理设备
设备清单
循环设备
设备调试
设备使用培训
4.7.4 消防系统
消防设备
设备调试

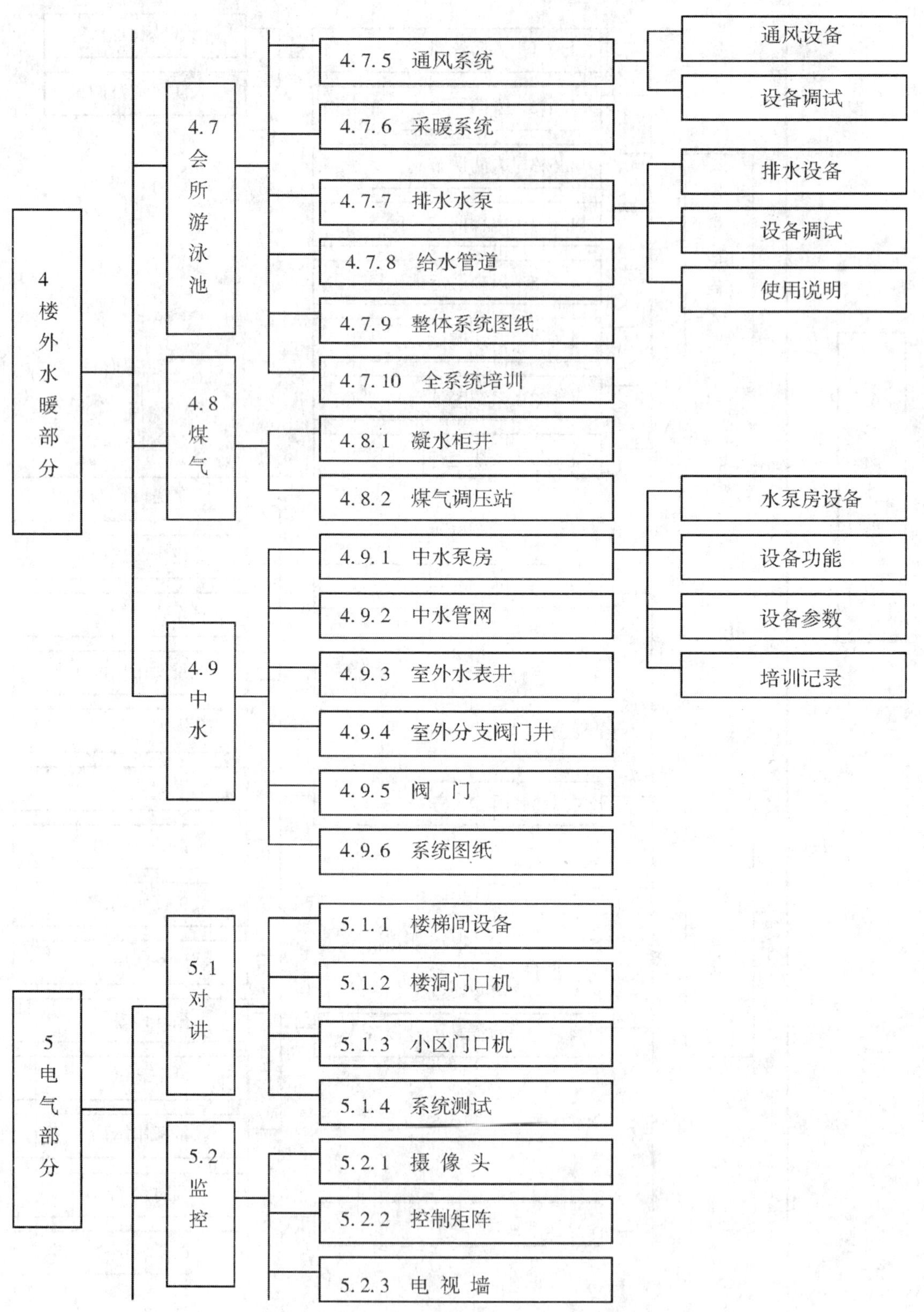
4 楼外水暖部分
4.7 会所游泳池
4.7.5 通风系统
通风设备
设备调试
4.7.6 采暖系统
4.7.7 排水水泵
排水设备
设备调试
使用说明
4.7.8 给水管道
4.7.9 整体系统图纸
4.7.10 全系统培训
4.8 煤气
4.8.1 凝水柜井
4.8.2 煤气调压站
4.9 中水
4.9.1 中水泵房
水泵房设备
设备功能
设备参数
培训记录
4.9.2 中水管网
4.9.3 室外水表井
4.9.4 室外分支阀门井
4.9.5 阀　门
4.9.6 系统图纸
5 电气部分
5.1 对讲
5.1.1 楼梯间设备
5.1.2 楼洞门口机
5.1.3 小区门口机
5.1.4 系统测试
5.2 监控
5.2.1 摄 像 头
5.2.2 控制矩阵
5.2.3 电 视 墙

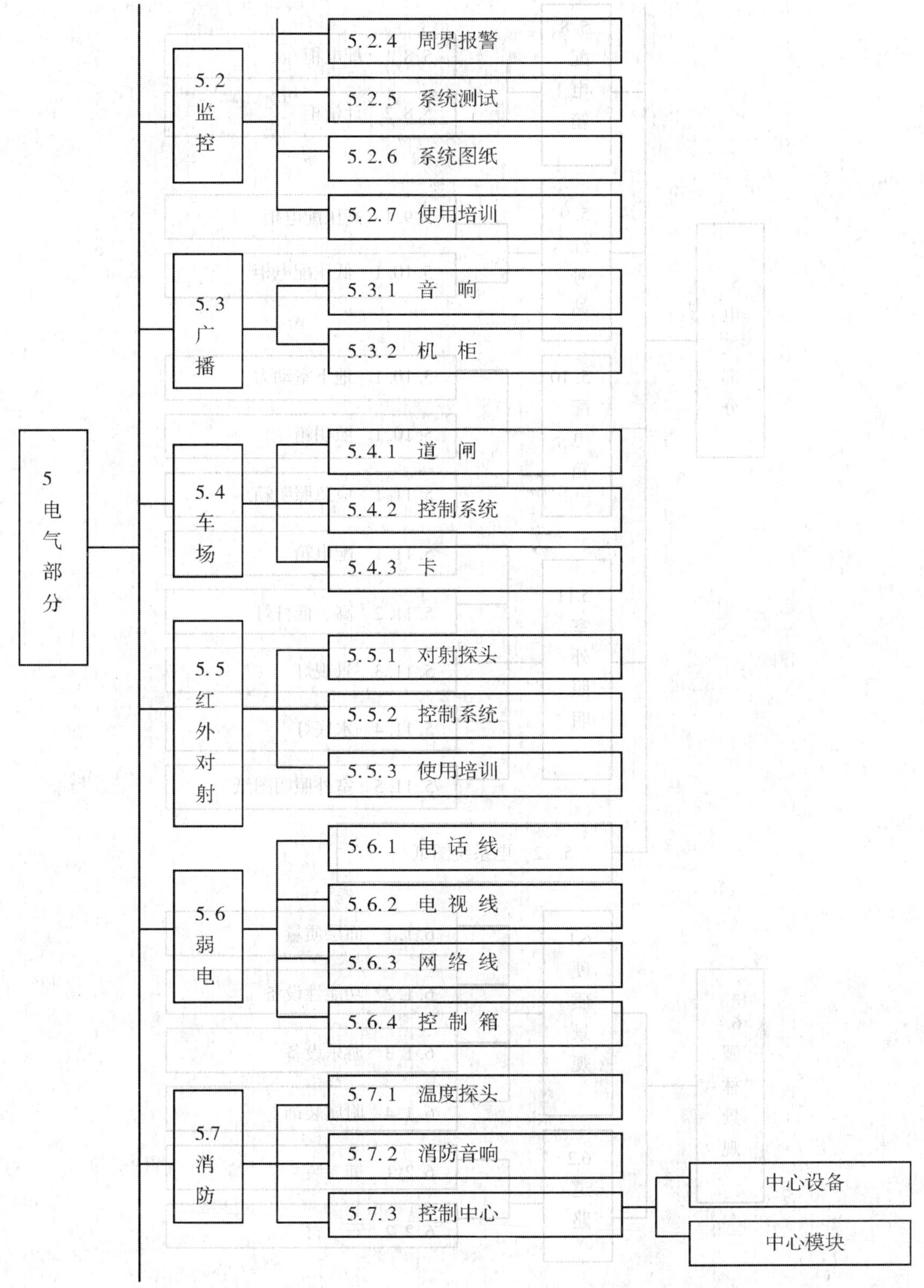
5 电气部分
5.2 监控
5.2.4 周界报警
5.2.5 系统测试
5.2.6 系统图纸
5.2.7 使用培训
5.3 广播
5.3.1 音 响
5.3.2 机 柜
5.4 车场
5.4.1 道 闸
5.4.2 控制系统
5.4.3 卡
5.5 红外对射
5.5.1 对射探头
5.5.2 控制系统
5.5.3 使用培训
5.6 弱电
5.6.1 电 话 线
5.6.2 电 视 线
5.6.3 网 络 线
5.6.4 控 制 箱
5.7 消防
5.7.1 温度探头
5.7.2 消防音响
5.7.3 控制中心
中心设备
中心模块

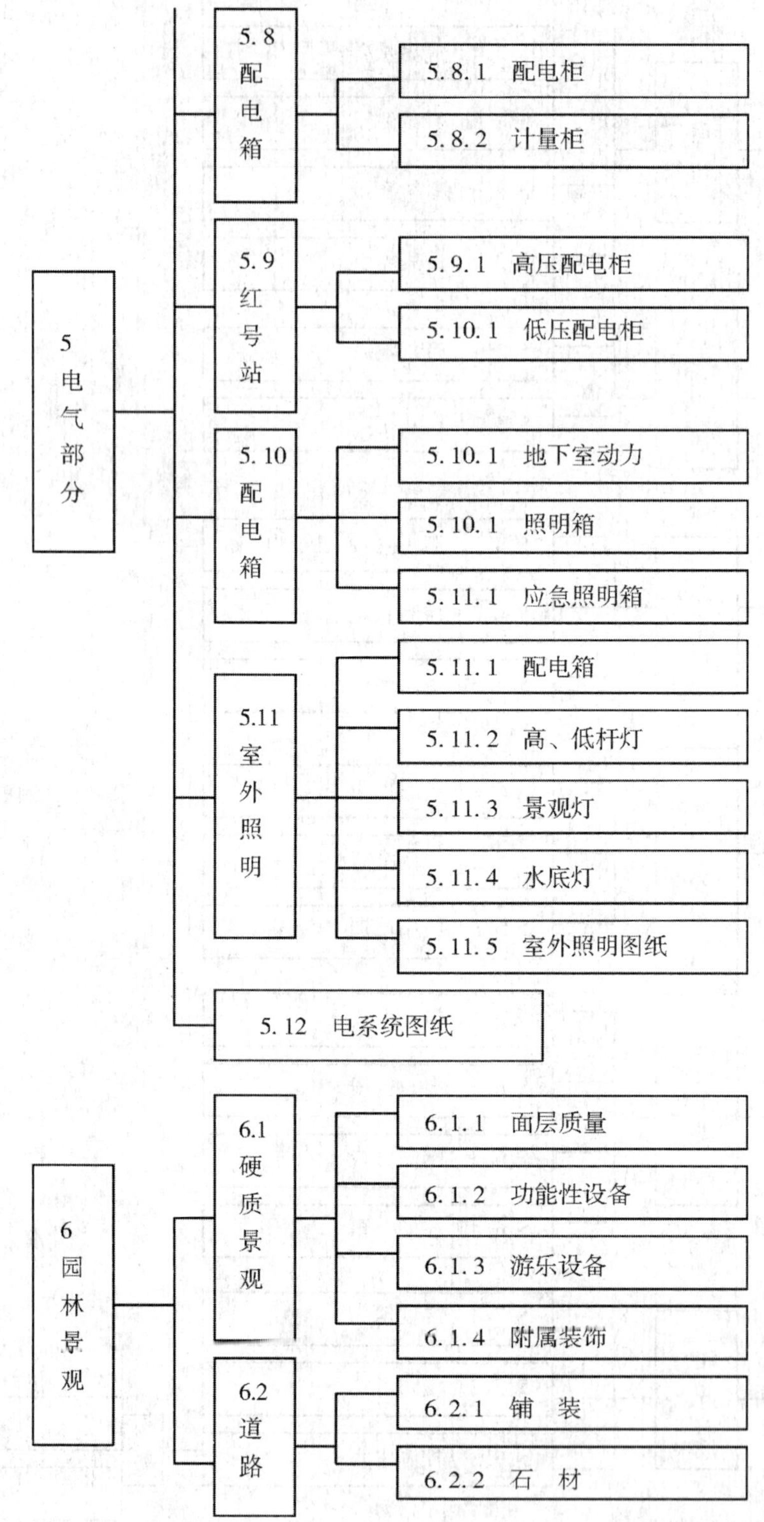
5.8 配电箱
5.8.1　配电柜
5.8.2　计量柜
5.9 红号站
5.9.1　高压配电柜
5.10.1　低压配电柜
5 电气部分
5.10 配电箱
5.10.1　地下室动力
5.10.1　照明箱
5.11.1　应急照明箱
5.11 室外照明
5.11.1　配电箱
5.11.2　高、低杆灯
5.11.3　景观灯
5.11.4　水底灯
5.11.5　室外照明图纸
5.12　电系统图纸
6 园林景观
6.1 硬质景观
6.1.1　面层质量
6.1.2　功能性设备
6.1.3　游乐设备
6.1.4　附属装饰
6.2 道路
6.2.1　铺　装
6.2.2　石　材

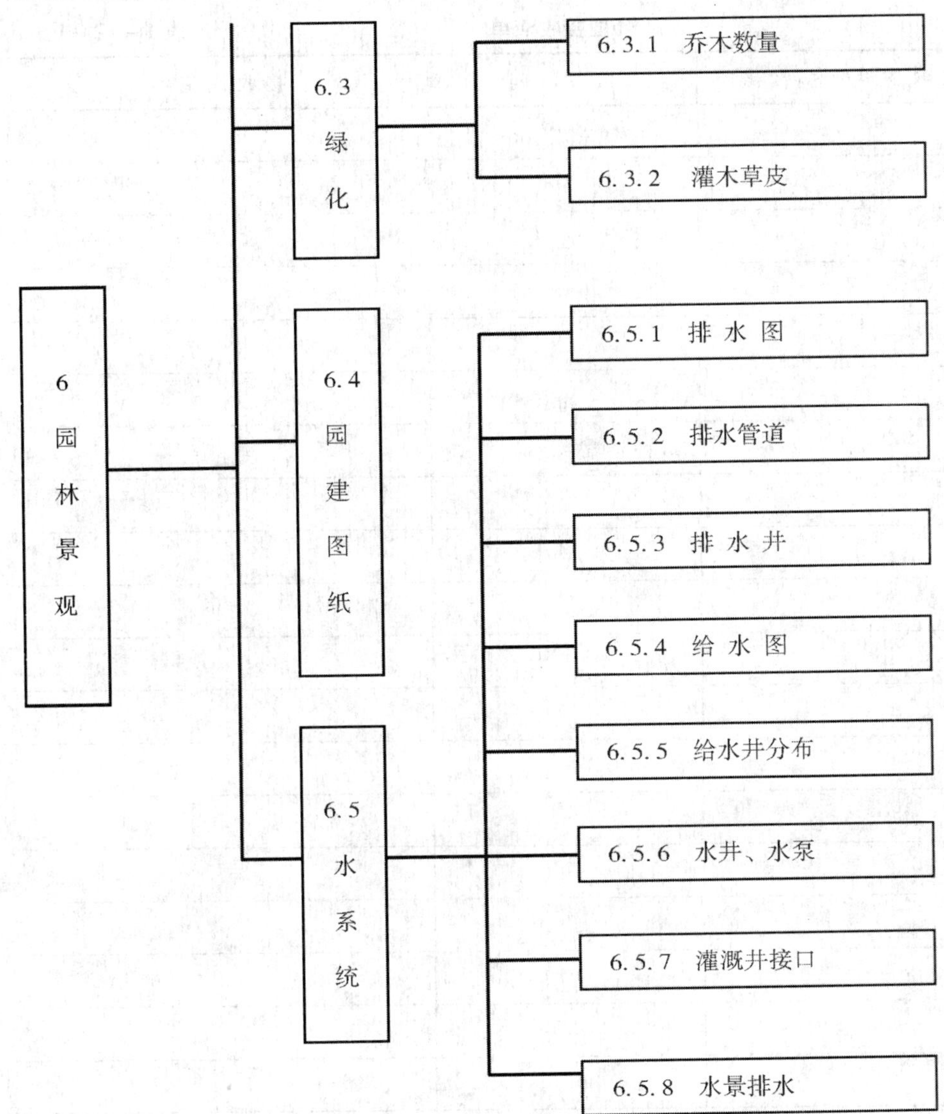
6 园林景观
6.3 绿化
6.3.1 乔木数量
6.3.2 灌木草皮
6.4 园建图纸
6.5 水系统
6.5.1 排 水 图
6.5.2 排水管道
6.5.3 排 水 井
6.5.4 给 水 图
6.5.5 给水井分布
6.5.6 水井、水泵
6.5.7 灌溉井接口
6.5.8 水景排水

物业接收清单 表1－12－1

接收内容	接收时间	接收人签字

第十三节　对供方再评价

一、对供方再评价管理流程

序号	管理业务流程	工作内容	客观证据	责任人
1	再评价依据与公正性	1. 依据本企业程序文件,作业指导书相关法规和合同; 2. 参加评价人应坚持公正、公平和以数据说话,用充分客观证据进行打分		工程部、监理单位、总包单位、参加评价人员
2	分类型进行再评价	1. 对监理单位服务质量的评价; 2. 对总包单位施工水平的评价; 3. 对专业分包单位的评价; 4. 对物资供应单位的评价		建设单位、监理单位、总包单位
3	再评价时机	在竣工验收后向物业交接前进行		项目经理、成本、招标、物资、资料、售后维修主管
4	再评价标准	按四种类型分别制定评价标准	四项评价标准评分表	项目经理组织有关人员打分
5	再评价评分与汇总	招标和物资业务主管负责收集、汇总和总结评价结果	再评价汇总表、再评价总结报告	招标、物资业务主管
6	再评价结果分类和处置	1. 50分以下为不合格,清除合格供方名单; 2. 51~60分为基本合格供方,可选用、也可不选用; 3. 61~80分为合格供方,保留合格供方资格; 4. 81分以上为优秀合格供方,优先选用	汇总表、更改合格供方名单	招标、物资业务主管

二、对供方再评价程序

1. 目的

工程项目竣工验收后,对供方再评价是为下一工程选择合格供方提供依据和提升工程项目管理水平。

2. 适用范围

本程序适用于建设工程项目对施工单位(总包、分包)、咨询服务单位(监理、咨询)和物资供应单位等,在合同终止后对其履约合同和施工服务业绩的跟踪评价。

3. 职责

3.1　工程部长负责监督本程序的实施。

3.2　招标和物资业务主管负责对供方再评价工作的组织和对评价结果汇总。

3.3　合同、成本、文件资料、售后维修等业务主管和项目经理、专业工程师、安全员、资料员等有关人员参加对供方再评价工作。

3.4　监理单位参与对总包、分包和物资供应单位再评价工作。

3.5　项目经理组织有关人员对本工程的质量、工期、安全、成本管理的经验和教训作出评价。

4．工作程序

4.1　对供方再评价的依据与公正性

4.1.1　依据

(1) 依据本企业的程序文件、作业指导书和各项管理制度规定；

(2) 依据现行适用的法律、法规、国家强制性标准、规范、规程等；

(3) 依据与供方所签订的合同和附加协议。

4.1.2　参加评价人员应坚持公正、公平的原则，用数据说话和充分的客观证据对供方进行再评价。

4.2　对供方再评价的分类和重点

4.2.1　对参加同一个工程项目建设的监理、总包、分包单位和物资供应单位的四方，依据不同标准进行评价。

(1) 对监理单位评价的重点是监理服务质量和技术水平；

(2) 对总包单位评价的重点是工程质量、安全、进度和售后维修服务；

(3) 对专业分包单位评价的重点是工程质量、安全、进度、售后维修与服务以及与总包单位管理的协调配合；

(4) 对物资供应单位评价重点是交货的实际产品质量、交货期和售后维修服务。

4.3　再评价时机

4.3.1　再评价是在工程竣工后和移交物业之前进行；

4.3.2　售后维修阶段评价，是由业主直接检验总包、分包单位最终施工(产品)质量的结果。对维修频率较高，客户投诉较多和发生向业主赔款的总包或分包单位是再评价的一项重点内容和时机。

4.4　再评价标准

4.4.1　“对监理单位再评价标准”(表 1－13－1)。

4.4.2　“对总包和专业分包单位再评价标准”(表 1－13－2、表 1－13－3)。

4.4.3　“对物资供应单位再评价标准”(表 1－13－4)。

4.5　再评价评分与汇总

4.5.1　再评价评分以被评价的单位为单元，各业务主管和项目部分别对评价标准栏目中主管的业务进行打分。

4.5.2　属于需要共同评价的由业务主管或项目经理组织评价。

4.5.3　对总包、分包单位售后维修阶段的评分打分，以售后维修业务主管对已发生维修、投诉和赔偿的总包、分包单位进行汇总、分析，列出清单与项目经理(专业工程师)共同打分评价。

4.5.4　招标和物资业务主管分别对每个再评价供方进行收集、整理、汇总。按四种类型列出“对供方再评价汇总表”(表 1－13－5)，并对再评价结果作出书面总结，报工程部长审批。

4.6　评价后结果分类与处理

对被评价的供方按最终得分多少分为：

(1) 50分以下(含50分)为不合格供方。从合格供方名录中清除，转年或下一工程坚决不能使用；

(2) 51～60分(含60分)为基本合格供方。在转年选用供方时，作为可用、也可以不选用，如有比他好的也可不用；

(3) 61～80分(含80分)为合格供方。作为转年合格供方继续使用；

(4) 81分以上为优秀合格供方。作为转年合格供方，优先使用。

5. 相关文件

5.1　“项目部对监理单位监督管理作业指导书”(见本书第一章第十四节)

5.2　“项目部对施工单位监督管理作业指导书”(见本书第一章第十五节)

5.3　“施工准备管理”(见本书第一章第六节)

5.4　“工程质量控制”(见本书第一章第八节)

5.5　“施工安全控制”(见本书第一章第九节)

5.6　“项目文件资料管理”(见本书第一章第十节)

5.7　“工程质量保修管理”(见本书第一章第十一节)

6. 记录

6.1　工程项目监理单位再评价表(表1－13－1)

6.2　工程项目总包单位再评价表(表1－13－2)

6.3　工程项目专业分包单位再评价表(表1－13－3)

6.4　工程项目物资供应单位再评价表(表1－13－4)

6.5　对供方再评价汇总表(表1－13－5)

6.6　总包、分包单位发生售后维修、投诉、赔款清单(略)

6.7　对供方再评价结果总结报告(略)

工程项目监理单位再评价表　　**表1－13－1**

编号

单位名称		
合同内容		
评价标准	评价情况及所得分数	建设单位参加评价人员签字
质量控制(30分)		
进度控制(20分)		
安全控制(20分)		
成本控制(10分)		
文件资料提交(10分)		
售后服务(10分)		
合计		分管经理意见
单位评价人签字		
总经理意见		

注：1. 打分依据本企业程序文件、作业指导书对监理服务质量要求进行；

2. 由项目经理组织分管人员参加对相关栏目进行打分与签字；

3. 评分结果交工程部招标业务主管。

______工程项目总包单位再评价表　　表 1-13-2

编号

单位名称				
合同内容				
评价标准	监理单位 评分	监理单位 评价人签字	建设单位 评分	建设单位参加评价人员签字
施工质量(20分)				
施工进度(20分)				
施工安全(20分)				
施工成本(15分)				
施工资料(5分)				
售后维修(20分)				
合计				分管经理意见
单位评价人 签字、日期				
平均得分				
总经理意见				

注:1. 打分依据本企业程序文件、作业指导书对施工单位的要求和规定;

2. 由项目经理组织分管人员参加对相关栏目进行打分与签字;

3. 评分结果交招标业务主管。

______工程项目专业分包单位再评价表　　表 1-13-3

编号

单位名称				
合同内容				
评价标准	总包单位	监理单位	建设单位	建设单位参加评价人员签字
施工质量(20分)				
施工进度(20分)				
施工安全(20分)				
施工成本(15分)				
施工资料(5分)				
售后维修(20分)				
合计				分管经理意见
单位评价人 签字、日期				
平均得分				
总经理意见				

注:1. 打分依据本企业程序文件、作业指导书对施工单位的要求和规定;

2. 由项目经理组织分管人员参加对相关栏目进行打分与签字;

3. 评分结果交招标业务主管。

__________工程项目物资供应单位再评价表　　　　表1－13－4

编号

单位名称				
合同内容				
评价标准	总包单位	监理单位	建设单位	建设单位参加评价人员签字
重视程度 配合程度(20分)				
产品质量(30分)				
交货期(20分)				
售后服务(20分)				
结算诚信度(10分)				
合计				分管经理意见
单位评价人 签字、日期				
平均得分				
总经理意见				

注：1. 打分依据合同约定条款；

2. 由项目经理组织分管人员参加对相关栏目进行打分与签字；

3. 评分结果交物资业务主管。

对供方再评价汇总表　　　　表1－13－5

年　　月　　日

序号	被评价单位	施工项目和范围	评价得分	处置意见

第十四节　项目部对监理单位监督管理作业指导书

1. 目的

为了提高项目施工管理水平,规范在施工全过程中对监理单位的监督与管理内容,理顺和监理单位的工作关系,特制定本作业指导书。

2. 适用范围

适用于建设开发企业工程项目,对监理服务质量控制和指导项目管理人员对监理单位的监督与管理。

3. 职责

3.1　工程部长负责编制、修改、监督实施本作业指导书。

3.2　项目经理、专业工程师及有关人员,在实施对项目监理单位进行监督与管理过程中,应参照本作业指导书规定的内容。

4. 指导内容

4.1　监理单位在施工全过程中,应向建设单位提供客观证据:

4.1.1　项目部对监理单位进行监督管理流程及监理单位向建设单位提供文件名录

序号	提交文件资料名称	提交时机	用途与目的	文件审查人
1	总监理工程师授权通知书(津监理 B1)	施工准备阶段在签订委托监理合同10日内	审查监理部人员配置,是否符合监理合同要求	项目经理
2	监理部配置人员资格证书(津监理 B2)			
3	监理规划和安全监理规划	施工准备阶段在收到设计文件30天内	审查监理工作规划内容是否齐全,结合工程特点	项目经理
4	第一次工地会议会议纪要	施工准备阶段在召开第一次工地会议后3天内	提供项目部内部管理客观证据	项目经理
5	监理交底	召开监理交底会议前	向施工单位、建设单位明确监理工作程序,报审报验管理要求	项目经理 专业工程师
6	监理实施细则和安全监理实施细则	分部工程开工前	对专业工程、质量、安全进度控制、监理措施	专业工程师
7	旁站监理方案	关键部位施工前	对关键部位(工序)质量安全监督的依据	专业工程师
8	旁站记录	关键部位施工后	抽查对旁站监理方案的实施是否落实	专业工程师
9	安全周检记录	安全周检次日	安全周检记录及监理通知单	安全员
10	监理月报	在监理全过程中每下月5日前提交当月月报	掌握当月工程质量、进度、工作量、安全等施工实际情况	各专业工程师、项目经理

续表

序号	提交文件资料名称	提交时机	用途与目的	文件审查人
11	质量评估报告(四项)	在地基、基础、主体工程和竣工预验合格后	竣工验收备案需用的资料、工程质量控制的客观证据	项目经理 专业工程师
12	工程竣工预验收报告(津监理 B6)	竣工预验收合格后	工程质量的客观证据	项目经理 专业工程师
13	工程竣工预验收整改意见书(津监理 B6－7)	竣工预验收后	工程质量控制客观证据	项目经理专业工程师
14	单位(子单位)工程质量竣工预验收记录(津监理 B6－7)	竣工预验收后	工程质量控制客观证据	项目经理 专业工程师
15	竣工验收监理评估报告(建设表 6－1)	竣工验收合格后	竣工验收备案需用资料	项目经理
16	质量事故书面报告	当发生重大质量事故时	对施工单位处罚的依据	项目经理
17	施工进度控制方案	工程开工前	提供对施工进度控制依据	施工进度控制负责人
18	对施工现场环境进行监理、并提供监理月报	每下月五日提交当月监理月报	保持良好施工环境、避免造成环境污染	项目经理 专业工程师
19	监理工作总结	全部工程竣工后一个月内	为评价监理服务提供依据和评价项目工程管理提供证据	项目经理
20	工程变更通知单(记录)(津监理 B5)	发生各种变更时提供	为发生设计、单价等工程变更提供信息	项目部 有关人员
21	工程暂停令(记录)(津监理 B4)	必要时提供	因质量、安全发生重大事故或其他原因必须停工时	项目经理 工程部
22	会议纪要(记录)(津监理 C3)	召开各种会议后	召开各种会议做出重要决定提供客观证据	项目部 有关人员
23	监理通知单(津监理 B3)	发出通知后报建设单位	监理对重大事件、事宜通知承建单位承办的，提供工作信息	项目部 有关人员
24	提交竣工后监理归档文件资料	竣工验收合格后		项目部 资料员
25	确定留守、质量保修、监理人员、进行保修质量验收和鉴定	竣工验收后		售后维修 业务主管
26	监督单位、总包与物业供应单位进行工程交接	竣工验收后	发现质量缺陷进行及时保修	项目经理 售后维修 业务主管

4.1.2　本名录也是项目部在施工过程中，对监理单位实行监督管理的主要工作内容和管理业务流程。

4.2 审查监理规划

项目经理在施工准备阶段,应组织有关人员对监理规划(包括安全监理规划)进行审查。

4.2.1 审查内容:

(1) 审查其内容是否齐全、是否符合监理合同规定要求,是否结合本工程实际情况;

(2) 审查其是否包括以下内容:

① 工程项目概况;

② 监理工作范围、内容、目标、依据;

③ 项目监理部的组织形式、人员配置、计划和岗位职责;

④ 造价监理的方法与措施;

⑤ 进度监理的方法与措施;

⑥ 质量监理的方法与措施;

⑦ 安全监理的方法与措施;

⑧ 合同管理的方法与措施;

⑨ 信息管理的方法与措施;

⑩ 监理工作程序;

⑪ 监理工作制度。

4.3 审查监理交底文件

4.3.1 审查监理交底文件,应在总监召开监理交底会议之前完成,以便作出结论。

4.3.2 审查内容:

(1) 监理工作范围和内容,监理工作基本程序和方法等;

(2) 监理单位应向建设单位报审、报验哪些资料(可参照本作业指导4.1条款进行审查),并要求列出清单;

(3) 审查施工单位通过监理应向建设单位报审、报验哪些工程资料(可参照项目部对施工单位监督管理作业指导书)。

4.3.3 审查人审查后作出结论,代表建设单位在交底文件上签字。

4.4 审查监理实施细则

4.4.1 审查重点:

(1) 审查其细则是否结合工程专业特点、针对性强,是否详细具体、具有可操作性。

(2) 审查其细则是否结合专业工程的相关标准和规范,是否贯彻实施了国家有关强制性标准。

4.4.2 审查的具体内容:

(1) 专业工程特点、施工流程、质量标准;

(2) 安全和文明施工控制要点和措施;

(3) 监理工作应针对施工流程,明确控制要点和目标值;

(4) 对施工流程监理工作方法及措施。

4.5 审查"监理月报"

"监理月报"是项目部了解、掌握和确认监理服务质量的重要依据,也是全面总结当月监理各项工作的客观证据。因此,项目部每个管理人员都应阅读和审查与本人职责相关的"监理月报"内容。

4.5.1 审查内容:

(1) 工程概况,包括本月工程基本概况和工程形象部位;

（2）工程进度，包括本月实际完成情况与计划进度比较；

（3）工程质量，包括本月工程质量情况分析和采取的措施及效果；

（4）安全生产，包括本月安全生产、文明施工中存在问题分析和采取措施；

（5）工程计量，包括工程量审批情况、工程款审批及支付情况、工程款支付情况分析、本月采取的措施及效果、主要说明计量情况、合同金额和支付金额等；

（6）合同履约，包括合同的履约情况、工程变更、工程延期费用索赔情况；

（7）原材料供应，主要材料、设备及构配件供应情况；

（8）施工现场，目前需要协调和解决的问题。包括：工程延期、质量、安全、进度、材料供应、异常天气影响等；

（9）监理工作，包括监理人员的配备、监理实施效果、施工单位对监理程序的执行和监理例会召开情况；

（10）监理总结，包括本月对工程进度、质量、安全、工程款支付等方面评价、本月监理工作总结、有关工程的意见和建议和下月监理工作要点。

4.5.2 监理单位每月初前5日必须上报上月的"监理月报"，项目部对"监理月报"审查后，根据需要对以上"监理月报"内容可进行补充和删减。

4.6 审查质量评估报告

4.6.1 工程竣工预验收合格后，监理应向项目部提交工程质量评估报告。

4.6.2 审查内容：

（1）工程概况；

（2）评估的主要依据；

（3）工程质量保证体系评估；

（4）主要分部工程的质量评价（含消防、人防、环保等专项工程评价）；

（5）工程质量控制资料核查评价；

（6）工程安全和功能检验资料核查及主要功能抽查评价；

（7）主要的设计变更执行情况评价；

（8）施工过程中，质量事故或主要质量问题处理结果；

（9）对工程质量的综合评估结论；

（10）其他。

4.6.3 地基、基础和主体分部工程验收合格，监理应分别提交对3项分部工程的质量评估报告，项目部对其审查重点可参照4.6.2条款进行。

4.7 审查工程竣工预验收报告

审查内容：

（1）工程竣工验收小组成员及其分工表（津监理B6－2）；

（2）单位（子单位）工程质量控制资料核查记录（津监理B6－3）；

（3）单位（子单位）工程安全和功能检验资料核查及主要功能抽查记录（津监理B6－4）；

（4）单位（子单位）工程观感质量检查记录（津监理B6－5）；

（5）工程竣工预验收整改意见书（津监理B6－6）；

（6）单位（子单位）工程质量竣工预验收记录（津监理B6－7）。

4.8 审查施工进度控制方案

监理部应依据监理规划和《工程建设监理规范》5.6条款的要求，编制"施工进度控制方案”报项目部。审查内容：

(1) 施工进度控制目标分解图；

(2) 实施施工进度控制目标的风险分析；

(3) 施工进度控制的主要工作内容和深度；

(4) 监理人员对进度控制的职责分工；

(5) 进度控制工作流程；

(6) 进度控制的方法(包括进度检查周期、数据采集方式、进度报表格式和统计分析方法等)；

(7) 进度控制的具体措施(包括组织措施、技术措施、经济措施及合同措施等)；

(8) 尚待解决的有关问题。

4.9 审查监理工作总结

工程全部竣工后，监理单位应向项目部提供监理工作总结。审查内容：

(1) 工程基本概况、监理进场、退场时间、履行合同情况；

(2) 对监理目标或监理任务完成情况的评价；

(3) 工程质量的评价；

(4) 对工程施工中存在的问题及处理意见或建议；

(5) 监理资料清单及工程照片资料；

(6) 表明监理工作终结的说明等；

(7) 由项目部提供的资料、用房、车辆、试验设施等。

4.10 审查记录

对以上监理文件的审查由审查人作出审查结论，并填写“监理文件审查记录”。

5. 相关文件

5.1 《建设工程监理规范》(GB 50319—2000)

5.2 “工程质量控制”(见本书第一章第八节)

5.3 “施工安全控制”(见本书第一章第九节)

5.4 “施工进度控制”(见本书第一章第七节)

5.5 “项目成本控制”(见本书第一章第五节)

5.6 “施工准备管理”(见本书第一章第六节)

6. 记录

监理文件审查记录(表1-6-2 见本书第一章第六节)

第十五节　项目部对施工单位监督管理作业指导书

1. 目的

为了提高项目施工管理水平，规范在施工全过程中对施工单位管理与控制内容，理顺与施工单位之间工作关系，特制定本作业指导书。

2. 适用范围

适用于开发建设项目企业对施工单位的监督与管理，指导项目管理人员在质量、进度、成本、安全等四项监督与管理中，对施工单位应做工作。

3. 职责

3.1　工程部长负责编制、修改和监督实施本作业指导书。

3.2　项目经理和专业工程师及有关人员，在实施对施工单位监督与管理中应参照本作业指导书规定的内容。

4. 指导内容

4.1　项目部对施工单位监督管理业务流程

序号	审查与验收内容	提交文件名称与时机	用途与目的	审查人
1	审查施工组织设计	“施工组织设计(方案)报审表”(监理A2)、施工准备阶段	对工程施工在质量、安全、进度等方面策划，策划是否符合实际、全面	项目经理、专业工程师
2	审查分包、供货、试验单位资格	监理报送“分包(供货、试验单位报审表”(监理A4)	分包单位资格是否符合要求	各专业工程师
3	查验施工现场设施、机具等准备情况	施工设施(机具、措施、材料)备案表(监理A10)	施工资源是否满足施工要求和进度要求	专业工程师
4	审查开工报告	工程开工报审表(监理A1)	是否具备开工条件	项目经理
5	审查施工总进度计划	施工进度计划报审表(监理A3)	施工进度进行控制、支付工程款的依据	项目经理、施工进度负责人
6	审查月施工进度计划			
7	复测工程定位、放线、水准点	报验申请表(监理A7)、工程物资进场报验申请表(监理A6)、分部(子分部)工程报验申请表(监理A8)、施工单位提供的验收记录	工程定位、放线、水准点进行控制	专业工程师、项目经理
8	分专业工程验收进场原材料、构配件设备		工程使用的原材料、设备、质量进行控制	
9	对地基、基础、主体分部工程验收		分部工程、质量控制	
10	对屋面防水等14项工程试验、检测			
11	工程质量竣工报告	工程竣工验收后	总结施工情况、文件归档	项目经理
12	审查重大危险源、重要环境因素清单和措施	施工准备阶段	为预防事故发生和制定“应急救援预案”提供依据	项目经理、安全员

续表

序号	审查与验收内容	提交文件名称与时机	用途与目的	审查人
13	审查“安全、环境和文明施工方案”	施工准备阶段	加强施工过程中安全、环境和文明施工管理，做到预防为主	项目经理、安全员
14	审查“应急救援预案”	施工准备阶段	预防事故发生后急救减少伤害和财产损失	项目经理、安全员
15	审查专项施工方案、安全技术措施	专业工程施工前提供	预防危险性较大分项工程施工的事故发生	项目经理、安全员
16	检查“合格供方名录”执行情况	提交原材料进场验收报审表	是否按规定的合格供方名录中企业进行采购	专业工程师
17	参加与物业对工程项目的交接验收	项目经理组织总包、监理单位对物业进行工程实物验收	在验收中发现质量缺陷便于及时组织维修	项目经理、售后维修主管
18	成立工程质量保修小组，对竣工后交验工程进行维修	竣工验收后总包单位组织分包成立维修小组	满足业主对工程质量缺陷进行修复的要求	售后维修业务主管
19	施工文件、归档资料，并收集、整理分包单位施工文件整完后向项目部提交	竣工后移交	用于向城建档案馆和本企业进行文件归档	资料员

4.2　施工单位需要向建设单位申报工程质量验收记录名录

<table>
<tr><th>工程</th><th>序号</th><th>记录名称</th><th>编码</th><th>参加验收单位</th><th>验收人</th></tr>
<tr><td rowspan="14">建筑与结构</td><td>1</td><td>图纸会审、设计变更、洽谈记录</td><td>资 K－1（通用）</td><td>建设、设计、施工、监理</td><td>项目经理
土建工程师</td></tr>
<tr><td>2</td><td>工程定位测量、放线、水准点引测记录</td><td>资 K－12－1</td><td>建设、监理、施工、测量人、复测人</td><td>土建工程师</td></tr>
<tr><td>3</td><td>原材料（构配件）进场验收记录</td><td>资 K－J3－1
（通用）</td><td>建设、监理、总包、分包单位</td><td>土建工程师</td></tr>
<tr><td>4</td><td>基坑（槽）工程施工验收记录</td><td>资 K－J8－1</td><td rowspan="2">建设、设计、勘察、施工、监理</td><td rowspan="2">项目经理
土建工程师</td></tr>
<tr><td>5</td><td>地基处理工程验收记录</td><td>资 K－J8－3</td></tr>
<tr><td>6</td><td>复合地基工程施工验收记录</td><td>资 K－J8－4</td><td rowspan="2">建设、勘察、设计、总包、分包、监理</td><td rowspan="2">项目经理
土建工程师</td></tr>
<tr><td>7</td><td>桩基工程施工验收记录</td><td>资 K－J8</td></tr>
<tr><td>8</td><td>屋面淋水试验记录</td><td rowspan="2">资 A－J1－1</td><td rowspan="5">建设单位、总包单位、分包单位、监理单位</td><td rowspan="7">土建工程师</td></tr>
<tr><td>9</td><td>有防水要求的地面蓄水试验</td></tr>
<tr><td>10</td><td>地下室防水效果检查记录</td><td>资 A－J2</td></tr>
<tr><td>11</td><td>幕墙工程淋水检查验收记录</td><td>资 A－J1－1</td></tr>
<tr><td>12</td><td>幕墙金属框架避雷连接隐蔽验收记录</td><td>资 K－J5－1</td></tr>
<tr><td>13</td><td>节能、保温测试记录</td><td>资 A－J8</td><td rowspan="2">建设、施工、分包、监理</td></tr>
<tr><td>14</td><td>节能工程—子分部分项工程质量验收记录</td><td>资统表－JN</td></tr>
</table>

续表

工程	序号	记录名称	编码	参加验收单位	验收人
给水排水采暖通风空调	15	图纸会审、设计变更、洽谈记录	资K－1(通表)	建设、设计、监理、施工	水暖专业工程师
	16	建筑给水、采暖、通风、空调工程主要材料进场验收记录	资K－S2－1(通用)	建设、施工、分包、监理	
	17	设备开箱检查记录	资K－S2－2		
	18	采暖系统试运行调试记录	资K－S6－4	建设、施工、分包、监理	
	19	锅炉试运行记录	资K－S6－6		
	20	通风、空调系统试运转记录	资A－K1		
电气工程	21	图纸会审、设计变更、洽谈记录	资K－1(通用)	施工、监理、设计	电气专业工程师
	22	电气设备、材料、进场验收记录	资K－D2	施工、分包、监理、建设单位	
	23	低压电器系统、设备－试运行记录	资K－D3－3		
	24	发电机交接试验、试运转记录	资K－D3－4		
	25	照明全负荷通电试运行记录	资A－D1		
智能建筑工程	26	图纸会审、设计变更、洽谈记录	资K－1(通用)	施工、监理、设计	弱电专业工程师
	27	设备材料进场验收记录	资K－Z2	分包、施工、监理	
	28	系统技术、操作和维护手册汇总表	资K－Z5	施工、监理、建设	
	29	系统管理、操作人员培训记录	资K－Z6	建设单位	
	30	系统试运行记录	资A－Z1	分包、施工、监理、建设	
其他	31	新材料、新工艺施工记录	资K－11(通用)	分包、施工、监理、建设	土建工程师、项目经理
	32	砌体裂缝检查检验记录	资A－J10	建设单位、监理单位、设计单位、施工单位	
	33	工程质量事故调查处理结果	资K－10－2(通用)		
	34	单位(子单位)工程质量竣工验收记录	资统表一		

注:验收记录名目是项目部对工程质量控制的主要工作内容,以上记录的应用时机在通过报验申请后进行。

4.3　审查“施工组织设计(方案)”

4.3.1　其审查目的主要对所策划的施工方案是否符合合同要求,方案是否结合本工程的特点和切合实际,能否达到建设单位的要求。

4.3.2　审查内容:

(1) 施工组织设计,是否得到施工单位技术负责人批准;

（2）施工单位平面图布置，是否符合建设单位要求；

（3）工期安排及劳动力配置计划，是否能达到合同中对工期的要求；

（4）质量管理体系、技术管理体系和质量保证体系，是否符合有关国家强制性标准的要求；

（5）对主要施工作业方案和施工工艺流程，是否进行策划，有无遗漏；

（6）职业健康安全管理体系，是否符合国家强制性标准要求；安全、环保、消防和文明施工措施，是否结合施工现场危险源辨识和环境因素识别进行编制；

（7）冬雨期施工和专项施工措施，是否齐全。

4.3.3 专业工程师在接到监理报审的施工单位的"施工组织设计"进行再审查，审查后应作出结论，并填写"施工文件审查记录"（表1-6-1）。

4.4 审查分包、供货、试验单位资格

4.4.1 审查内容：

（1）分包单位等级资质证书和营业执照证书；

（2）特殊行业施工许可证；

（3）安全生产许可证；

（4）外地企业在本地区施工的备案证明文件；

（5）国外（境外）企业在国内承包工程的备案证明文件；

（6）专职管理人员和特种作业人员的资格证、上岗证；

（7）企业业绩证明材料；

（8）特种产品安全认证资料。

4.4.2 专业工程师应分别对分包、供货、试验单位的资格进行审查，并分别填写"施工文件审查记录"。

4.5 审查开工报告

4.5.1 审查内容：

（1）已取得政府主管部门颁发的"施工许可证"；

（2）征地拆迁工作能满足工程进度的要求；

（3）施工单位现场质量、技术和安全管理和保证体系已获监理审查确认；

（4）施工图审查机构对施工图会审提出的相关问题已满足施工进度要求；

（5）施工组织设计（方案）已获总监和项目经理审查确认；

（6）有关分包单位的资格已获项目总监和项目经理审查确认；

（7）测量放线控制成果及保护措施已经监理单位和专业工程师验收合格；

（8）施工现场管理人员已到位，机具、施工人员已进场、主要工程材料已落实；

（9）进场道路及水电、通信等已满足开工要求。

4.5.2 项目经理在接到工程开工报审表后，对是否具备开工条件进行核查作出结论，并填写"施工文件审查记录"。

4.6 审查"施工总进度计划"

4.6.1 审查内容：

（1）进度计划是否符合施工合同中开竣工日期的规定，与本项目部制定的"项目管理方案"中的施工计划，是否有较大的差异和不完善的地方；

(2) 进度计划中的主要工程项目是否有遗漏，划分及开工顺序是否合理，总包、分包单位分别编制的各单项工程进度计划之间是否相互协调，上下、前后、同工种、工序间的衔接是否合理；

(3) 施工顺序的安排是否符合施工工艺的要求，工艺工作时间是否合理，工艺安排的是否考虑了季节性；

(4) 工期是否进行了优化，进度安排是否合理，是否考虑了不利气候的影响，考虑了分包对工期的影响；

(5) 劳动力、材料、构配件、设备及施工机具、设备、水电等生产要素，供应计划是否能保证施工进度计划的需要，供应是否均衡；

(6) 对由建设单位提供的施工条件(资金、施工图纸、施工场地等)，总包单位在施工进度计划中所提出的供应时间和数量是否明确合理，是否有造成因建设单位违约而导致工程延期和费用索赔的可能性。

4.6.2　项目经理或施工进度负责人，对施工单位编制的施工进度计划进行审查，作出结论，并填写“施工文件审查记录”。

4.7　审查“安全、环境和文明施工方案”

审查内容：

(1) 审查是否按照相关法律、法规要求针对所承包工程的特点进行危险源和环境因素辨识；

(2) 审查是否根据危险源评价结果所确定的重大危险源和重要环境因素，制定“管理方案(措施)”和“应急预案”。

4.8　审查“应急预案”

4.8.1　审查内容：

(1) 施工现场应急救援领导小组和救援组织人员名单；

(2) 救援领导小组成员的职责和权限；

(3) 救援领导小组内部和外部联系电话(火警、医院救护和电力、电缆、通信、煤气、自来水、排水等抢修电话)；

(4) 施工现场救援物资的清单；

(5) 报警程序；

(6) 专项事故发生后救援措施(包括触电、坍塌、火灾、高处坠落、食物中毒、机械伤害等事故抢救措施)。

4.8.2　安全员应对“应急预案”进行审查，并填写“施工文件审查记录”。

5. 相关文件

5.1　“施工准备管理”(见本书第一章第六节)

5.2　“成本控制”(见本书第一章第五节)

5.3　“施工进度控制”(见本书第一章第七节)

5.4　“工程质量控制”(见本书第一章第八节)

5.5　“施工安全控制”(见本书第一章第九节)

6. 记录

施工文件\审查记录(表1-6-1　见本书第一章第六节)

第二章　工程项目相关规章制度

第一节　工程款拨付实施办法

为确保总包单位履行合同,依据《合同法》、《建筑法》、《安全生产法》,以及本企业相关规定,制定本办法。

1. 总则

1.1　工程项目在施工过程中,建设单位根据总包单位每月工程的进度、质量、安全文明施工等完成情况,按照本办法拨付工程款。

1.2　总包和监理单位、建设单位项目经理及资金管理人员,定期逐级上报、审核月报表。月报表内容包括:

(1) 下月进度计划;

(2) 工程进度考核表及电子文件;

(3) 工程安全考核表;

(4) 工程质量考核表。

2. 工作程序

2.1　时间规定

2.1.1　每月24日下午5:00作为项目进度考核结点。

2.1.2　总包单位于每月24日下午5:00以前报监理单位。监理单位于25日中午12:00以前报建设单位项目部,项目部于25日下午5:00以前报工程部。节假日照常。

2.1.3　工程部收到符合要求的报表后,一周内拨付工程款。未按时上报,付款时间顺延。

2.2　考核内容

2.2.1　进度考核

(1) 总包单位在进场施工前编制工程总进度计划(分楼座),填写“工程进度考核表”(表2-1-1),经监理和建设单位审核、确认后,作为编制月进度计划的依据。

(2) 考核表填写要求:

① 本月考核表中本月计划完成部位,与上月考核表中下月计划完成部位应一致;

② 本月实际完成部位应与现场实际工程部位相符;

③ 计算实际工期与计划工期的偏差天数;

④ 下月进度计划与总进度计划应吻合,并可行;

⑤ 下月计划完成部位填写内容应能反映下月进度情况,并与下月进度计划相符。

2.2.2　付款比例

(1) 桩基础施工阶段:按部位考核。按照完成工程量首付50%,验收合格付至70%,验收合格后尾款于18个月内分季度付清。

（2）地下室（基础）阶段：按部位考核。基础底板混凝土完成，付基础部分产值的30%；基础侧墙混凝土完成，付基础部分产值的20%；基础顶板混凝土完成，付基础部分产值的20%。如基础顶板混凝土按总进度计划完成，再支付基础部分产值的10%。

（3）结构主体封顶前：分楼座、按部位考核。该楼座每完成4层封顶后，达到月计划要求的，付4层结构产值的80%；未达到月计划要求的，付4层结构产值的70%。

（4）结构主体封顶后：分楼座、按月考核。

① 该楼座按照月计划完成，按当月产值80%拨付；

② 该楼座未按照月计划完成，按当月产值70%拨付。

（5）工程进度连续、严重滞后，停付工程款。

（6）任何一个考核结点，全部工程进度追上总进度计划，可按累计产值的80%补齐工程款。

2.2.3　安全考核

（1）总包单位所负责的施工现场存在一般、严重和重大安全隐患，按照“安全、环境和文明施工违章处罚细则”（见本书第二章第三节）向建设单位缴纳违约金，违约金在工程进度款中扣除。

（2）监理在日常巡检过程中，发现安全隐患应及时记录，将安全隐患汇总到“工程安全考核表”（表2－1－2），计算违约金数额。

（3）建设单位项目部检查监理记录中的安全隐患是否真实、全面，是否已经整改，与现场实际是否相符，审核违约金数额。

2.2.4　质量考核

（1）监理在日常巡检过程中，检查质量问题应及时记录。月度考核时，将质量问题汇总到“工程质量考核表”（表2－1－3）。质量问题描述应明确，出现问题部位的工程量应准确。

（2）建设单位项目部检查监理记录的质量问题是否真实、全面，是否已整改，确定该部分的产值是否应计入当月产值。

（3）总包单位对质量问题已经整改，经监理单位验收合格后，可计入该部分产值。

（4）总包单位对质量问题不整改，或整改达不到要求，此部分产值在结算中扣除。

3. 相关文件

“安全、环境和文明施工违章处罚细则”（见本书第二章第三节）

4. 记录

4.1　工程______月份进度考核表（表2－1－1）

4.2　工程______月份安全考核表（表2－1－2）

4.3　工程______月份质量考核表（表2－1－3）

4.4　工程______月份付款统计表（表2－1－4）

表 2－1－1

工程______月份进度考核表

施工单位：

楼号	本月计划完成部位 （总包单位填写）	本月实际完成部位 （总包单位填写）	对比 （监理单位填写）	下月计划完成部位 （总包单位填写）	监理单位 总监
			按计划完成(　　) 未按计划完成(　　)		
			按计划完成(　　) 未按计划完成(　　)		
			按计划完成(　　) 未按计划完成(　　)		
			按计划完成(　　) 未按计划完成(　　)		建设单位 项目经理
			按计划完成(　　) 未按计划完成(　　)		
			按计划完成(　　) 未按计划完成(　　)		
			按计划完成(　　) 未按计划完成(　　)		
			按计划完成(　　) 未按计划完成(　　)		

表 2－1－2

工程______月份安全考核表

施工单位：

隐患类别		存在安全隐患具体描述	违约金
1	一般安全隐患	（　）1. 进入施工现场未戴安全帽　（　）2. 高处作业未戴安全带　（　）3. 穿高跟鞋、拖鞋，赤脚、赤背作业 （　）4. 特种作业未穿戴防护用品　（　）5. 特种作业人员安全操作证过期或无证上岗　（　）6. 电工一人带电作业 （　）7. 操作转（传）动机械设备未戴工作帽　（　）8. 易燃易爆作业场所吸烟　（　）9. 门卫室值班人员脱岗 （　）10. 生活垃圾不及时清运　（　）11. 食堂无卫生许可证　（　）12. 食堂炊事员无健康证上岗 （　）13. 使用电源插座无插头　（　）14. 各种机械设备安全操作规程挂设不全　（　）15. 安全网挂设没到位 （　）16. 应悬挂安全标志牌未挂　（　）17. 各种电缆拖地没埋地或架空　（　）18. 混凝土搅拌机（站）未搭设操作棚 （　）19. 操作电箱距离操作面过大　（　）20. 电焊机两侧缺电源接线护罩　（　）21. 电焊机接线不牢固 （　）22. 电焊机一、二线过长　（　）23. 氧气、乙炔瓶倒放、间距小　（　）24. 脚手架拉结点少、剪刀撑搭设不到位 （　）25. “四口”、“五临边”防护不到位　（　）26. 易扬尘材料无苫盖　（　）27. 流体材料未砌挡墙 （　）28. 消防器材配置少、部分失效未更换　（　）29. 明火作业未办动火审批手续　（　）30. 其他轻微违章行为 （　）31. 其他轻微缺陷	50 元×（　　）=（　　）元
2	严重安全隐患	（　）1. 非特种作业人员进行特种作业　（　）2. 从事有毒、有害作业未戴防护用品　（　）3. 作业区、生活区私接乱接电源 （　）4. 使用电炉、碘钨灯、电热毯取暖　（　）5. 男女员工同住一室宿舍内　（　）6. 工作时间饮酒 （　）7. 清理室内垃圾随意从高处抛撒　（　）8. 随意拆解安全网作出入口　（　）9. 伙房内及食堂食品仓库住人 （　）10. 煤气罐倒放使用　（　）11. 保护零线与工作零线混接　（　）12. 工作时间赌博、打架斗殴 （　）13. 醉酒上岗作业　（　）14. 违章指挥、违章作业造成险肇事故　（　）15. 木工机械无防护装置或有装置不使用 （　）16. 木工机械无操作开关或使用倒顺开关　（　）17. 大型机械未验收使用　（　）18. 安全通道两侧防护不到位 （　）19. “四口”、“五临边”无防护　（　）20. 脚手板搭设未到位、未绑札、有探头板　（　）21. 电缆过路无保护 （　）22. 使用非标电箱　（　）23. 用二级电源代替三级使用　（　）24. 物料提升机与脚手架连接 （　）25. 卷扬机、塔吊等提升机械钢丝绳已达到报废标准仍使用　（　）26. 不封挂安全网 （　）27. 照明灯具金属外壳未接地　（　）28. 未进行三级教育、转岗教育上岗作业　（　）29. 其他严重违章行为 （　）30. 其他严重缺陷	100 元×（　　）=（　　）元
3	重大安全隐患	（　）1. 施工现场携带小孩　（　）2. 宿舍内兼做食堂　（　）3. 器材仓库兼做宿舍、伙房 （　）4. 使用煤气代替乙炔　（　）5. 用废铁筒烧劈柴取暖　（　）6. 伙房用劈柴、燃煤做饭、做水 （　）7. 违章指挥、违章作业造成人身轻微伤害和财产损失　（　）8. 木工使用多用刨 （　）9. 地下室作员工宿舍　（　）10. 其他重大违章行为　（　）11. 其他重大缺陷	500 元×（　　）=（　　）元
安全违约金（元）		监理总监　　　　　　建设单位项目经理	

工程______月份质量考核表　　表2-1-3

施工单位：

楼号	质量问题	存在部位或工作量	是否整改、计入产值
			已整改(　　)
			未整改、不计入产值(　　)
			已整改(　　)
			未整改、不计入产值(　　)
			已整改(　　)
			未整改、不计入产值(　　)
			已整改(　　)
			未整改、不计入产值(　　)
			已整改(　　)
			未整改、不计入产值(　　)
			已整改(　　)
			未整改、不计入产值(　　)
			已整改(　　)
			未整改、不计入产值(　　)
监理总监		建设单位项目经理	

施工单位：　　工程______月份付款统计表　　表2-1-4

累计：	
累计共完成产值(元)	
累计进度付款(元)	
累计安全违约金(元)	
累计质量扣款未计入产值(元)	
累计付款(元)、付款比例	
本月：	
本月完成产值(元)	
本月进度付款(元)	
本月安全违约金(元)	
本月质量扣款未计入产值(元)	
本月付款(元)、付款比例	
统计人	

第二节　设计变更、现场签证管理规定

为规范项目工程设计变更、现场签证程序,并为实行成本动态管理和工程竣工结算提供依据,保证成本投资得到有效控制,特制定本规定。

1. 适用范围

本规定仅适用于在施工过程中发生的设计变更和现场签证。

2. 变更及签证因素

2.1　设计变更

(1) 补充图纸缺陷;

(2) 应甲方需求,原设计图纸调整;

(3) 设计规范、标准调整;

(4) 根据招标后的图纸会审、施工交底记录所作出的变更;

(5) 采纳合理化建议;

(6) 施工失误造成,需采取补救措施的;

(7) 其他因素需设计变更的。

2.2　现场签证

(1) 临时发生的现场用工;

(2) 招标后施工规范、标准调整;

(3) 地下隐蔽障碍工程及不可预见的施工处理;

(4) 在签订合同时,工程量无法准确计算;

(5) 合同范围以外的工程量增加及窝工;

(6) 因其他因素需现场签证的。

3. 变更、签证审批

3.1　需要办理现场签证时,由提出方填写"设计变更、现场签证审批单"(表2-2-1),报甲方项目经理;

3.2　建设单位项目经理接到"设计变更、现场签证审批单"后,应判定是否属于设计变更、现场签证范围:

(1) 不符合合同约定的,不予办理;

(2) 属于设计变更范围的,执行设计变更流程;

(3) 属于现场签证范围的,执行现场签证流程。

4. 变更及签证流程

4.1　设计变更流程(见设计变更、现场签证流程图)

(1) 设计经办人组织变更图纸设计;

(2) 工程部进行技术经济评价;

(3) 工程造价在5万元以下(含5万元)的,建设单位项目经理签字并组织实施;工程造价在5万元以上的,报送总经理审批后实施。

4.2　现场签证流程(见设计变更、现场签证流程图)

(1) 工程部进行经济评价;

(2) 工程造价在5万元以下(含5万元)的,建设单位项目经理签字并组织实施;工程造价在5万元以上的,报送工程部长审批后实施;

(3) 工程造价在20万元以上的,报生产副经理审批后实施。

(4) 工程造价在50万元以上的,报总经理审批后实施。

附件

设计变更、现场签证流程图(图2-2-1)

5. 变更签证实施

5.1 建设单位项目经理签字确认"按此变更、签证执行";

5.2 发监理单位、施工单位组织实施,填写"设计变更、现场签证预算审批单"(表2-2-2);

5.3 实施完毕后,施工单位填写"设计变更、现场签证回执单"表(2-2-3),经甲方、监理验收确认,作为结算凭证。

6. 记录管理

履行审批手续的"设计变更、现场签证审批通知单"和实施完毕的"设计变更、现场签证审批单",由项目部资料员编号,登入"设计变更、现场签证登记表"(表2-2-4)。每月底报送工程部。

7. 记录

1. 设计变更、现场签证审批单(表2-2-1)
2. 设计变更、现场签证预算审批单(表2-2-2)
3. 设计变更、现场签证回执单(表2-2-3)
4. 设计变更、现场签证登记表(表2-2-4)

附件

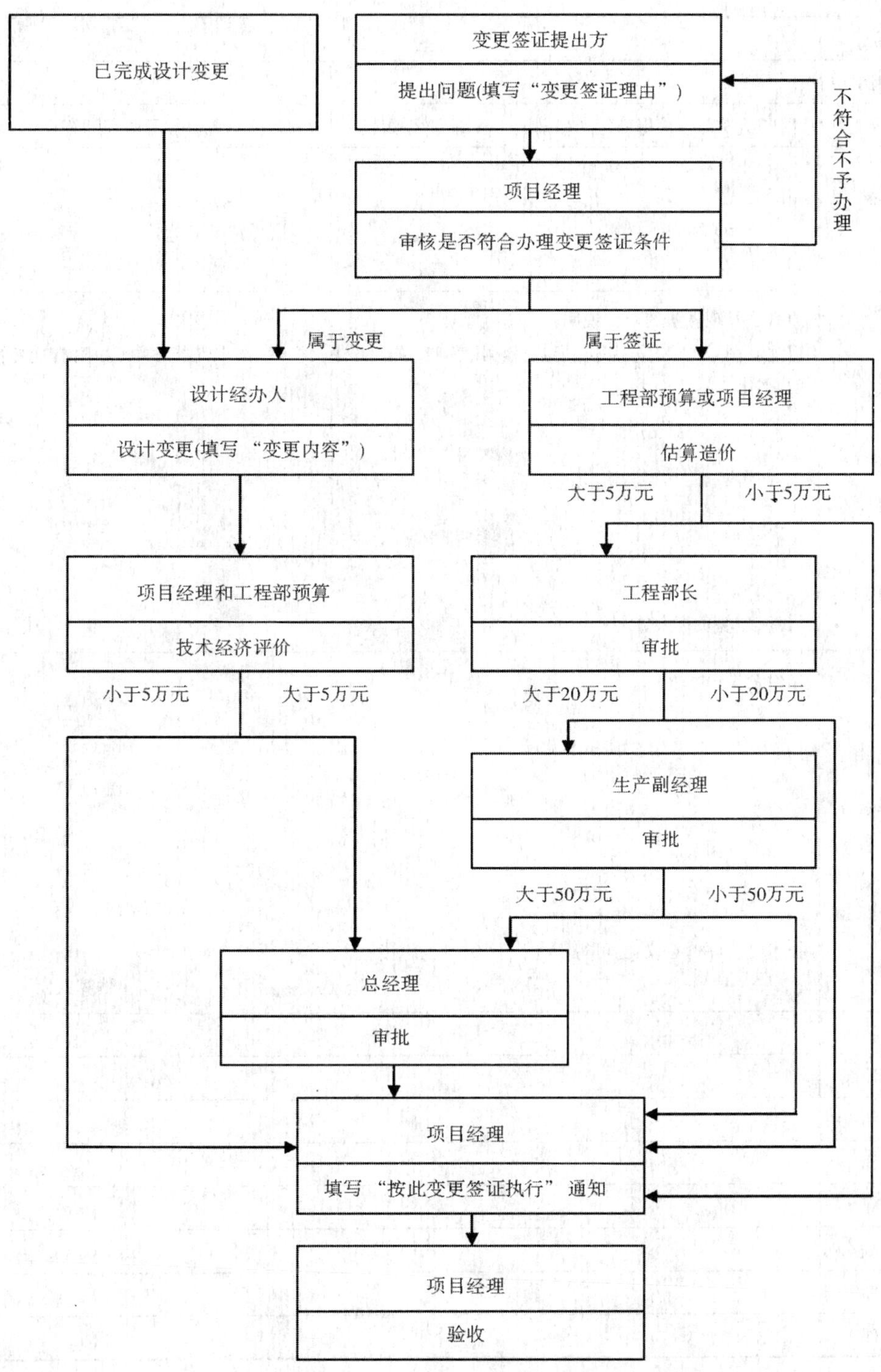

图2－2－1　设计变更、现场签证流程图

设计变更、现场签证审批单 表2-2-1

项目名称：

审批单编号： 变更编号：

合同名称：	合同编号：
施工单位：	
承担费用单位：	
提出部门：□设计院□前期部□销售部□产品部□工程部□客服部□甲方项目□总包单位□监理□客户	
变更、签证原因	
变更、签证内容	原做法及现做法的对比说明： 需注明图号、工程量、部位、层数、楼号、房型、施工方法及样图、技术性能参数（如附有变更图纸请注明）等。 设计、现场负责人签字： 年 月 日
技术经济评价	估价金额： 技术经济评价建议：□可行 □不可行 估算人：
前期部	
产品设计部	
销售部	
客服部	
工程部	
项目经理	
财务部	
总经理	

备注：本表由变更的主办部门填写并办理审批手续；费用概算在5万元以内的，项目部即可通知施工单位实施；费用概算超过5万元的，必须履行完审批手续后，方能通知施工单位实施。

设计变更、现场签证预算审批单 **表2-2-2**

报批单编号： 变更编号：

<table>
<tr><td colspan="5">施工单位：</td></tr>
<tr><td colspan="3">合同名称：</td><td colspan="2">合同编号：</td></tr>
<tr><td>变更
签证
原因</td><td colspan="4"></td></tr>
<tr><td rowspan="2">施
工
报
批
单</td><td colspan="4">变更情况(是否按此实施,有无拆改、有无费用情况)：</td></tr>
<tr><td>施工单位：

年 月 日</td><td>监理单位：

年 月 日</td><td>甲方现场工程师：

年 月 日</td><td>甲方项目经理：

年 月 日</td></tr>
</table>

备注:施工单位按当月发生的签证或变更编制预算并填写本签证报批单,每月上报监理、甲方:本报批单仅作为预算审核依据,最终结算以审核后预算和回执单为准。

设计变更、现场签证回执单 表2-2-3

回执单编号： 变更编号：

<table>
<tr><td colspan="4">施工单位：</td></tr>
<tr><td colspan="2">合同名称：</td><td colspan="2">合同编号：</td></tr>
<tr><td>变更签证原因</td><td colspan="4"></td></tr>
<tr><td rowspan="3">施工后回执</td><td colspan="4">变更情况（有无拆改情况）：</td></tr>
<tr><td colspan="4">完成情况（工程量、质量、工期等）：</td></tr>
<tr><td>施工单位：

年 月 日</td><td>监理单位：

年 月 日</td><td>甲方现场工程师：

年 月 日</td><td>甲方项目经理：

年 月 日</td></tr>
</table>

备注：本签证单原件施工单位、监理公司、甲方项目部、工程部内业各一份；本回执单按完成部位上报，逾期30日以上申报的，结算时将不予考虑。

设计变更、现场签证登记表 表2－2－4

工程项目：

序号	编号	合同编号	施工单位	签证内容摘要	运行情况	签证时间	估算造价	完成情况

第三节　安全、环境和文明施工违章处罚细则

施工单位在与建设单位签订工程项目合同时，对施工现场安全、环境和文明施工管理，同意遵守建设单位“建设开发工程安全、环境和文明施工管理规定”相关条款和“安全、环境和文明施工违章处罚细则”（下称细则），并作为工程合同附件。如施工单位在施工过程中，发生违章行为，施工单位愿接受建设单位“细则”中各项规定。

1. 建设单位和监理单位在对施工单位施工现场安全、环境和文明施工监督、监理工作中，发现存在一般、严重、重大隐患，经建设和监理单位向施工单位提出后仍不整改，施工单位应按照以下额度向建设单位缴纳违约金：

1.1　一般隐患，每起/人次罚款50元

① 进入施工现场未戴安全帽；
② 高处作业未戴安全带；
③ 穿高跟鞋、拖鞋，赤脚、赤背作业；
④ 特种作业未穿戴防护用品；
⑤ 特种作业人员安全操作证过期或无证上岗；
⑥ 电工一人带电作业；
⑦ 操作转（传）动机械设备未戴工作帽；
⑧ 易燃易爆作业场所吸烟；
⑨ 门卫室值班人员脱岗；
⑩ 生活垃圾不及时清运；
⑪ 食堂无卫生许可证；
⑫ 食堂炊事员无健康证上岗；
⑬ 使用电源插座无插头；
⑭ 各种机械设备安全操作规程挂设不全；
⑮ 安全网挂设没到位；
⑯ 应悬挂安全标志牌未挂；
⑰ 各种电缆拖地没埋地或架空；
⑱ 混凝土搅拌机（站）未搭设操作棚；
⑲ 操作电箱距离操作面过大；
⑳ 电焊机两侧缺电源接线护罩；
㉑ 电焊机接线不牢固；
㉒ 电焊机一、二线过长；
㉓ 氧气、乙炔瓶倒放、间距小；
㉔ 脚手架拉结点少、剪刀撑搭设不到位；
㉕ “四口”、“五临边”防护不到位；
㉖ 易扬尘材料无苫盖；
㉗ 流体材料未砌挡墙；
㉘ 消防器材配置少、部分失效未更换；

㉙ 明火作业未办动火审批手续；

㉚ 其他轻微违章行为；

㉛ 其他轻微缺陷。

1.2　严重隐患，每起/人次罚款100元

① 非特作业人员进行特种作业；

② 从事有毒、有害作业未戴防护用品；

③ 作业区、生活区私接乱接电源；

④ 使用电炉、碘钨灯、电热毯取暖；

⑤ 男女员工同住一室宿舍内；

⑥ 工作时间饮酒；

⑦ 清理室内垃圾随意从高处抛撒；

⑧ 随意拆解安全网作出入口；

⑨ 伙房内及食堂食品仓库住人；

⑩ 煤气罐倒放使用；

⑪ 保护零线与工作零线混接；

⑫ 工作时间赌博、打架斗殴；

⑬ 醉酒上岗作业；

⑭ 违章指挥、违章作业造成险肇事故；

⑮ 木工机械无防护装置或有装置不使用；

⑯ 木工机械无操作开关或使用倒顺开关；

⑰ 大型机械未验收使用；

⑱ 安全通道两侧防护不到位；

⑲ “四口”、“五临边”无防护；

⑳ 脚手板搭设未到位、未绑札、有探头板；

㉑ 电缆过路无保护；

㉒ 使用非标电箱；

㉓ 用二级电源代替三级使用；

㉔ 物料提升机与脚手架连接；

㉕ 卷扬机、塔吊等提升机械钢丝绳已达到报废标准仍使用；

㉖ 不封挂安全网；

㉗ 照明灯具金属外壳未接地；

㉘ 未进行三级教育、转岗教育上岗作业；

㉙ 其他严重违章行为；

㉚ 其他严重缺陷。

1.3　重大隐患，每起/人次罚款500元

① 施工现场携带小孩；

② 宿舍内兼做食堂；

③ 器材仓库兼做宿舍、伙房；

④ 使用煤气代替乙炔；

⑤ 用废铁筒烧劈柴取暖；

⑥ 伙房用劈柴、燃煤做饭、做水；

⑦ 违章指挥、违章作业造成人身轻微伤害和财产损失；

⑧ 木工使用多用刨；

⑨ 地下室作员工宿舍；

⑩ 其他重大违章行为；

⑪ 其他重大缺陷。

2. 施工单位员工发生违章行为，经建设或监理单位向施工单位提出处罚意见后，建设单位按规定向施工单位开具“交纳违约金通知单”（一式三联）。监理单位不得直接向施工单位处罚，收取现金。

3. 附件

交纳违约金通知单（一式三联）

附件

交纳违约金通知单

NO：

____________________：

你单位（员工）____________，于______年____月____日____ 时在施工现场____________部位（区域）作业时，违章作业（指挥），经多次教育仍未改正，现根据我企业《安全、环境和文明施工违章处罚细则》第____条第____款应缴纳违约金________元，违约金从工程款中扣除。

特此

通知

施工单位负责人确认：（签字）　　　　　　建设单位项目经理：（签字）

年　月　日　　　　　　年　月　日

注：本通知单为一式三联。第一联为存根，项目部留存；第二联为缴纳单位留存；第三联为资金业务主管留存。

第四节　安全生产责任制度

1. 目的

为贯彻执行"安全第一、预防为主、综合治理"的安全生产方针，明确企业各级领导、各职能部门和全体员工的安全生产责任，有效预防安全事故的发生，确保员工的安全和健康，特制定本制度。

2. 适用范围

适用于本企业所管辖范围内各部门和全体员工。

3. 职责

3.1　总经理负责安全生产责任制度的批准。

3.2　安全主管负责对本企业管辖范围内的安全生产责任制度的制定与实施。

3.3　各部门负责对其管辖范围内的安全生产责任制度的实施。

4. 工作程序

4.1　根据《安全生产法》和《建设工程安全生产管理条例》关于"建立、健全安全生产责任制度"的要求，按照企业机构岗位设置及职责分工，制定各部门和岗位员工的安全生产责任制，做到"纵向到底，横向到边"。

4.2　考核办法

4.2.1　考核依据

以各部门、各岗位安全生产责任制的内容作为考核依据。

4.2.2　项目部员工安全生产责任制（企业其他部门和岗位安全生产责任制略）

(1) 项目经理（含副项目经理）

① 在工程部领导下，持有关部门核发的安全资质证上岗。对所分管工程施工现场安全生产情况负责监督。

② 认真学习和执行相关的职业健康安全法律、法规和其他要求及本公司规章制度，带头遵守，不违章指挥。负责组织项目部员工学习，认真遵守，并对执行情况进行监督。

③ 不得向监理和施工单位提出不符合建设工程安全生产法律、法规和强制性标准的要求，不得压缩合同约定的工期，不得违章指挥。

④ 不得明示或暗示施工单位购买、租赁、使用不符合安全施工要求的防护用具、机械设备、施工机具及配件和消防设施、器材。

⑤ 参加监理单位每周五施工现场安全联检，做好日巡视，发现隐患及时向施工单位提出，并监督整改措施的落实，实施监督应有文字记载。

⑥ 负责召开施工现场安全工作例会，听取监理和施工单位汇报，协调、解决施工现场存在的安全问题，会议应有文字记载。

⑦ 负责监督施工单位安全文明施工措施费的使用，发现挪用，有权纠正或停止拨付。

⑧ 对施工现场违章指挥、违章操作的施工单位应及时予以制止，对不听劝阻者，有权停止其施工或清除出现场。

⑨ 发现施工单位发生事故，应立即向工程部报告，协调、处理抢救和善后工作，参与事故调查，并监督施工单位纠正与预防措施的落实。

⑩ 负责项目部办公区域的安全检查和员工的健康，发现问题及时解决。

(2) 专业工程师

① 依据施工组织设计、施工方案编制安全技术措施，批准后负责实施，并对实施情况进行检查。

② 参加安全技术交底和安全检查，对存在安全隐患从技术方面提出纠正措施。

③ 配合项目部开展安全检查、安全教育培训活动。

④ 推广使用“四新”时，负责编制安全技术操作规程和作业人员的安全技能培训。

⑤ 施工现场发生安全事故，参与事故调查，提出技术鉴定意见，从技术方面分析事故原因，制定相应的安全技术措施。

（3）安全员

① 施工准备阶段负责编制安全实施方案，向监理单位、施工单位提供有关安全技术资料。

② 执行日巡查和联检制度，对施工现场安全、环境和文明施工状况进行巡查，并填写“安全日志”。

③ 执行月安全总结制度，审查“监理月报”，写出月总结；

④ 对重大安全隐患进行监管和整改情况的跟踪。

⑤ 协助项目经理建立施工现场应急领导小组，制定应急救援预案。

⑥ 实行月安全考核、奖惩制度。做好对施工和监理单位安全管理工作的月考核。

⑦ 审查监理单位及安全监理人员资质和施工单位安全组织机构名单和人员资质，并分别填写监理、施工文件审查记录。

⑧ 审查施工单位编制的“安全、环境、文明施工方案”、“重大风险和重要环境因素清单”、“应急预案”、“专项安全施工技术方案”、分包与总包单位签订的“安全用电协议”等文件，并填写“施工文件审查记录”。

⑨ 审查监理单位编制的“专项安全监理实施细则”、“监理旁站记录”，并填写“监理文件审查记录”。

⑩ 审查特种作业人员资质、起重特种设备专项方案和特种设备的检测报告，并填写“施工文件审查记录”。

⑪ 负责审查总包或分包单位租赁设备的安全协议、检测报告、操作人员的资质证书等，并填写“施工文件审查记录”。

⑫ 负责对消防、保卫管理工作进行督导。对施工现场保卫人员和消防器材的配置、外来人员的管理等进行督导。

⑬ 负责对施工单位发生安全事故的上报工作，配合与协助事故调查组进行事故调查和善后处理。

（4）资料员

① 认真学习和执行建设行政主管部门有关安全保证资料的有关规定。经建设行政主管部门培训考核，持证上岗。

② 负责安全保证资料的管理，做好资料的收集、整理、审验、归档工作。归档工作及时、准确、完整，确保归档资料达到标准要求。

③ 协助安全员做好安全培训教育的组织工作。

④ 负责安全事故的统计和建立事故档案。

4.2.3　考核组织

企业考核小组由分管领导和相关部门负责人组成。企业总经理由企业上级考核；副职由总经理考核；各部门负责人由考核小组考核；部门员工由部门负责人考核；项目经理由工程部长考核;项目部员工由项目经理考核。

4.2.4　考核时间

考核分为机关和项目部员工两个层次。机关员工每年考核一次;项目部员工每半年考核一次。

4.2.5　考核评价方法

(1) 项目部员工每半年考评一次,机关员工每年考评一次。机关员工考评内容有:安全生产目标;学习、执行法律、法规和领导交办的工作;遵章守纪;办公区域安全、保卫与环境卫生管理4项内容;项目部员工增加安全生产监督一项。

(2) 员工考评内容中有17个考核点。其中:有1个保证项目,2个否定考核点;项目部员工考评内容中有21~35(不同岗位考核点不同)考核点。其中:有1个保证项目,2个否定考核点。保证项目不得分,此考核评价表为0分。

(3) 项目部员工考评中,副项目经理考评内容与项目经理相同,但在考核评定中发生相同项考评时,扣分降低一个档次。

(4) 考核评定不采用负值。评定所扣分数总和不应超过该项应得分数。

(5) 考核实得分按下列公式计算:

$$\text{总得分} = \frac{\text{考核项实得分之和}}{\text{考核项应得分之和}} \times 100$$

(6) 机关员工考核结果在90分(含90分)以上为优秀;85分(含85分)以上为称职;75分(含75分)以下为不称职。

项目部员工考核结果在85分(含85分)以上为优秀;75分(含75分)以上为称职;65分(含65分)以下为不称职。

4.2.6　考核评分标准(见附件)

4.2.7　考核奖惩

(1) 机关员工全年、项目部员工每半年考核结果为优秀者奖励责任人500元;考核结果为称职者,对责任人不奖不罚;每次考核结果为不称职者,对责任人罚款500元。

(2) 员工考核结果连续两次为不称职者,视具体情况,进行通报批评、调离本岗位,直至解除聘约。

(3) 在考核期中,如被考核人在安全工作中有突出表现、特殊贡献和立功者,在原考核总得分的基础上加5~20分,但总得分不得超过100分。

4.2.8　考核记录

(1) 每次考核结果,记录在“安全生产责任制考核表”(表2-4-1)上。

(2) 每次考核奖惩兑现情况,记录在“安全生产责任制考核兑现表”(表2-4-3)上。

附件

安全生产责任制考核评分标准

5. 记录

5.1　安全生产责任制考核表(表2-4-1)

5.2　安全生产责任制考评结果名册(表2-4-2)

5.3　安全生产责任制考核兑现表(表2-4-3)

附件

安全生产责任制考核评分标准

[一、项目经理(含副项目经理)]

序号	考核项目	分值		评分标准
		分项分	子项分	
1	安全生产目标	30		
1.1	重大安全责任事故为零			发生重大安全责任事故全年度考核为0分
1.2	所管辖项目有无事故		30	所管辖项目发生一次轻微安全事故扣10分;发生一般安全事故“第1.2项”为0分
2	学习、执行法律、法规和领导交办工作	15		
2.1	学习法律、法规		4	未参加安全教育培训扣4分;对相关法律、法规不熟悉扣1~2分
2.2	执行法律、法规		6	有“双违”行为扣1~6分;未严格执行法律、法规扣1~6分
2.3	执行领导交办工作		5	未认真执行领导交办工作扣1~5分
3	安全生产监督	40		
3.1	安全监督		15	未执行“规定”扣15分;未执行“四项制度”扣15分;执行“规定”和“制度”不到位5~15分;监督无记录扣10分;记录不完善扣2~6分
3.2	安全检查		10	未按“规定”进行安全检查扣10分;每少一次检查扣5分;无检查记录扣5分;记录不完善扣2~5分
3.3	工作总结		8	无书面总结材料扣8分;汇报材料整理不及时、不完善扣1~4分
3.4	事故调查		7	未按“规定”处理事故扣8分;处理不及时扣2~5分;事故处理无记录扣4分;记录不完善扣1~4分
4	遵章守纪	10		
4.1	遵守公司安全和环境管理规定		4	不执行公司安全和环境管理规定扣4分;安全工作中有失职行为扣1~4分;安全工作不到位扣1~4分
4.2	遵守公司作息时间规定		6	无故不上班扣6分;上班迟到、早退、干私事和有事未请假扣1~6分;有违纪行为“第4项”为0分
5	办公区域安全、保卫与环境卫生管理	5		
5.1	办公区域安全、保卫管理		3	办公区域安全、保卫管理不到位扣1~3分;发生安全和物资丢失事故、事件扣3分
5.2	办公区域环境卫生管理		2	办公区域环境卫生脏、乱、差,不及时清理扣1~2分
合计		100		

安全生产责任制考核评分标准

（二、专业工程师）

序号	考核项目	分值		评分标准
		分项分	子项分	
1	安全生产目标	30		
1.1	重大安全责任事故为零			发生重大安全责任事故全年度考核为0分
1.2	所管辖项目有无事故		30	所管辖项目发生一次轻微安全事故扣10分；发生一般安全事故“第1.2项”为0分
2	学习、执行法律、法规和领导交办工作	15		
2.1	学习法律、法规		4	未参加安全教育培训扣4分；对相关法律、法规不熟悉扣1~2分
2.2	执行法律、法规		6	有“双违”行为扣1~6分；未严格执行法律、法规扣1~6分
2.3	执行领导交办工作		5	未认真执行领导交办工作扣1~5分
3	安全生产监督	40		
3.1	编制专业安全技术措施		15	未编制专业安全技术措施扣15分；措施不完善扣4~10分
3.2	专业安全技术交底		12	未进行专业安全技术交底扣12分；交底无记录扣8分；交底不全面扣2~5分
3.3	事故调查		8	未从技术角度分析事故原因扣8分；未从技术角度提出防范措施扣6分；事故原因和防范措施不完善扣1~4分
3.4	文件资料管理		5	文件资料未整理建档扣5分；不符合文件资料管理要求扣1~3分
4	遵章守纪	10		
4.1	遵守公司安全和环境管理规定		4	不执行公司安全和环境管理规定扣4分；安全工作中有失职行为扣1~4分；安全工作不到位扣1~4分
4.2	遵守公司作息时间规定		6	无故不上班扣6分；上班迟到、早退、干私事和有事未请假扣1~6分；有违纪行为“第4项”为0分
5	办公区域安全、保卫与环境卫生管理	5		
5.1	办公区域安全、保卫管理		3	办公区域安全、保卫管理不到位扣1~3分；发生安全和物资丢失事故、事件扣3分
5.2	办公区域环境卫生管理		2	办公区域环境卫生脏、乱、差，不及时清理扣1~2分
合计		100		

安全生产责任制考核评分标准

（三、安全员）

序号	考核项目	分值		评分标准
		分项分	子项分	
1	安全生产目标	30		
1.1	重大安全责任事故为零			发生重大安全责任事故全年度考核为0分
1.2	所管辖项目有无事故		30	所管辖项目发生一次轻微安全事故扣10分;发生一般安全事故“第1.2项”为0分
2	学习、执行法律、法规和领导交办工作	15		
2.1	学习法律、法规		4	未参加安全教育培训扣4分;对相关法律、法规不熟悉扣1~2分
2.2	执行法律、法规		6	有“双违”行为扣1~6分;未严格执行法律、法规扣1~6分
2.3	执行领导交办工作		5	未认真执行领导交办工作扣1~5分
3	安全生产监督	40		
3.1	安全检查		12	未按规定进行日巡查、周联检扣12分;检查无记录扣10分;记录不完善扣1~6分;隐患未复查扣6分;复查无记录扣1~6分
3.2	安全工作月总结		6	无月总结扣6分;迟报扣1~2分
3.3	对监理、总包单位的监管		8	未监管扣8分;监管不到位扣5分;监管无记录扣6分;记录不完善扣1~3分
3.4	事故处理		7	发生事故后瞒报第3项为0分;迟报扣1~3分;事故无整改措施扣5分;措施不完善扣1~3分;事故未按“规定”处理扣6分
3.5	文件、资料管理		7	安全文件、资料未按要求填写扣1~7分;未整理建档扣1~7分
4	遵章守纪	10		
4.1	遵守公司安全和环境管理规定		4	不执行公司安全和环境管理规定扣4分;安全工作中有失职行为扣1~4分;安全工作不到位扣1~4分
4.2	遵守公司作息时间规定		6	无故不上班扣6分;上班迟到、早退、干私事和有事未请假扣1~6分;有违纪行为“第4项”为0分
5	办公区域安全、保卫与环境卫生管理	5		
5.1	办公区域安全、保卫管理		3	办公区域安全、保卫管理不到位扣1~3分;发生安全和物资丢失事故、事件扣3分
5.2	办公区域环境卫生管理		2	办公区域环境卫生脏、乱、差,不及时清理扣1~2分
合计		100		

第四节 安全生产责任制度

安全生产责任制考核评分标准

（四、资料员）

序号	考核项目	分值		评分标准
		分项分	子项分	
1	安全生产目标	30		
1.1	重大安全责任事故为零			发生重大安全责任事故全年度考核为0分
1.2	所管辖项目有无事故		30	所管辖项目发生一次轻微安全事故扣10分；发生一般安全事故“第1.2项”为0分
2	学习、执行法律、法规和领导交办工作	15		
2.1	学习法律、法规		4	未参加安全教育培训扣4分；对相关法律、法规不熟悉扣1~2分
2.2	执行法律、法规		6	有“双违”行为扣1~6分；未严格执行法律、法规扣1~6分
2.3	执行领导交办工作		5	未认真执行领导交办工作扣1~5分
3	安全生产监督	40		
3.1	安全保证资料管理		25	安全保证资料搜集整理不完善、不及时扣15分；资料建档不规范扣1~10分
3.2	配合安全员工作		15	配合安全员工作不主动扣10分；不及时扣1~5分
4	遵章守纪	10		
4.1	遵守公司安全和环境管理规定		4	不执行公司安全和环境管理规定扣4分；安全工作中有失职行为扣1~4分；安全工作不到位扣1~4分
4.2	遵守公司作息时间规定		6	无故不上班扣6分；上班迟到、早退、干私事和有事未请假扣1~6分；有违纪行为“第4项”为0分
5	办公区域安全、保卫与环境卫生管理	5		
5.1	办公区域安全、保卫管理		3	办公区域安全、保卫管理不到位扣1~3分；发生安全和物资丢失事故、事件扣3分
5.2	办公区域环境卫生管理		2	办公区域环境卫生脏、乱、差，不及时清理扣1~2分
合计		100		

安全生产责任制考核表　　表2-4-1~1

［一、项目经理(含副项目经理)］

部门：

被考核人		性别		年龄		职　务		
职责范围						考核日期	年　月　日	

考核项目	执行情况	考核结果			
		应得分		扣分	实得分
		分项分	子项分		
1.　安全生产目标		30			
1.1　重大责任事故为零					
1.2　所管辖项目有无事故			30		
2. 学习、执行法律、法规和领导交办工作		15			
2.1　学习法律、法规			4		
2.2　执行法律、法规			6		
2.3　执行领导交办工作			5		
3. 安全生产监督		40			
3.1　安全监督			15		
3.2　安全检查			10		
3.3　工作总结			8		
3.4　事故调查			7		
4. 遵章守纪		10			
4.1　遵守公司安全和环境管理规定			4		
4.2　遵守公司作息时间规定			6		
5. 办公区域安全、保卫与环境卫生管理		5			
5.1　办公区域安全、保卫管理			3		
5.2　办公区域环境卫生管理			2		
合　计		100			

考核结果	被考核人确认	被考核人：　年　月　日
	评　价	考核人：　年　月　日

安全生产责任制考核表

表 2-4-1-2

（二、专业工程师）

部门：

被考核人		性别		年龄		职务		
职责范围						考核日期	年　月　日	

<table>
<tr><td rowspan="3">考核项目</td><td rowspan="3">执行情况</td><td colspan="4">考核结果</td></tr>
<tr><td colspan="2">应得分</td><td rowspan="2">扣分</td><td rowspan="2">实得分</td></tr>
<tr><td>分项分</td><td>子项分</td></tr>
<tr><td>1. 安全生产目标</td><td></td><td>30</td><td></td><td></td><td></td></tr>
<tr><td>1.1 重大责任事故为零</td><td></td><td></td><td></td><td></td><td></td></tr>
<tr><td>1.2 所管辖项目有无事故</td><td></td><td></td><td>30</td><td></td><td></td></tr>
<tr><td>2. 学习、执行法律、法规和领导交办工作</td><td></td><td>15</td><td></td><td></td><td></td></tr>
<tr><td>2.1 学习法律、法规</td><td></td><td></td><td>4</td><td></td><td></td></tr>
<tr><td>2.2 执行法律、法规</td><td></td><td></td><td>6</td><td></td><td></td></tr>
<tr><td>2.3 执行领导交办工作</td><td></td><td></td><td>5</td><td></td><td></td></tr>
<tr><td>3. 安全生产监督</td><td></td><td>40</td><td></td><td></td><td></td></tr>
<tr><td>3.1 编制专业安全技术措施</td><td></td><td></td><td>15</td><td></td><td></td></tr>
<tr><td>3.2 专业安全技术交底</td><td></td><td></td><td>12</td><td></td><td></td></tr>
<tr><td>3.3 事故调查</td><td></td><td></td><td>8</td><td></td><td></td></tr>
<tr><td>3.4 文件资料管理</td><td></td><td></td><td>5</td><td></td><td></td></tr>
<tr><td>4. 遵章守纪</td><td></td><td>10</td><td></td><td></td><td></td></tr>
<tr><td>4.1 遵守公司安全和环境管理规定</td><td></td><td></td><td>4</td><td></td><td></td></tr>
<tr><td>4.2 遵守公司作息时间规定</td><td></td><td></td><td>6</td><td></td><td></td></tr>
<tr><td>5. 办公区域安全、保卫与环境卫生管理</td><td></td><td>5</td><td></td><td></td><td></td></tr>
<tr><td>5.1 办公区域安全、保卫管理</td><td></td><td></td><td>3</td><td></td><td></td></tr>
<tr><td>5.2 办公区域环境卫生管理</td><td></td><td></td><td>2</td><td></td><td></td></tr>
<tr><td>合　计</td><td></td><td>100</td><td></td><td></td><td></td></tr>
</table>

<table>
<tr><td rowspan="2">考核结果</td><td>被考核人确认</td><td>被考核人：　　年　月　日</td></tr>
<tr><td>评　价</td><td>考核人：　　年　月　日</td></tr>
</table>

安全生产责任制考核表

表2－4－1～3

（三、安全员）

部门：

<table>
<tr><td>被考核人</td><td></td><td>性别</td><td></td><td>年龄</td><td></td><td>职　务</td><td colspan="2"></td></tr>
<tr><td>职责范围</td><td colspan="5"></td><td>考核日期</td><td colspan="2">年　月　日</td></tr>
</table>

<table>
<tr><td rowspan="3">考核项目</td><td rowspan="3">执行情况</td><td colspan="4">考核结果</td></tr>
<tr><td colspan="2">应得分</td><td rowspan="2">扣分</td><td rowspan="2">实得分</td></tr>
<tr><td>分项分</td><td>子项分</td></tr>
<tr><td>1. 安全生产目标</td><td></td><td>30</td><td></td><td></td><td></td></tr>
<tr><td>1.1 重大责任事故为零</td><td></td><td></td><td></td><td></td><td></td></tr>
<tr><td>1.2 所管辖项目有无事故</td><td></td><td></td><td>30</td><td></td><td></td></tr>
<tr><td>2. 学习、执行法律、法规和领导交办工作</td><td></td><td>15</td><td></td><td></td><td></td></tr>
<tr><td>2.1 学习法律、法规</td><td></td><td></td><td>4</td><td></td><td></td></tr>
<tr><td>2.2 执行法律、法规</td><td></td><td></td><td>6</td><td></td><td></td></tr>
<tr><td>2.3 执行领导交办工作</td><td></td><td></td><td>5</td><td></td><td></td></tr>
<tr><td>3. 安全生产监督</td><td></td><td>40</td><td></td><td></td><td></td></tr>
<tr><td>3.1 安全检查</td><td></td><td></td><td>12</td><td></td><td></td></tr>
<tr><td>3.2 安全工作月总结</td><td></td><td></td><td>6</td><td></td><td></td></tr>
<tr><td>3.3 对监理、总包单位的监管</td><td></td><td></td><td>8</td><td></td><td></td></tr>
<tr><td>3.4 事故处理</td><td></td><td></td><td>7</td><td></td><td></td></tr>
<tr><td>3.5 文件、资料管理</td><td></td><td></td><td>7</td><td></td><td></td></tr>
<tr><td>4. 遵章守纪</td><td></td><td>10</td><td></td><td></td><td></td></tr>
<tr><td>4.1 遵守公司安全和环境管理规定</td><td></td><td></td><td>4</td><td></td><td></td></tr>
<tr><td>4.2 遵守公司作息时间规定</td><td></td><td></td><td>6</td><td></td><td></td></tr>
<tr><td>5. 办公区域安全、保卫与环境卫生管理</td><td></td><td>5</td><td></td><td></td><td></td></tr>
<tr><td>5.1 办公区域安全、保卫管理</td><td></td><td></td><td>3</td><td></td><td></td></tr>
<tr><td>5.2 办公区域环境卫生管理</td><td></td><td></td><td>2</td><td></td><td></td></tr>
<tr><td>合　计</td><td></td><td>100</td><td></td><td></td><td></td></tr>
</table>

<table>
<tr><td rowspan="2">考核结果</td><td>被考核人确认</td><td>被考核人：　　年　月　日</td></tr>
<tr><td>评　价</td><td>考核人：　　年　月　日</td></tr>
</table>

安全生产责任制考核表

表2-4-1~4

（四、资料员）

部门：

被考核人		性别		年龄		职务		
职责范围						考核日期	年 月 日	

考核项目	执行情况	考核结果			
		应得分		扣分	实得分
		分项分	子项分		
1. 安全生产目标		30			
1.1 重大责任事故为零					
1.2 所管辖项目有无事故			30		
2. 学习、执行法律、法规和领导交办工作		15			
2.1 学习法律、法规			4		
2.2 执行法律、法规			6		
2.3 执行领导交办工作			5		
3. 安全生产监督		40			
3.1 安全保证资料管理			25		
3.2 配合安全员工作			15		
4. 遵章守纪		10			
4.1 遵守公司安全和环境管理规定			4		
4.2 遵守公司作息时间规定			6		
5. 办公区域安全、保卫与环境卫生管理		5			
5.1 办公区域安全、保卫管理			3		
5.2 办公区域环境卫生管理			2		
合计		100			

考核结果	被考核人确认	被考核人： 年 月 日
	评价	考核人： 年 月 日

安全生产责任制考核结果名册 **表 2-4-2**

（　　　年度）

年　　月　　日

序号	部门	姓名	得分	序号	部门	姓名	得分

安全生产责任制考核兑现表　　表2－4－3

年　月　日

序号	姓名	职务	考核结果	奖励	处罚	本人签字

第五节　建设开发工程安全、环境和文明施工管理规定

1. 总则

1.1　为了加强本企业建设开发工程施工现场安全、环境和文明施工管理，保障人身和财产安全，保护环境质量，实施人性化管理。根据《安全生产法》、《环境保护法》、《建筑法》、《建设工程安全生产管理条例》等相关法律、法规，结合本企业具体情况制定本规定。

1.2　凡在本企业管辖区域内从事土木工程、建筑工程、线路管道和设备安装工程、装修、园林和拆除等工程的施工和监理单位以及相关人员，必须遵守本规定。

本规定所称建设开发工程施工是指前款所列工程的新建、扩建、改建活动。

1.3　建设开发工程安全、环境和文明施工管理，必须认真贯彻执行“安全第一，预防为主、综合治理”的方针，保护环境和人身健康安全。建立健全安全、环境和文明施工管理责任制。

1.4　各施工、监理单位和建设单位项目部，在施工安全、环境和文明施工管理工作中，必须遵守建设工程安全、环境和文明施工管理法律、法规及强制性标准、规定要求，不得违章指挥、违章作业。

2. 安全组织

2.1　建设单位配置专业安全管理人员，主管建设开发工程安全、环境和文明施工的监管工作；项目部应设专职安全人员负责施工现场安全、环境和文明施工监管工作。

2.2　监理单位应配置具有安全、环境和文明施工管理知识和能力的专职安全监理人员。

2.3　施工单位在施工现场应成立安全生产管理小组，建立安全、环境和文明施工管理网络，按安全专业人员配置规定配置专业人员。

3. 安全责任

3.1　建设开发工程所选择的施工单位，必须具备相应资质等级，并取得安全生产许可证的施工单位。

3.2　建设开发工程确定施工单位后，必须签订工程合同。合同中应有安全、环境和文明施工要求的内容。管网配套、设备安装、装修、园林及拆除等工程，在建设单位与施工单位签订工程合同后，及时通知所属项目部，委托总包单位统一负责施工现场安全、环境和文明施工的管理。合同到期工程尚未完工，应及时续签合同。

3.3　建设工程确定后，建设单位应与监理单位签订工程监理合同。合同中应有安全、环境和文明施工要求的内容。

3.4　建设开发工程开工前，建设单位应向监理和施工单位提供国家和本地区行政主管部门有关施工现场安全管理规程中规定的资料，并保证资料真实、准确、完整。

3.5　建设单位不得对勘查、设计、施工、监理等单位，提出不符合建设开发工程安全、环境和文明施工管理的法律、法规及强制性标准规定要求，不得压缩合同约定工期。

3.6　建设单位在编制工程概算时，应当确定建设开发工程安全、环境和文明施工措施所需费用。并监督施工单位正确使用，防止挪用。具体费用拨付办法，执行建设部和本地区

行政主管部门相关“建设工程安全文明施工措施费用管理办法”。

3.7 建设单位不得明示或暗示施工单位购买、租赁、使用不符合安全、环境和文明施工要求的防护用具、机械设备、施工机具及配件和消防设施、器材。

3.8 建设单位确定施工单位后，在领取施工许可证时，建设单位应当向建设行政主管部门提供建设工程有关安全、环境和文明施工措施的资料，并对所提供资料的真实性负责。

安全、环境和文明施工保护措施资料包括：

3.8.1 建设工程相关各方履行安全、环境和文明施工责任的书面承诺。

3.8.2 施工现场安全、环境和文明施工及建设单位提供所需费用的书面承诺。

3.8.3 对可能危及毗邻建筑物、构筑物、地下管线、地下工程保护措施的书面承诺。

3.9 建设开发工程涉及拆除工程的，建设单位必须发包给具有相应资质的施工单位，并自拆迁委托合同签订之日起15日内，将委托拆迁合同报所在地区、县拆迁办备案。

3.10 涉及到建筑主体和承重结构变动的装修工程，工程部应在施工前委托原设计单位或具备相应资质等级的设计单位提出设计方案。没有设计方案的，不得施工。

3.11 建设开发工程在开工前，应对建设施工用地设置围挡。围挡应符合《建筑施工安全检查标准》(JGJ 59—99)和本地区行政主管部门相关规定的要求。

3.12 建设单位项目部负责施工现场安全、环境和文明施工的监督管理，督促和协助监理对施工单位存在安全、环境和文明施工隐患的整改。

3.13 监理单位按照法律、法规和工程建设强制性标准，对施工现场安全、环境和文明施工实施监理，并承担监理责任。

3.14 总包单位对施工现场安全、环境和文明施工管理负全面责任。各分包单位应服从总承包单位对安全、环境和文明施工的管理。总包单位应尊重监理单位对施工现场安全、环境和文明施工的监理。

3.15 与总包单位在同一施工现场的管网配套、设备安装、装修、园林及拆除等工程的施工单位，应与总包单位签订安全、环境和文明施工要求及施工用电安全协议，明确各自安全、环境和文明施工的管理责任，并服从总包单位统一管理。

3.16 总包单位应对施工现场相关的地下管线设施和相邻建筑物、构筑物及市政、公用、电力、通信等设施进行安全防护。

3.17 施工单位在施工前，必须针对工程特点编制安全、环境和文明施工技术措施计划，经监理单位审核后，报项目部备案。

3.18 总包单位与分包单位，在开工前必须签订工程合同。合同中应有安全、环境和文明施工的具体要求。合同到期工程尚未完工的，应及时续签合同。安全合同中，不得有“发生工伤事故，责任自负”等违反法律、法规的条款。

4. 施工现场管理

4.1 总包单位的施工现场，必须符合《建设工程施工现场文明施工管理标准》要求。对现场安全、环境和文明施工管理工作实施“目标管理，过程控制”。安全、环境和文明施工必须达标，积极开展创建省、市级文明工地活动。

4.2 施工单位发生工伤事故后，应立即向监理单位和建设单位项目部报告。同时，保护好现场，抢救伤员，制定预防措施。

4.3 监理单位，应当审查“施工组织设计(方案)”中的安全技术措施(或专项技术方案）是否符合强制性标准。在施工过程中应对安全、环境和文明施工全程监理，做到日巡视。发现违章行为和安全、环境、文明施工的隐患及险肇事故，应严格执行本规定5.2中的有关规定。施工单位整改反馈后，应对整改情况进行复查，达到要求后，方可签字。

4.4　项目部对施工现场安全、环境和文明施工实施监管。

4.4.1　执行“四项制度”，即：

（1）日巡查制度。项目部在监督工程质量、工期、投资控制的同时，监督安全、环境和文明施工实施情况；

（2）施工现场安全联检制度。每周项目部配合监理单位进行；

（3）安全例会制度。每月底由工程部召开，项目经理对当月安全、环境和文明施工监督情况进行总结；

（4）月总结汇报制度。工程部专职安全人员根据监理单位填报的“施工现场安全生产监理情况月报表”进行汇总，写出当月书面总结，报主管领导。

4.4.2　对监理单位执行本“规定”的情况进行监督。

5. 奖励与处罚

5.1　奖励

在安全、环境和文明施工工作中，管理到位、做到安全生产，给予如下奖励：

5.1.1　建设单位项目部和监理及总包单位，在工程项目安全、环境和文明施工管理工作中监督、监理、管理基本到位，在工程开工至竣工期间，未发生较大及以上级别的安全事故，分别给予2~5万元奖励。

5.1.2　建设单位项目部和监理及总包单位，在工程项目安全、环境和文明施工管理工作中监督、监理、管理到位，在工程开工至竣工期间，未发生一般及以上级别的安全事故，分别给予5~10万元奖励。

5.1.3　总包单位所承担的工程，获得市级文明工地的面积总数达到或超过合同约定面积的，除按照工程合同所签订的奖励约定给予总包和监理单位奖励外，对相关人员给予如下奖励：

（1）总包单位项目经理0.5元/㎡；

（2）监理单位总监0.2元/㎡；

（3）建设单位项目经理0.2元/㎡。

5.1.4　每项奖励以各单位所管辖的全部范围为考核对象，全部范围均达到该目标后方可获得奖励。5.1.1、5.1.3项和5.1.2、5.1.3项奖励，可以兼得；5.1.1、5.1.2项不可兼得；只完成5.1.1项或5.1.2项目标，可单独获得5.1.1项或5.1.2项奖励；未完成5.1.1项目标，取消获得5.1.3项奖励的权利。5.1.1、5.1.2项奖金的分配权重以项目经理、总监为主，原则上不低于总奖金额的70%。

5.1.5　总包单位、监理单位按照5.1.1、5.1.2项奖金额度每月预提50%，完工后按照总奖金额度一次性补齐。如未达到要求，扣回预提奖金。

5.1.6　工程管理人员（含甲方、监理和施工单位）在施工过程中，安全管理工作到位，作出突出贡献和有立功表现的单位和个人，经确认后，根据具体事迹和贡献大小给予如下奖励：

（1）通报表扬；

(2)给予一次性2000~5000元奖励;

(3)本企业员工晋升月报酬;

(4)向上级申报请功。

5.2　处罚

安全管理工作实行责任追究制和一票否决权。发生较大安全事故除按本条款对总包和监理单位进行处罚外,对本企业相关部门和责任人逐级追究责任,当年不得评为先进单位及个人,当年已取得荣誉称号的予以取消。

5.2.1　总包单位(包括施工单位)在施工现场安全、环境和文明施工管理工作中,有下列行为作如下处罚:

(1) 员工发生违章行为,监理单位建议建设单位项目部按照"安全、环境和文明施工违章处罚细则"(见本书第三章第三节)进行处罚。

(2) 监理单位对同一施工单位现场,同一安全、环境和文明施工中存在的隐患,下达监理通知单后仍没有进行整改的,作如下处罚:

① 监理单位建议建设单位项目部按照"安全、环境和文明施工违章处罚细则"加倍进行处罚。同时,取消当月预提奖金,并在总奖金额中扣除;

② 给予经济处罚后,仍不整改或施工现场仍存在重大安全、环境和文明施工隐患,有可能造成事故的,监理单位应向建设单位项目部提出停工建议,经建设单位同意后向施工单位下达停工指令,隐患消除经监理单位验收合格后方可复工。

(3) 施工单位发生下列事故,如对建设单位造成恶劣影响,每发生一起给予如下处罚:

① 一般事故:处以3000元以上、1万元以下罚款;

② 发生一般事故后不认真进行整改,连续发生同类事故,按重大事故予以处罚;

③ 重大事故:处以10万元以上、50万元以下罚款,停止其施工,解除工程合同;

④ 特大事故:处以扣除工程款的1%~10%,最低罚款不低于20万元。合同款不足20万元的,余款全部扣除,解除本合同,并永远终止其在本企业的投标资格。

5.2.2　监理单位在对施工现场安全、环境和文明施工监理工作中,由于监理工作不到位、失控,致使施工现场长期存在安全、环境和文明施工隐患得不到治理,或造成事故的进行如下处罚:

(1) 监理工作不到位、失控,致使施工现场长期存在安全、环境和文明施工隐患得不到治理(连续两个月在"建设开发工程施工现场安全生产监理情况月报表"中存在同类隐患),取消当月预提奖金,并在总奖金额中扣除。仍无改进的,处以1000元以上、3000元以下罚款。

(2) 造成事故的,每发生一起,给予如下处罚:

① 一般事故:处以5000元以上、1万元以下罚款;

② 重大事故:处以5万元以上、10万元以下罚款,解除合同;

③ 特大事故:扣除全部剩余监理费,解除合同,并根据事故给建设单位造成的经济、名誉损失进行索赔。

5.2.3　建设单位项目部,在施工现场安全、环境和文明施工管理工作中,施工现场长期存在安全、环境和文明施工隐患得不到治理,或造成责任事故的,给予项目经理和责任人如下处罚:

（1）施工现场长期存在安全、环境和文明施工隐患得不到治理（连续两个月在“建设开发工程施工现场安全生产监理情况月报表”中存在同类隐患），依照“安全生产责任制度”和“岗位绩效考核办法”相关规定处罚。

（2）造成责任事故的，每发生一起，给予如下处罚：

① 一般事故：处以项目经理和责任人1000元以上、3000元以下罚款，分别给予通报批评和警告处分；

② 较大事故：处以项目经理和责任人3000元以上、5000元以下罚款，给予记过处分；

③ 重大事故，给予相关人员如下处罚：

a. 处以项目经理和责任人5000元以上、1万元以下罚款，分别给予降职和撤职处分；

b. 处以工程部长3000元以上、5000元以下罚款，给予记大过处分；

c. 处以生产副经理1000元以上、3000元以下罚款，给予记过处分；

d. 总经理除按所签订的“安全生产责任书”由上级进行处罚外，并做公开检查。

④ 特大事故，给予相关人员如下处罚：

a. 处以项目经理和责任人1万元以上、5万元以下罚款，解除聘约；

b. 处以工程部长1万元以上、2万元以下罚款，给予撤职处分；

c. 处以生产副总经理5000元以上、1万元以下罚款，给予降职处分；

d. 总经理除按所签订的“安全生产责任书”由上级进行处罚外，做公开检查，并处以3000元以上、5000元以下罚款。

注：受处分的期间为：

1）警告，6个月；

2）记过，12个月；

3）记大过，18个月；

4）降职、撤职，24个月。

5.3 从重处罚

5.3.1 施工和监理单位对施工现场发生事故后，迟报（超过12小时）的，分别按5.2.1、5.2.2项规定处罚；发生瞒报的加重一级处罚。

5.3.2 建设单位项目部对施工现场发生责任事故迟报的（超过12小时），给予项目经理警告处分；瞒报和弄虚作假的加重一级处罚。

属于非责任事故迟报的（超过12小时），给予项目经理通报批评；瞒报和弄虚作假的，按5.2.3条第（2）款中款第①、②项处罚，不予从重。

5.3.3 发生一般及以下的安全事故后，在企业内、社会上造成较大影响，无论有无人员受伤，或直接经济损失大小，对施工、监理单位按重大事故处罚，对建设单位项目部按较大事故处罚。

注：企业内、社会上影响较大：指发生安全事故后，社会介入力量解决、引起媒体注意或受到上级、主管部门批评，给企业造成负面影响的。

6. 事故分类、报告、调查与处理

6.1 事故分类

生产安全事故分为：

6.1.1 轻微事故（包括险肇事故）：员工负伤后休息1个工作日、不构成重伤事故，或直接经济损失1万元以下的事故。

6.1.2　一般事故:员工负伤构成重伤事故,或直接经济损失1万元以上、10万元以下的事故。

6.1.3　较大事故:发生轻微和一般事故,无论有无人员受伤,或经济损失大小,给建设单位在企业内、社会上造成较大影响的。

6.1.4　重大事故:死亡1人以上、3人以下的事故,或直接经济损失10万元以上、30万元以下的事故。

6.1.5　特大事故:死亡3人以上,以及性质特别严重,产生重大影响的事故,或虽未造成死亡3人以上,但直接经济损失达30万元以上的事故。

6.2　施工现场发生安全事故、事件,总包单位应立即向监理单位和建设单位项目部报告;项目部接报后,应立即向工程部报告。任何单位不得迟报、瞒报。

报告内容包括:事故发生时间、地点、单位和岗位,简要经过,人员伤亡和财产损失情况,应急救援措施,报告人、联络电话。

6.3　施工现场发生安全事故后,在向上级报告的同时,应立即启动应急救援预案,保护现场,抢救伤员,把损失降到最低点。

6.4　工程部接到事故报告后,应立即向主管副经理报告,副经理接报后向总经理报告,并向上级和有关部门报告。同时,由公司安全领导小组派员到事故现场了解情况,本着"四不放过"的要求,进行初步调查,并配合和协助有关部门进行事故调查,做好善后工作。根据事故责任单位和责任人的责任大小,按5.2条款相关规定进行处罚。

6.5　相关单位及个人违反法律及合同约定,发生安全事故构成犯罪的,依法移送公安机关追究刑事责任。

7. 附则

7.1　本规定仅适用于本企业建设开发工程,机关本部安全和环境管理,不适用本规定。

7.2　本规定各条款的解释权,属于建设单位。

7.3　本规定关于施工单位、监理单位的安全职责等内容,本企业在与施工单位、监理单位签订工程发包合同、监理合同等相关文件时,将依据本规定相关条款制定施工安全协议,该协议与工程发包合同同时签订,具有同等约束力。

7.4　本规定自批准之日起施行。

8. 相关文件

8.1　安全、环境和文明施工违章处罚细则(见本书第二章第三节)

8.2　项目工程安全和文明施工监理协议(见本书第二章第六节)

8.3　项目工程安全和文明施工协议(见本书第二章第七节)

第六节　工程项目安全和文明施工监理协议

甲方(建设单位):
乙方(监理单位):

工程项目:
工程地点:

为加强本工程项目的安全和文明施工管理,提高监督管理水平,保护施工环境质量,保障人身及财产安全,明确甲、乙双方各自职责,根据《中华人民共和国安全生产法》、国务院《建设工程安全生产管理条例》等相关法律、法规,特订立本协议。

1. 总则

1.1　乙方中标后应与甲方签订本协议。协议到期工程尚未完工,应及时办理续签手续。本协议一经签订,甲、乙双方必须认真遵守。

1.2　甲方负责施工现场安全、环境和文明施工的监督管理,督促和协助乙方对施工单位存在的安全、环境和文明施工隐患的整改。

1.3　乙方应按照相关法律、法规、规定,对本项目工程施工现场安全、环境和文明施工进行监理,并承担责任,不得违章监理。

1.4　乙方应配置具有安全、环境和文明施工管理资质和能力的专职监理人员。

2. 施工现场管理

2.1　本工程项目开工前,甲方应向乙方提供国家和本地区行政主管部门有关施工现场安全管理规程规定的资料,并保证资料真实、准确、完整。

2.2　乙方应在施工单位施工前,负责审核施工单位编制的安全、环境和文明施工技术措施计划,并报甲方备案。

2.3　乙方应在施工过程中,对安全、环境和文明施工进行全程监理,做到现场有施工活动就有安全巡视。

2.4　乙方发现施工单位违章行为和安全、环境和文明施工的隐患及险肇事故,应严格执行:

2.4.1　施工单位员工发生违章行为,乙方应按照甲方"安全、环境和文明施工违章处罚细则"提出处罚意见。

2.4.2　乙方对同一施工单位现场,同一安全、环境和文明施工中存在的隐患,下达监理通知单后,施工单位仍没有进行整改的,乙方应按照甲方相关规定作如下处罚:

(1) 按照"工程款拨付实施办法"相关规定提出处罚意见;

(2) 按照"安全、环境和文明施工违章处罚细则"提出加倍处罚意见;

(3) 给予经济处罚后,施工单位仍不整改或施工现场仍存在重大安全、环境和文明施工隐患,有可能造成事故的,经甲方项目部同意后,乙方应下达停工指令,隐患消除经验收合格后方可复工。

3. 奖励

乙方在安全、环境和文明施工监理工作中监理到位、作出突出贡献和有立功表现,甲方按具体事迹和贡献大小给予如下奖励:

3.1　在工程开工至竣工期间，未发生较大及以上级别的安全事故，甲方给予乙方项目部3万元奖励。

3.2　在工程开工至竣工期间，未发生一般及以上级别的安全事故，甲方给予乙方项目部8万元奖励。

3.3　乙方所监理的工程，获得市级文明工地的面积总数，达到或超过合同约定面积的，除按照监理合同所签订的奖励约定给予乙方奖励外，并给予乙方项目总监奖励。奖励标准为：按取得文明工地面积计算，0.2元/m^2。

3.4　乙方负责的全部项目监理范围均达到本协议第3条第3.1款、第3.2款或第3.3款约定的目标后方可获得相应奖励。

3.5　本协议第3条第3.1款和3.2款规定的奖励可以兼得；本协议第3条第3.2款和3.3款规定的奖励可以兼得；本协议第3条第3.1款和3.3款规定的奖励不可兼得；监理单位只完成本协议第3条第3.1款或本协议第3条第3.2款规定的目标，可单独获得第3条第3.1款或第3条第3.2款规定的奖励；未完成第3条第3.1款规定的目标，取消获得第3条第3.3项奖励的权利。

3.6　甲方给予乙方项目部的奖励，乙方应全部用于本项目，不得挪作他用。

3.7　奖励的发放：每月按照本协议第3条第3.1款奖金额度预提50%，完工后按照取得奖金总额一次性补齐。如预提奖金后，未完成目标，结算时追回预提奖金。

4. 违约责任

4.1　监理工作不到位、失控，致使施工现场长期存在安全、环境和文明施工隐患得不到治理（连续两个月在“建设开发工程施工现场安全生产监理情况月报表”中存在同类隐患），取消当月预提奖金，并在总奖金额中扣除。仍无改进的，处以1000元以上、3000元以下罚款。

4.2　因乙方监理不到位或违章监理而造成事故的，每发生一起，给予如下处罚：

4.2.1　一般事故：甲方扣除乙方违约金1万元；

4.2.2　重大事故：甲方扣除乙方违约金10万元，同时甲方与乙方解除合同；无人员死亡，甲方扣除乙方违约金5万元，同时甲方与乙方解除合同。

4.2.3　特大事故：甲方扣除乙方全部未付监理费，同时甲方与乙方解除合同，因该事故给甲方造成的经济、名誉损失的，乙方应当承担赔偿责任。

4.2.4　发生事故后，造成较大影响（即发生安全事故后，社会介入力量解决、引起媒体注意或受到上级、主管部门批评，给甲方造成负面影响的），无论有无人员受伤，或直接经济损失大小，乙方均应按照本协议第4条的相关规定承担违约责任。

5. 附则

5.1　本协议经甲、乙双方签署后生效，为监理合同的附件，与监理合同具有同等法律效力。本协议未尽事宜，可按照《建设工程安全生产管理条例》及本地区相关建设工程施工安全管理规定执行。

5.2　本协议中涉及的相关安全事故等级，按“安全事故分类”执行。

甲方（建设单位）：　　　　　　　　乙方（监理单位）：

法人代表：　　　　　　　　　　　　法人代表：

签署日期：　　年　月　日　　　　　签署日期：　　年　月　日

第七节　工程项目安全和文明施工协议

甲方(建设单位):
乙方(总包单位):

工程项目:
工程地点:

为加强本项目工程的安全和文明施工管理,提高施工管理水平,保护施工环境质量,保障人身及财产安全,明确甲、乙双方各自职责。根据《中华人民共和国安全生产法》、国务院《建设工程安全生产管理条例》及本地区《建设工程施工安全管理规定》等相关法律、法规,特订立本协议。

1. 总则

1.1　乙方中标后应与甲方签订本协议。协议到期工程尚未完工,应及时办理续签手续。本协议一经签订,甲、乙双方必须认真遵守。

1.2　甲方负责施工现场安全、环境和文明施工的监督管理,乙方负责实施和日常管理。

1.3　乙方应按照相关法律、法规、规定,对本工程项目施工现场安全、环境和文明施工进行管理,并承担责任。不得野蛮施工、不得扰民、不得违章指挥和违章作业。

1.4　乙方负责本项目的施工现场,安全、环境和文明施工必须达标,积极开展创建省、市、区(县)级文明工地活动。

1.5　乙方在施工现场应成立安全生产管理小组,建立安全、环境和文明施工管理网络,按安全专业人员配置规定配置专业人员。

1.6　本工程项目实行施工总承包,由乙方对施工现场的安全、环境和文明施工全面负责。分包单位应当服从乙方对施工现场的安全、环境和文明施工管理。

2. 施工现场管理

2.1　甲方应当向乙方提供与施工现场相关的地下管线设施等资料,乙方应当采取措施加以保护。乙方应当对与施工现场相邻的建筑物、构筑物及市政、公用、电力、通信等设施进行安全防护。

2.2　建设开发工程开工前,甲方应向乙方提供国家和本地区行政主管部门相关施工现场安全管理规定中的资料,并保证资料真实、准确、完整。

2.3　甲方负责在本项目工程开工前,对建设施工用地设置应符合《建筑施工安全检查标准》(JGJ 59—99)及本地区行政主管部门规定的实体围档。

2.4　乙方与分包单位,在开工前签订的工程合同中,应有安全、环境和文明施工的具体要求。合同到期工程尚未完工的,应及时续签合同。

2.5　乙方应与本项目工程的管网配套、设备安装、装修、园林及拆除等工程的施工单位,签订“安全、环境和文明施工协议”及“施工用电安全协议”,明确各自安全、环境和文明施工的管理责任,并由乙方统一管理。

2.6　乙方在施工前,必须针对工程特点编制安全、环境和文明施工技术措施计划,经监理单位审核后，报甲方备案。

2.7 施工现场发生安全事故，乙方应负责保护事故现场，并立即向监理单位和甲方作出书面报告，不得迟报、瞒报。

3. 奖励

3.1 乙方在工程开工至竣工期间，未发生较大及以上级别的安全事故，甲方给予乙方项目部5万元奖励。

3.2 乙方在工程开工至竣工期间，未发生一般及以上级别的安全事故，甲方给予乙方项目部10万元奖励。

3.3 乙方所承担的工程，获得市级文明工地的面积总数达到或超过合同约定面积的，除按照工程合同所签订的奖励约定给予乙方奖励外，并给予乙方项目经理奖励，奖励标准为：按取得文明工地面积计算，0.5元/m^2。

3.4 乙方获取本协议第3条所述奖励，应当符合以下条件：

3.4.1 乙方应当是总包单位，非总包的乙方不获得本协议第3条规定的奖励。

3.4.2 乙方负责的工程项目全部达到该目标后，方可获得奖励。

3.4.3 本协议第3条第3.1款和3.3款规定的奖励可以兼得；本协议第3条第3.2款和3.3款规定的奖励可以兼得；本协议第3条第3.1款和3.2款规定的奖励不可兼得；乙方只完成本协议第3条第3.1款或本协议第3条第3.2款规定的目标，可单独获得第3条第3.1款或第3条第3.2款规定的奖励；未完成第3条第3.1款规定的目标，取消获得第3条第3.3款奖励的权利。

3.5 甲方给予乙方项目部的奖励，乙方应全部用于本项目，不得挪作他用。

3.6 奖励的发放：每月按照本协议第3条第3.1款奖金额度预提50%，完工后按照取得奖金总额一次性补齐。未完成目标，结算时追回预提奖金。

4. 违约责任

4.1 乙方员工发生违章行为，甲方按照“安全、环境和文明施工违章处罚细则进行处罚”。

4.2 若监理单位对施工现场安全、环境和文明施工中存在的隐患，下达监理通知单后，乙方仍没有进行整改的，应承担以下违约责任：

4.2.1 甲方缓拨工程进度款。乙方整改达到要求，经监理验收签证后，缓拨工程进度款于次月补发。具体缓拨系数，执行“工程款拨付实施办法”。

4.2.2 监理单位建议甲方按照“安全、环境和文明施工违章处罚细则”加倍处罚。同时，取消当月预提奖金，并在总奖金额中扣除。

4.2.3 处罚后，乙方仍不整改或施工现场仍存在重大安全、环境和文明施工隐患，有可能造成事故的，监理单位上报甲方，建议下达停工指令，隐患消除经监理验收合格后方可复工。

4.3 乙方发生事故，对甲方造成恶劣影响，每发生一起应承担以下违约责任：

4.3.1 一般事故：每发生1次，甲方扣除乙方违约金1万元；

4.3.2 发生一般事故后，乙方不认真进行整改，连续发生同类事故，甲方按照重大事故扣除乙方违约金；

4.3.3 重大事故：有人员死亡的，每发生一起，甲方扣除乙方违约金50万元，同时，甲方与乙方解除工程合同；无人员死亡，仅造成经济损失的，每发生一起，甲方扣除乙方违约金5万元；

4.3.4 特大事故：甲方扣除乙方合同额的10%的违约金，同时甲方与乙方解除工程合同,并永远终止乙方在甲方的投标资格。

4.3.5　发生一般及以下的安全事故后,造成较大影响(即发生安全事故后,社会介入力量解决、引起媒体注意或受到上级、主管部门批评,给甲方造成负面影响的)。无论有无人员受伤,或直接经济损失大小,乙方均应按照本协议第4条4.3款相关规定承担违约责任。

4.4　因乙方违反本协议或国家和本地区关于施工安全管理方面的规定,发生安全事故的,由乙方承担由此产生的人身伤亡赔偿、财产损失赔偿及其他一切赔偿责任及损失,并承担其他相应一切法律责任,在安全事故未彻底解决完毕前,甲方暂停支付工程款,直至解决完毕。

5. 附则

5.1　本协议经甲、乙双方签署后生效,为工程合同的附件,与工程合同具有同等法律效力。本协议未尽事宜,可按照《建设工程安全生产管理条例》及本地区相关建设工程施工安全管理法规、规定执行。

5.2　本协议中涉及的相关安全事故等级,按“安全事故分类”执行。

甲方(建设单位):　　　　　　　　乙方(施工单位):

签字代表:　　　　　　　　　　　签字代表:

签署日期:　　　年　月　日　　　签署日期:　　　年　月　日

第三章　工程项目人力资源管理

第一节　工程部岗位入职标准

为规范工程部工程管理各岗位员工入职标准，以适应企业发展需求，根据岗位设置，特制定本标准。

1. 通则：基本素质和管理能力

凡工程部各岗位员工均需具备以下所列基本素质：

1.1　基本素质

1.1.1　具有良好的职业道德和品质，服从领导，遵纪守法、敬业爱岗、诚信尽责。

1.1.2　具有开拓创新精神和良好的服务意识，事业心强，勇于承担责任。

1.1.3　具有团队精神，善于处理工作关系，维护建设工程相关方的利益，保守项目商业秘密。

1.1.4　身心健康、精力充沛，能与群体融合，具有团结协作精神。

1.2　管理能力

1.2.1　适用于工程部长、项目经理、业务主管；

(1) 具有符合相应工程规模要求的技术及管理知识和丰富的项目管理经验；

(2) 具有较强的综合管理能力，组织协调能力，社会活动能力和应对突发事件与抗风险能力，以及业务谈判技巧；

(3) 能充分运用企业法定代表人及合同文本赋予的权力，组织和实施建设项目工程的管理与运行。

1.2.2　工程管理人员

(1) 具有担任本岗位要求的技术业务管理知识和经验；

(2) 具有独立完成和处理本岗位工作能力和应对突发事件及抗风险能力；

(3) 掌握和运用本岗位技术、业务相关的法律、法规和其他要求，处理本岗有关技术、业务问题；

(4) 能够认真完成领导临时交办的工作。

2. 入职条件

2.1　工程部长

2.1.1　具有大学本科以上文化程度，工程项目管理经历 8 年以上，或具有大专以上文化程度，工程项目管理经历 10 年以上。

2.1.2　具有工程系列工程师以上和国家一级注册建造师，或注册结构工程师、建筑师、监理工程师、造价工程师、安全工程师执业资质，并参加过国际(工程)项目管理资质认证或工程总承包管理岗位职业标准的培训。

2.1.3　具有大型工程项目管理经验，至少承担过 3 个投资在 1 亿元以上的建设工程的主要管理任务。

2.1.4　根据项目工程特点,能够带领所分管范围工程管理人员熟练运用项目工程管理方法,圆满完成建设工程各项任务。

2.1.5　具备一定的外语和计算机操作水平,能够阅读或识别外文图纸和相关文件。

2.2　项目经理,共分四个等级。

2.2.1　一级项目经理

(1) 具有大学本科以上文化程度,工程项目管理经历 8 年以上,或具有大专以上文化程度,工程项目管理经历 10 年以上;

(2) 具有国家一级注册建造师(或注册结构工程师、建筑师、监理工程师、造价工程师)执业资质,并参加过国际(工程)项目管理专业资质认证或工程总承包项目经理岗位职业标准的培训;

(3) 具有大型工程项目管理经验,至少承担过两个投资在 1 亿元以上的建设工程项目的主要管理任务;

(4) 根据工程项目特点,能够带领项目部管理人员熟练运用项目管理方法,圆满完成建设工程各项任务;

(5) 具备一定的外语水平,能够阅读或识别外文图纸和相应文件;

(6) 能够认真完成领导临时交办的工作。

2.2.2　二级项目经理

(1) 具有大学本科以上文化程度,工程项目管理经历 6 年以上,或具有大专以上文化程度,工程项目管理经历 8 年以上;

(2) 具有国家一级注册建造师(或注册结构师、建筑师、监理工程师、造价工程师)执业资质;

(3) 具有大型工程项目管理经验,至少承担过一个 1 亿元以上的工程项目的主要管理任务;

(4) 具有一定的外语知识;

(5) 能够认真完成领导临时交办的工作,做到:"事先请示,事后报告,事事有结果"。

2.2.3　三级项目经理

(1) 具有大专以上文化程度,施工管理经历 4 年以上,或具有中专以上文化程度,施工管理经历 6 年以上;

(2) 具有二级注册建造师及相应专业的职业资质;

(3) 具有中型以上工程项目管理经验,至少承担过一个 3000 万元以上工程项目的主要管理任务;

(4) 能够认真完成领导临时交办的工作,做到:"事先请示,事后报告,事事有结果"。

2.2.4　四级项目经理

(1) 具有大专以上文化程度,施工管理经历 2 年以上,或中专以上文化程度,施工管理经历 3 年以上;

(2) 经过项目经理岗位职业资质标准培训,并取得岗位职业资质证书;

(3) 具有小型工程项目管理经验;

(4) 能够认真完成领导临时交办的工作,做到:"事先请示,事后报告,事事有结果"。

2.2.5　附则

项目经理入职条件系原建设部颁发的《建设工程项目经理岗位职业资质管理导则》中的

要求,各条款均应具备,缺一不可。为提高竞争意识,鼓励先进,结合本企业具体情况,做如下调整:

(1)一级项目经理

①工程项目管理经历和经验,其中有一项达不到规定要求,但具备大学本科以上文化程度和高级职称,管理经历至少要在4年以上,管理经验可降低一个等级;具有大专以上文化程度和高级职称,管理经历至少要在6年以上,管理经验可降低一个等级;

②工程项目管理经历和经验均达不到规定年限和等级,但具有大学本科以上文化程度和高级职称,管理经历至少要在5年以上,管理经验不得降低;具有大专以上文化程度和高级职称,管理经验至少要在6年以上,管理经验不得降低。

(2)二、三、四级项目经理"规定"条件不作调整。

第二节　工程项目管理人员岗位职责

1. 项目经理

1.1　负责组建项目部,明确每个岗位职责和分工。

1.2　负责制定"项目管理方案"。

1.3　负责组织施工现场的三通一平,清除地上、地下障碍物,创造良好的施工环境,做好开工前的各项准备工作。

1.4　负责制定工程项目进度计划网络图,审查并协调总包和监理单位工程进度计划和控制方案,达到执行进度计划的一致性和同步性,对施工进度进行全面控制与管理。

1.5　负责监督专业工程、分项分部工程质量控制工作,对工程质量终身负主要责任。

1.6　年初与工程部长签订年度"安全生产责任书",对施工现场的安全、环境和文明施工负全责。

1.7　负责组织项目部有关人员和相关单位向物业公司进行工程项目各项移交工作。

1.8　负责组织项目部成员对监理和施工单位实施监督与管理。

1.9　参与对供方考察、推荐工作。

1.10　参与对供方履约评估;

1.11　配合招标业务主管编制及更新采购计划。

1.12　指定专业工程师负责采购合同履约跟踪、到货验收、签发付款单。

1.13　指定专业工程师负责重要材料设备现场封样。

1.14　参与技术标评审,提出评标意见,需要时参与谈判工作。

1.15　协助招标业务主管,提供招标的技术、质量、安全和验收保修等要求。

1.16　监督乙方对合同的履约。

1.17　配合成本业务主管,对本项目施工全过程成本进行控制。

2. 专业工程师

2.1　土建专业工程师,对建筑与结构工程质量和室内外、装饰装修工程质量控制负直接责任。

2.2　暖通专业工程师对给水排水、采暖通风、空调工程质量控制负直接责任。

2.3　电气工程师对电气工程、智能工程、电梯工程质量控制负直接责任。

2.4　各专业工程师对本专业负责的分部工程的关键部位实施重点控制，严格要求监理进行旁站监理。

2.5　各专业工程师对本专业的分部工程参加验收，代表建设单位对验收结论负直接责任。

2.6　各专业工程师对本专业负责的分部工程，在交工后如发生诉讼和维修率高或发生业主赔偿，专业工程师负一定责任。

2.7　暖通和电气专业工程师，负责工程竣工后向物业公司交接设备安全和功能试运行交接验收。

3. 安全员

3.1　施工准备阶段负责编制安全实施方案，向监理单位和施工单位提供有关安全技术资料。

3.2　执行日巡查和联检制度，对施工现场安全、环境和文明施工安全状况进行巡查，并填写“安全日志”。

3.3　执行月安全总结制度，审查“监理月报”，写出月总结。

3.4　对重大安全隐患进行监管和整改情况的跟踪。

3.5　协助项目经理建立施工现场应急领导小组，制定应急救援预案。

3.6　实行月安全考核、奖惩制度，协助项目经理做好对施工和监理单位进行安全管理工作的月考核。

3.7　审查监理单位及安全监理人员资质和施工单位安全组织机构名单和人员资质，并填写审查记录。

3.8　审查施工单位编制的“安全、环境、文明施工方案”、“重大风险和重要环境因素清单”、“应急预案”、“专项安全施工技术方案”、分包与总包单位签订的“安全用电协议”等文件，并填写“施工文件审查记录”。

3.9　审查监理单位编制的“专项安全监理实施细则”、“监理旁站记录”，并填写“监理文件审查记录”。

3.10　审查特种作业人员资质、起重特种设备专项方案和特种设备的检测报告，并填写“施工文件审查记录”。

3.11　负责审查总包或分包单位租赁设备的安全协议、检测报告、操作人员的资质证书等，并填写“施工文件审查记录”。

3.12　负责对消防、保卫管理进行督导。对施工现场保卫人员和消防器材的配置、外来人员的管理等进行督导。

3.13　负责对施工单位发生安全事故的上报工作，配合与协助事故调查组进行事故调查和善后处理。

4. 资料员

4.1　负责收集和接收由监理和总包单位提交的监理和施工文件。

4.2　负责图纸、项目监理及本企业各种文件等的收集、整理、建档和移交。

4.3　负责项目部有关的法律、法规、标准及文件资料的管理。

4.4　负责向物业公司移交工程项目文件资料。

第三节　工程项目管理人员绩效考核评定办法

1. 目的

为了不断完善激励和约束机制,使工程项目管理人员绩效考核评定工作做到有章可循和公正、公平,特制定本办法。

2. 适用范围

本办法适用于本企业工程部全体员工。

3. 职责

3.1　主管生产副总经理,负责绩效考核评定结果的审定。

3.2　工程部部长,负责本部门绩效考核评定工作。

3.3　工程部全体员工认真执行本办法。

4. 工作程序

4.1　考评依据

依据“绩效考核评定评分标准”作为考评依据。考核标准分通则、工作目标、管理工作3个方面。

4.2　考评组织

工程部组成绩效考评小组,负责考评结果奖惩的审定。

4.3　考评时间

每半年考评1次,半年为中评,年末为总评。

4.4　考评方法

4.4.1　考评程序

(1) 针对不同岗位,考评工作分两个层次。工程部长负责对驻现场项目经理和业务主管的考评;项目部员工,由项目经理负责考评。

(2) 每个员工对照“考评评分标准”进行自评,填写“绩效考核评定表”(表3-4-1),由各层次主管领导考评,报考评小组评定,经主管副总经理审定后,交被考评人确认,进行公示。

4.4.2　评分方法

(1) 考核评定评分标准中包括:通则、工作目标和管理工作三项内容,其中:通则系基本要求,适用于全体员工。

(2) 三项考核评定内容中,通则占30分,目标占30分,管理工作占40分,合计100分。通则和管理工作中的否定考评点不得分,该分项为0分;目标中的否定考评点不得分,全部考评表为0分。

(3) 副项目经理考评内容与项目经理相同,但在考核评定时发生相同项考评时,扣分降低一个档次。

(4) 考核评定不采用负值。三项评定所扣分数总和不应超过该项应得分数。

(5) 考核实得分按下列公式计算:

$$总得分 = \frac{考核项实得分之和}{考核项应得分之和} \times 100$$

(6) 在考核期中,被考核人有突出表现、特殊贡献和立功者,在考核总得分中加5~20

分,但总得分不得超过 100 分。

4.4.3 考评结果分级

考评结果分为:优秀、称职和不称职三个等级。

(1) 优秀:考评结果为 85 分(含 85 分)以上;

(2) 称职:考评结果为 84 分以下,70 分(含 70 分)以上;

(3) 不称职:考评结果为 69 分以下。

4.4.4 考评奖惩

考评奖惩依照企业"奖惩规定"如下条款执行:

(1) 优秀:每半年考评结果为优秀者奖励 1000 元,连续两次评定优秀者年总评奖励 3000 元;

(2) 称职:不奖不罚;

(3) 不称职:

①每半年考评为不称职者,除罚款 1000 元,在部会议上通报批评外,并责成被考评人制定改进措施;

②全年考评为不称职者,除罚款 2000 元外,并视具体情节,待岗学习,直至解除聘约。

4.4.5 考评记录

(1) 每次考评结果,记录在"绩效考核评定表"(表 3-4-1)上

(2) "绩效考核评价结果明细表"(表 3-4-2)

(3) 每次考评奖惩情况,记录在"绩效考核评定兑现表"(表 3-4-3)上。

附件

绩效考核评定评分标准(工程部其他岗位评分标准略)

5. 记录

5.1 绩效考核评定表(表 3-4-1)(工程部其他岗位考评表略)

5.2 绩效考核评价结果明细表(表 3-4-2)

5.3 绩效考核评定兑现表(表 3-4-3)

附件

绩效考核评定评分标准

［项目经理(含副项目经理)］

序号	考核项目	分值		评分标准
		分项分	子项分	
1	通则	20		
1.1	敬业爱岗 工作热情高,主动执行任务,服从领导,敢于负责,认真办理公司交办工作		5	工作不主动,办事拖拉,不负责任扣1~5分;不服从领导扣5分
1.2	遵守规章 遵守和执行与本岗位相关的法律、法规和公司各项规章制度和管理程序		4	不认真执行法律、法规扣1~4分;有事不请假和工作时间办私事每次扣1分;迟到、早退一次扣0.2分
1.3	学习进取 学习本岗位业务知识,参加教育培训,不断充实自己		4	不参加教育培训扣2分;对本岗位相关业务知识不学习扣2分
1.4	团结协作 与领导和同事相互沟通,相互帮助,具有团队精神		4	工作中不沟通、不协作、缺乏团队精神扣1~4分
1.5	服务意识 具有良好职业道德,为业主(服务方)服务好		3	不认真办理业主(服务方)提出的问题扣1~3分;发生违纪行为本次考评为零分
2	工作目标	30		
2.1	工程质量		12	
2.1.1	严重工程质量责任事故为零			发生严重质量责任事故,本年度考核评定结果为0分
2.1.2	一般质量事故为零		5	发生一起一般质量事故,“2.1.2项”为0分
2.1.3	入住后返修数量小于1.85个/户		5	实际返修数量超过目标的20%之内扣1分;超过40%之内扣3分;超过40%以上,“2.1.3项”为0分
2.1.4	业主满意率95%		2	未达到目“2.1.4项”为0分
2.2	安全与文明施工管理		12	
2.2.1	重大安全责任事故为零			发生重大安全责任事故,本年度考核评定结果为0分
2.2.2	轻微安全事故为零		8	发生轻微安全事故一起,扣4分;发生两起以上(含两起)2.2.2考核项为0分
2.2.3	险兆事故		4	每发生一起险兆事故,扣1分
2.3	工程进度:计划完成100%		6	实际完成时间比计划每拖延10天,扣1分
3	管理工作	50		

续表

序号	考核项目	分值		评分标准
		分项分	子项分	
3.1	项目工程管理方案		3	不符合相关法律法规和其他要求扣2分;不完善扣1分;在开工前半个月内未完成扣1分
3.2	对监理、总包单位施工文件审查			
3.2.1	对监理单位工程监理文件审查		2	对监理单位组织人员资质、规划、交底、施工进度控制方案等文件审查漏项、不及时扣1~2分;无审查记录扣2分
3.2.2	对总包单位施工文件审查		2	对总包单位组织人员资质、施工总进度计划等文件审查漏项、不及时扣1~2分;无审查记录扣2分
3.3	工程图纸会审、变更		2	处理工程图纸会审中的问题不及时扣1分;未按公司规定办理设计变更扣2分;处理设计变更不及时扣1分;无记录扣2分
3.4	工程竣工验收			
3.4.1	工程竣工预验收		3	无工程预验收报告扣1.5分;无工程预验收整改意见书扣1.5分;报告和意见书内容不完善扣1分
3.4.2	工程验收和备案		3	无竣工验收报告扣2分;无竣工验收备案资料扣2分;报告和资料不完善扣1分
3.4.3	向物业进行移交		5	向物业进行移交内容漏项、手续不全扣1~5分
3.5	工程后评价工作		5	不按程序内容评价、漏项、不真实扣1~5分;评价资料未按时完成扣2分
3.6	工程日常监督			
3.6.1	工程质量监督和检查		6	质量监督和检查不到位扣1~8分
3.6.2	现场安全与文明措施监督检查		6	不认真执行“四项制度”扣1~5分;检查无记录扣1~3分
3.6.3	执行“工程签证制度”和“工程款拨付办法”		3	未认真执行“工程签证制度”和“工程款拨付办法”扣1~4分
3.6.4	建立应急救援组织		4	未组建应急救援组织扣2分;未制定应急救援方案扣2分;措施不落实扣2分
3.6.5	发生重大质量、安全事故处理		6	发生重大事故迟报、谎报扣6分;未在一周内写出书面报告扣2分;未建立事故档案扣2分;瞒报和对事故处理不利造成次生伤害“3”项为零分
合计		100		

第三节　工程项目管理人员绩效考核评定办法

绩效考核评定评分标准

（专业工程师）

序号	考核项目	分值		评分标准
		分项分	子项分	
1	通则	20		
1.1	敬业爱岗 工作热情高，主动执行任务，服从领导，敢于负责，认真办理公司交办工作		5	工作不主动，办事拖拉，不负责任扣1～5分；不服从领导扣5分
1.2	遵守规章 遵守和执行与本岗位相关的法律、法规和公司各项规章制度和管理程序		4	不认真执行法律、法规扣1～4分；有事不请假和工作时间办私事每次扣1分；迟到、早退一次扣0.2分
1.3	学习进取 学习本岗位业务知识，参加教育培训，不断充实自己		4	不参加教育培训扣2分；对本岗位相关业务知识不学习扣2分
1.4	团结协作 与领导和同事相互沟通，相互帮助，具有团队精神		4	工作中不沟通、不协作、缺乏团队精神扣1～4分
1.5	服务意识 具有良好职业道德，为业主（服务方）服务好		3	不认真办理业主（服务方）提出的问题扣1～3分；发生违纪行为本次考评为零分
2	工作目标	30		
2.1	工程质量			
2.1.1	严重工程质量责任事故为零			发生严重质量责任事故，本年度考核评定结果为0分
2.1.2	一般质量事故为零		5	发生一起一般质量事故，“2.1.2项”为0分
2.1.3	入住后返修数量小于1.85个/户		5	实际返修数量超过目标的20%之内扣1分；超过40%之内扣3分；超过40%以上，“2.1.3项”为0分
2.1.4	业主满意率95%		2	未达到目标“2.1.4项”为0分
2.2	安全与文明施工管理			
2.2.1	重大安全责任事故为零			发生重大安全责任事故，本年度考核评定结果为0分
2.2.2	轻微安全事故为零		8	发生轻微安全事故一起，扣4分；发生两起以上（含两起）2.2.2考核项为0分
2.2.3	险兆事故		4	每发生一起险兆事故，扣1分
2.3	工程进度：计划完成100%		6	实际完成时间比计划每拖延10天，扣1分
3	管理工作	50		

续表

序号	考核项目	分值		评分标准
		分项分	子项分	
3.1	施工组织设计审查		2	未有审查施工单位施工组织设计记录扣2分;记录不完善扣0.5~1分
3.2	图纸会审		2	未有专业图纸会审记录扣2分;记录不完善扣0.5~1分
3.3	定位、测量、放线复测		2	未有引测记录扣2分;记录不完善扣0.5~1分
3.4	材料、构配件、设备验收		4	未有专业工程施工单位进场材料、构配件、设备验收记录扣4分;记录不完善扣0.5~2分
3.5	对监理单位的监督			
3.5.1	审查监理方案		2	未有审查监理方案记录扣2分;记录不完善扣0.5~1分
3.5.2	抽查旁站记录		2	未有抽查旁站记录扣2分;记录不完善扣0.5~1分
3.6	工程关键部位监督		5	未有关键部位监督记录扣5分;记录不完善扣0.5~3分
3.7	工程质量监督			
3.7.1	工程质量检查		5	未有工程质量检查记录扣5分;记录不完善扣0.5~3分
3.7.2	工程质量验收		10	未有单项工程质量验收记录扣4分;未按质量控制程序4.7条款进行4项验收扣6分;记录不完善扣0.5~5分
3.8	工程竣工预验收		8	未有工程验收报告扣4分;报告内容不完善扣0.5~2分;未有预验收整改意见书扣4分;报告书内容不完善扣0.5~4分
3.9	向物业交接		2	未有向物业交接手续扣2分;手续不完善扣1~2分
3.10	售后维修服务		4	未有售后工程质量维修统计记录扣4分;记录不完善扣0.5~3分
3.11	工程文件、资料管理		2	文件、资料未整理建档扣2分;不符号建档要求扣0.5~1分
合计		100		

第三节　工程项目管理人员绩效考核评定办法

绩效考核评定评分标准

（安全员）

序号	考核项目	分值		评分标准
		分项分	子项分	
1	通则	20		
1.1	敬业爱岗 工作热情高，主动执行任务，服从领导，敢于负责，认真办理公司交办工作		5	工作不主动，办事拖拉，不负责任扣1～5分；不服从领导扣5分
1.2	遵守规章 遵守和执行与本岗位相关的法律、法规和公司各项规章制度和管理程序		4	不认真执行法律、法规扣1～4分；有事不请假和工作时间办私事每次扣1分；迟到、早退一次扣0.2分
1.3	学习进取 学习本岗位业务知识，参加教育培训，不断充实自己		4	不参加教育培训扣2分；对本岗位相关业务知识不学习扣2分
1.4	团结协作 与领导和同事相互沟通，相互帮助，具有团队精神		4	工作中不沟通、不协作、缺乏团队精神扣1～4分
1.5	服务意识 具有良好职业道德，为业主（服务方）服务好		3	不认真办理业主（服务方）提出的问题扣1～3分；发生违纪行为本次考评为零分。
2	工作目标	30		
2.1	施工现场安全检查到位率100%		12	每降低一个百分点扣3分
2.2	隐患排查到位率100%		10	每降低一个百分点扣3分
2.3	应急救援措施落实100%		8	每降低一个百分点扣2分
3	管理工作	50		
3.1	安全检查			
3.1.1	日巡查、周联检		10	无日巡查、周联检记录扣6～10分；记录不完善扣1～10分
3.1.2	安全隐患排查		6	无隐患排查记录扣6分；隐患处理无结果扣5分；记录不完善扣1～6分
3.2	安全工作月总结		4	无月总结扣4分；迟报扣0.5～2分
3.3	对监理、总包单位的监管			
3.3.1	对监理单位的监管		10	对监理单位机构及人员资格审查不到位扣2分；未按时填报月安全考核表扣2分；未复核监理安检记录、联系单和监理实施细则（安全部分）及特种设备、人员资质扣1～10分；各项监督工作无记录扣10分；记录不完善扣1～10分
3.3.2	对总包单位的监管		7	未对总包单位安全合同机构、人员（包括特种作业人员）设备和文明施工、环境控制进行监管扣1～7分；对重大风险和重要环境因素清单和应急预案未审查扣2～4分；各项安全监管工作无记录扣6分；记录不完善扣1～7分
3.4	事故处理		8	发生事故后未及时报告和整改措施未审查第3项为0分；事故书面报告超过6天扣2分；未有审查记录扣3分；记录不完善扣1～8分
3.5	文件、资料管理		5	安全文件、资料未按要求填写扣1～5分；未整理建档扣1～5分
合　计		100		

绩效考核评定评分标准

（资料员）

序号	考核项目	分值		评分标准
		分项分	子项分	
1	通则	20		
1.1	敬业爱岗 工作热情高，主动执行任务，服从领导，敢于负责，认真办理公司交办工作		5	工作不主动，办事拖拉，不负责任扣1~5分，不服从领导扣5分
1.2	遵守规章 遵守和执行与本岗位相关的法律、法规和公司各项规章制度和管理程序		4	不认真执行法律、法规扣1~4分，有事不请假和工作时间办私事每次扣1分；迟到、早退一次扣0.2分
1.3	学习进取 学习本岗位业务知识，参加教育培训，不断充实自己		4	不参加教育培训扣2分，对本岗位相关业务知识不学习扣2分
1.4	团结协作 与领导和同事相互沟通，相互帮助，具有团队精神		4	工作中不沟通、不协作、缺乏团队精神扣1~4分
1.5	服务意识 具有良好职业道德，为业主（服务方）服好务		3	不认真办理业主（服务方）提出问题扣1~3分；发生违纪行为本通则全项为零分
2	工作目标	30		
2.1	分部、分项工程报验资料及时		12	分部、分项工程报验资料不及时扣1~5分
2.2	工程完工备案资料及时		8	工程完工备案资料不及时1~5分
2.3	工程竣工后档案资料整理、移交完整、及时		10	工程竣工后档案资料整理不完整扣1~5分；不及时扣1~5分
3	管理工作	50		
3.1	接收公司的各种管理文件，及时进行登记、标识		8	文件登记不及时、未标识扣1~8分
3.2	接收的监理、施工单位的文件，及时进行登记、整理、归档		8	接收的文件登记、整理、归档不及时扣1~8分
3.3	对相关工程所需用的法律、法规、标准、规范应及时进行辨识、获取和更新，并做好发放记录		8	发现一次不符合标准要求扣0.5分。
3.4	项目经理交办的内勤工作		6	未及时完成项目经理交办的工作一次扣1分
3.5	项目工程竣工后，及时向物业公司办理文件移交手续		10	向物业公司移交不及时、不完整扣1~10分
3.6	文件资料整理、立卷，及时向公司移交		10	向公司移交的文件不及时、不完整扣1~10分
合计		100		

绩效考核评定表

表 3-4-1~1

[项目经理(含副项目经理)]

部门:

<table>
<tr><td>被考核人</td><td colspan="2"></td><td>性别</td><td></td><td>年龄</td><td></td><td colspan="2">职　务</td><td colspan="2"></td></tr>
<tr><td>职责范围</td><td colspan="6"></td><td colspan="2">考核日期</td><td colspan="2">年　月　日</td></tr>
<tr><td rowspan="3" colspan="2">序　号</td><td rowspan="3" colspan="2">考核项目</td><td rowspan="3" colspan="3">执行情况</td><td colspan="4">考核结果</td></tr>
<tr><td colspan="2">应得分</td><td rowspan="2">扣分</td><td rowspan="2">实得分</td></tr>
<tr><td>分项分</td><td>子项分</td></tr>
<tr><td colspan="2">1</td><td colspan="2">通则</td><td colspan="3"></td><td>20</td><td></td><td></td><td></td></tr>
<tr><td colspan="2">1.1</td><td colspan="2">敬业爱岗
工作热情高,主动执行任务,服从领导,敢于负责,认真办理公司交办工作</td><td colspan="3"></td><td></td><td>5</td><td></td><td></td></tr>
<tr><td colspan="2">1.2</td><td colspan="2">遵守规章
遵守和执行与本岗位相关的法律、法规和公司各项规章制度和管理程序</td><td colspan="3"></td><td></td><td>4</td><td></td><td></td></tr>
<tr><td colspan="2">1.3</td><td colspan="2">学习进取
学习本岗位业务知识,参加教育培训,不断充实自己</td><td colspan="3"></td><td></td><td>4</td><td></td><td></td></tr>
<tr><td colspan="2">1.4</td><td colspan="2">团结协作
与领导和同事相互沟通,相互帮助,具有团队精神</td><td colspan="3"></td><td></td><td>4</td><td></td><td></td></tr>
<tr><td colspan="2">1.5</td><td colspan="2">服务意识
具有良好职业道德,为业主(服务方)服务好</td><td colspan="3"></td><td></td><td>3</td><td></td><td></td></tr>
<tr><td colspan="2">2</td><td colspan="2">工作目标</td><td colspan="3"></td><td>30</td><td></td><td></td><td></td></tr>
<tr><td colspan="2">2.1</td><td colspan="2">工程质量</td><td colspan="3"></td><td></td><td></td><td></td><td></td></tr>
<tr><td colspan="2">2.1.1</td><td colspan="2">严重工程质量责任事故为零</td><td colspan="3"></td><td></td><td></td><td></td><td></td></tr>
<tr><td colspan="2">2.1.2</td><td colspan="2">一般质量事故为零</td><td colspan="3"></td><td></td><td>5</td><td></td><td></td></tr>
<tr><td colspan="2">2.1.3</td><td colspan="2">入住后返修数量小于1.85个/户</td><td colspan="3"></td><td></td><td>5</td><td></td><td></td></tr>
<tr><td colspan="2">2.1.4</td><td colspan="2">业主满意率95%</td><td colspan="3"></td><td></td><td>2</td><td></td><td></td></tr>
<tr><td colspan="2">2.2</td><td colspan="2">安全与文明施工管理</td><td colspan="3"></td><td></td><td></td><td></td><td></td></tr>
<tr><td colspan="2">2.2.1</td><td colspan="2">重大安全责任事故为零</td><td colspan="3"></td><td></td><td></td><td></td><td></td></tr>
<tr><td colspan="2">2.2.2</td><td colspan="2">轻微安全事故为零</td><td colspan="3"></td><td></td><td>8</td><td></td><td></td></tr>
<tr><td colspan="2">2.2.3</td><td colspan="2">险肇事故</td><td colspan="3"></td><td></td><td>4</td><td></td><td></td></tr>
<tr><td colspan="2">2.3</td><td colspan="2">工程进度:计划完成100%</td><td colspan="3"></td><td></td><td>6</td><td></td><td></td></tr>
<tr><td colspan="2">3</td><td colspan="2">管理工作</td><td colspan="3"></td><td>50</td><td></td><td></td><td></td></tr>
<tr><td colspan="2">3.1</td><td colspan="2">项目工程管理方案</td><td colspan="3"></td><td></td><td>3</td><td></td><td></td></tr>
<tr><td colspan="2">3.2</td><td colspan="2">对监理、总包单位施工文件审查</td><td colspan="3"></td><td></td><td></td><td></td><td></td></tr>
<tr><td colspan="2">3.2.1</td><td colspan="2">对监理单位工程监理文件审查</td><td colspan="3"></td><td></td><td>2</td><td></td><td></td></tr>
</table>

续表

被考核人			性别		年龄		职务			
职责范围							考核日期	年　月　日		
序号	考核项目	执行情况	考核结果			
			应得分		扣分	实得分
			分项分	子项分		
3.2.2	对总包单位施工文件审查			2		
3.3	工程图纸会审、变更			2		
3.4	工程竣工验收					
3.4.1	工程竣工预验收			3		
3.4.2	工程验收和备案			3		
3.4.3	向物业进行移交			5		
3.5	工程后评价工作			5		
3.6	工程日常监督					
3.6.1	工程质量监督和检查			6		
3.6.2	现场安全与文明措施监督检查			6		
3.6.3	执行“工程签证制度”和“工程款拨付办法”			3		
3.6.4	建立应急救援组织			4		
3.6.5	发生重大质量、安全事故处理			6		
合计			100			
考核结果	被考核人确认	被考核人：　　年　月　日				
	评价	考核人：　　年　月　日				

绩效考核评定表

表3-4-1~2

（专业工程师）

部门：

被考核人		性别		年龄		职务		
职责范围						考核日期	年 月 日	

序号	考核项目	执行情况	考核结果			
			应得分		扣分	实得分
			分项分	子项分		
1	通则		20			
1.1	敬业爱岗 工作热情高，主动执行任务，服从领导，敢于负责，认真办理公司交办工作			5		
1.2	遵守规章 遵守和执行与本岗位相关的法律、法规和公司各项规章制度和管理程序			4		
1.3	学习进取 学习本岗位业务知识，参加教育培训，不断充实自己			4		
1.4	团结协作 与领导和同事相互沟通，相互帮助，具有团队精神			4		
1.5	服务意识 具有良好职业道德，为业主（服务方）服务好			3		
2	工作目标		30			
2.1	工程质量					
2.1.1	严重工程质量责任事故为零					
2.1.2	一般质量事故为零			5		
2.1.3	入住后返修数量小于1.85个/户			5		
2.1.4	业主满意率95%			2		
2.2	安全与文明施工管理					
2.2.1	重大安全责任事故为零					
2.2.2	轻微安全事故为零			8		
2.2.3	险肇事故			4		
2.3	工程进度：计划完成100%			6		
3	管理工作		50			
3.1	施工组织设计审查			2		
3.2	图纸会审			2		
3.3	定位、测量、放线复测			2		

续表

被考核人		性别		年龄		职务		
职责范围						考核日期	年　月　日	

序号	考核项目	执行情况	考核结果			
			应得分		扣分	实得分
			分项分	子项分		
3.4	材料、构配件、设备验收			4		
3.5	对监理单位的监督					
3.5.1	审查监理方案			2		
3.5.2	抽查旁站记录			2		
3.6	工程关键部位监督			5		
3.7	工程质量监督					
3.7.1	工程质量检查			5		
3.7.2	工程质量验收			10		
3.8	工程竣工预验收			8		
3.9	向物业交接			2		
3.10	售后维修服务			4		
3.11	工程文件、资料管理			2		
合计			100			
考核结果	被考核人确认	被考核人：　年　月　日				
	评价	考核人：　年　月　日				

绩效考核评定表

表3－4－1～3

（安全员）

部门：

被考核人		性别		年龄		职务		
职责范围						考核日期	年 月 日	

序号	考核项目	执行情况	考核结果			
			应得分		扣分	实得分
			分项分	子项分		
1	通则		20			
1.1	敬业爱岗 工作热情高，主动执行任务，服从领导，敢于负责，认真办理公司交办工作			5		
1.2	遵守规章 遵守和执行与本岗位相关的法律、法规和公司各项规章制度和管理程序			4		
1.3	学习进取 学习本岗位业务知识，参加教育培训，不断充实自己			4		
1.4	团结协作 与领导和同事相互沟通，相互帮助，具有团队精神			4		
1.5	服务意识 具有良好职业道德，为业主（服务方）服务好			3		
2	工作目标		30			
2.1	施工现场安全检查到位率100%			12		
2.2	隐患排查到位率100%			10		
2.3	应急救援措施落实100%			8		
3	管理工作		50			
3.1	安全检查					
3.1.1	日巡查、周联检			10		
3.1.2	安全隐患排查			6		
3.2	安全工作月总结			4		
3.3	对监理、总包单位的监管					
3.3.1	对监理单位的监管			10		
3.3.2	对总包单位的监管			7		
3.4	事故处理			8		
3.5	文件、资料管理			5		
合计			100			

考核结果	被考核人确认	被考核人： 年 月 日
	评价	考核人： 年 月 日

绩效考核评定表　　**表 3-4-1~4**

（资料员）

部门：

被考核人		性别		年龄		职务		
职责范围						考核日期	年　月　日	

序号	考核项目	执行情况	考核结果			
			应得分		扣分	实得分
			分项分	子项分		
1	通则		20			
1.1	敬业爱岗 工作热情高，主动执行任务，服从领导，敢于负责，认真办理公司交办工作			5		
1.2	遵守规章 遵守和执行与本岗位相关的法律、法规和公司各项规章制度和管理程序			4		
1.3	学习进取 学习本岗位业务知识，参加教育培训，不断充实自己			4		
1.4	团结协作 与领导和同事相互沟通，相互帮助，具有团队精神			4		
1.5	服务意识 具有良好职业道德，为业主（服务方）服务好			3		
2	工作目标		30			
2.1	分部、分项工程报验资料及时			12		
2.2	工程完工备案资料及时			8		
2.3	工程竣工后档案资料整理、移交完整、及时			10		
3	管理工作		50			
3.1	接收公司的各种管理文件，及时进行登记、标识			8		
3.2	接收的监理、施工单位的文件，及时进行登记、整理、归档			8		
3.3	对相关工程所需用的法律、法规、标准、规范应及时进行辨识、获取和更新，并做好发放记录			8		
3.4	项目经理交办的内勤工作			6		
3.5	项目工程竣工后，及时向物业公司办理文件移交手续			10		
3.6	文件资料整理、立卷，及时向公司移交			10		
合计			100			
考核结果	被考核人确认	被考核人：　　年　月　日				
	评价	考核人：　　年　月　日				

绩效考核评价结果明细表 **表3－4－2**

年　　半年

年　　月　　日

序号	姓　　名	职　　务	考核结果		备　　注
			自评	评价	

绩效考核评定兑现表 表3-4-3

年 月 日

序号	姓 名	职 务	考核结果	奖励	处罚	本人签字

附　　录

一、相关法律、法规和其他要求清单

1. 施工质量验收规范清单

序号	规 范 名 称	编 码
1	建筑工程施工质量验收统一标准	GB 50300—2001
2	建筑地基基础工程施工质量验收规范	GB 50202—2002
3	砌体工程施工质量验收规范	GB 50203—2002
4	混凝土结构工程施工质量验收规范	GB 50204—2002
5	钢结构工程施工质量验收规范	GB 50205—2001
6	木结构工程施工质量验收规范	GB 50206—2002
7	屋面工程质量验收规范	GB 50207—2002
8	地下防水工程质量验收规范	GB 50208—2002
9	建筑地面工程施工质量验收规范	GB 50209—2002
10	建筑装饰装修工程质量验收规范	GB 50210—2001
11	建筑防腐蚀工程施工及验收规范	GB 50212—2002
12	建筑给水排水及采暖工程施工质量验收规范	GB 50242—2002
13	通风与空调工程施工质量验收规范	GB 50243—2002
14	建筑电气工程施工质量验收规范	GB 50303—2002
15	电气装置安装工程、电气设备交接试验标准	GB 50150—91
16	电梯工程施工质量验收规范	GB 50310—2002
17	智能建筑工程质量验收规范	GB 50339—2003
18	民用建筑工程室内环境污染控制规范	GB 50325—2001
19	建筑工程施工质量评价标准	GB /T 50375—2006
20	混凝土强度检测评定标准	JGJ 107—87
21	钢结构高强度螺栓连接设计,施工及验收规程	JGJ 82—91
22	钢筋焊接及验收规程	JGJ 18—2003
23	外墙饰面砖工程施工及验收规范	JGJ 126—2000
24	建筑工程施工质量评价标准	GB /T 50375—2006
25	建筑节能施工质量验收规范	GB 50411—2007
26	建筑涂饰工程施工及验收规范	JGJ 29—2003

2. 施工技术规程清单

序号	规 程 名 称	编 码
1	地下工程防水技术规范	GB 50108—2008
2	混凝土外加剂应用技术规程	GB 50119—2003
3	混凝土质量控制标准	GB 50164—92
4	建筑边坡工程技术规程	GB 50330—2002
5	住宅装饰装修工程施工规范	GB 50327—2001
6	屋面工程技术规范	GB 50345—2004
7	型钢混凝土组合结构技术规程	JGJ 138—2001
8	高层建筑混凝土结构技术规程	JGJ 3—2002
9	普通混凝土配合比设计规程	JGJ 55—2000
10	锚杆喷射混凝土支护技术规程	GB 50086—2001
11	建筑地基处理技术规程	JGJ 79—2002
12	建筑钢结构焊接技术规程	JGJ 81—2002
13	预应力筋用锚具、夹具和连接器应用技术规范	JGJ 85—92
14	建筑桩基础技术规范	JGJ 94—2008
15	砌筑砂浆配合比设计规程	JGJ 98—2000
16	高层民用建筑钢结构技术规程	JGJ 99—98
17	建筑工程冬期施工规程	JGJ 104—97
18	钢筋机械连接通用技术规程	JGJ 107—2003 J 257—2003
19	金属与石材幕墙工程技术规程	JGJ 133—2001
20	外墙外保温工程技术规程	JGJ 144—2004
21	建筑给水钢塑复合管管道工程技术规程	(CECS 125—2001)
22	建筑给水铝塑复合管管道工程技术规程	(CECS 105—2000)
23	建筑给水超薄壁不锈钢塑料复合管管道工程技术规程	(CECS 135—2002)
24	埋地硬聚氯乙烯给水管道工程技术规程	(GB 50086—2001)
25	建筑基坑支护技术规程	JGJ 120—99
26	地面辐射供暖技术规程	JGJ 142—2004

3. 建筑材料标准、规范清单(一)

序号	标 准、规 范 名 称	编 码
1	硅酸盐水泥、普通硅酸盐水泥	GB 175—1999
2	矿渣硅酸盐水泥、粉煤灰硅酸盐水泥	GB 1344—1999
3	复合硅酸盐水泥	GB 12958—1999
4	砌筑水泥	GB/T 3188—2003
5	铝酸盐水泥	GB 201—2000
6	快硬硅酸盐水泥	GB 199—1990
7	用于水泥和混凝土中的粉煤灰	GB 1596—1991
8	天然沸石粉	JGJ/T 112—1997
9	普通混凝土用砂石或卵石质量标准及检验方法	JGJ 52—1992
10	建筑用砂	GB/T 14684—2001
11	普通混凝土用碎石或卵石质量标准检验方法	JGJ 53—1992
12	建筑用卵石、碎石	GB/T 14685—2001
13	建筑生石灰	JC/T 479—1992
14	建筑生石灰粉	JC/T 480—1992
15	建筑消石灰粉	JC/T 481—1992
16	建筑石膏	GB 9776—1988
17	烧结普通砖	GB/T 5101—2003
18	烧结多孔砖	GB/T 13544—2000
19	烧结空心砖、空心砌块	GB 13545—2003
20	冷轧扭钢筋	JGJ 90—2006
21	碳素钢结构	GB 700—1988
22	钢筋混凝土用热轧带肋钢筋	GB 1499—1998
23	冷轧带肋钢筋	GB 13788—2000
24	预应力混凝土用钢筋	GB/T 5223—2003
25	预应力混凝土用钢绞线	GB/T 5224—2003

3. 建筑材料标准、规范清单(二)

序号	标 准、规 范 名 称	编 码
26	低碳钢热轧圆盘条	GB/T 701—1997
27	钢筋混凝土用热轧光圆钢筋	GB 13013—1991
28	室内装饰装修材料溶剂型木器涂料中有害物质限量	GB 18581—2001
29	室内装饰装修材料内墙涂料中有害物质限量	GB 18582—2001
30	室内装饰装修材料胶粘剂中有害物质限量	GB 18583—2001
31	室内装饰装修材料人造板及其制品中甲醛释放限量	GB 18580—2001
32	室内装饰装修材料木家具中有害物质限量	GB 18584—2001
33	室内装饰装修材料壁纸中有害物质限量	GB 18585—2001
34	室内装饰装修材料聚氯乙烯卷材地板中有害物质限量	GB 18586—2001
35	室内装饰装修材料地毯中有害物质释放限量	GB 18587—2001
36	混凝土外加剂中释放氨的限量	GB 18588—2001
37	建筑材料放射性核素限量	GB 6566—2001
38	沥青防水卷材	GB 50207—2002
39	高聚物改性沥青防水卷材	GB 50208—2002
40	改性沥青聚乙烯胎防水卷材	GB 18967—2003
41	塑性体改性沥青防水防水卷材	GB 18243—2000
42	混凝土外加剂应用技术规范	GB 50119—2003
43	塑料门窗安装及验收规程	JGJ 103—96
44	板式换热器	GB 16409—1996
45	金属密封蝶阀	JB/T 8527—1997
46	平面、凸面整体钢制管法兰	GB/T 91131—2000
47	混凝土泵送剂	JC 473—2000
48	混凝土膨胀剂	JC 476—2001

4. 有关安全、标准规程清单

序号	标 准 、规 范 名 称	编 码
1	施工企业安全生产评价标准	JGJ/T 77—2003
2	建筑施工安全检查标准	JGJ 59—99
3	建筑机械使用安全技术规范	JGJ 33—2001
4	龙门架及井架物料提升机安全技术规程	JGJ 88—92
5	建筑施工门式钢管脚手架安全技术规程	JGJ 128—2000
6	建筑施工扣件式钢管脚手架安全技术规程	JGJ 130—2001
7	建筑施工高处作业安全技术规程	JGJ 80—91
8	施工现场临时用电安全技术规范	JGJ 46—2005
9	高处作业吊蓝安全规则	JGJ 5027—2000
10	塔式起重机械操作使用规程	JGJ/T 100—1999
11	建筑卷扬机	GB/T 1955—1998
12	建筑卷扬机安全规程	GB 13329—1995
13	塔式起重机安全规程	GB 5144—2006
14	施工升降机安全规则	GB 1055—1995
15	起重吊运指挥信号	GB 5082—1985
16	企业职工伤亡事故分类	GB 6441—86
17	常用危险化学品的分类及标志	GB 13690—92
18	高处作业分级	GB 3608—83
19	体力劳动强度分级	GB 3869—1997
20	安全标志	GB 2894—1996
21	密目式安全立网	GB 16909—1997
22	安全帽	GB 2811—1989
23	安全网	GB 5725—1997
24	安全带	GB 5725—1997
25	漏电保护器安全和运行	GB 13955—92

5. 有关安全法律、法规和其他要求清单(一)

序号	法律、法规和其他要求名称	编　码
1	中华人民共和国刑法(第31－139、397条)	1997－3－14修订
2	中华人民共和国安全生产法	主席令第70号
3	中华人民共和国消防法	主席令第4号
4	中华人民共和国劳动合同法	主席令第65号
5	中华人民共和国工会法	主席令第57号
6	中华人民共和国妇女权益保障法	主席令第58号
7	中华人民共和国未成年人保护法	主席令第50号
8	中华人民共和国食品卫生法	主席令第59号
9	中华人民共和国建筑法	主席令第91号
10	中华人民共和国放射性污染防治法	主席令第6号
11	中华人民共和国职业病防治法	主席令第61号
12	中华人民共和国道路交通安全法	主席令第8号
13	中华人民共和国尘肺病防治条例	国发[1987]105号
14	建设工程安全生产管理条例	国务院令第393号
15	中华人民共和国工伤保险条例	国务院令第375号
16	安全生产许可证条例	国务院令第397号
17	危险化学品安全管理条例	国务院令第344号
18	特种设备安全监察条例	国务院令第373号
19	女职工劳动保护规定	国务院令第9号
20	建筑施工企业安全生产许可证管理规定	建设部令第128号
21	城市建筑垃圾管理规定	建设部令第139号
22	建筑施工企业安全生产管理机构设置及专职安全生产管理人员配备办法	建质[2008]91号
23	危险性较大工程安全专项施工安全编制及专家论证审查办法	建质[2004]213号
24	建筑施工特种作业人员管理规定	建质[2008]75号
25	建筑起重机械备案登记办法	建质[2008]76号

5. 有关安全法律、法规和其他要求清单(二)

序号	法律、法规和其他要求名称	编 码
26	建筑施工企业主要负责人、项目负责人和专职安全生产管理人员安全生产考核管理暂行规定	建质[2004]59号
27	建筑施工企业安全生产许可证动态监督暂行办法	建质[2008]121号
28	关于建筑施工特种作业人员考核工作的意见	建办质[2008]41号
29	建筑起重机械安全监督管理规定	建设部第166号令2008.1.28
30	关于印发《塔式起重机拆装管理暂行规定》的通知	建建[1997]第86号
31	施工现场安全防护用具及机械设备使用监督管理规定	建建[1998]第164号
32	安全生产违法行为行政处罚办法	国家安监总局第15号2007
33	安全生产事故隐患排查治理暂行办法	国家安监总局第16号2007
34	特种设备作业人员监督管理办法	国质监总令第70号
35	厂内机动车辆监督检验规程	国质检锅[2002]16号
36	关于开展起重安全专项治理的通知	国质检锅联[2003]170号
37	气瓶安全监察规定	国家质检局46号
38	机关、团体、企业、事业单位消防安全管理规定	公安部61号
39	关于进一步加强建筑工地食品卫生管理工作的通知	卫监督发[2005]94号
40	建筑项目职业病危害分类管理办法	卫生部22号
41	职业病诊断与鉴定管理办法	卫生部24号
42	职业健康管理办法	卫生部令23号
43	职业病目录	卫生监发[2002]108号
45	女职工禁忌劳动范围的规定	劳安字[1996]2号
46	女职工保健工作规定	卫妇发[1993]11号
47	劳动保护用品管理规定	劳部发[1996]138号
48	劳动保护用品配备规定	国经贸安全[2000]189号
49	劳动防护用品选用规则	GB 11651 AUDC 675—682
50	建筑业企业职工安全培训教育暂行规定	建教[1997]83号

6. 有关环境法律、法规和其他要求清单(一)

序号	法律、法规和其他要求名称	编 码
1	中华人民共和国宪法(第9、22、26条)	2004.3.14 人大通过修正
2	中华人民共和国刑法(第338、339、344、346条)	主席令第[33]号
3	中华人民共和国建筑法(第41条)	主席令第[91]号
4	中华人民共和国环境保护法	主席令第[22]号
5	中华人民共和国水污染防治法	全国人大常委会 2008-6-01 实施
6	中华人民共和国大气污染防治法	主席令第[32]号
7	中华人民共和国环境噪声污染防治法	主席令第[77]号
8	中华人民共和国固体废物污染环境防治法	主席令第[31]号
9	中华人民共和国节约能源法	全国人大常委会第28次会 议修订 2008-4-01 实施
10	中华人民共和国清洁生产促进法	主席令第[72]号
11	中华人民共和国放射性污染防治法	主席令第[6]号
12	中华人民共和国行政许可法(第12条)	主席令第[7]号
13	中华人民共和国环境影响评价法	主席令第[77]号
14	中华人民共和国食品卫生法	主席令第[59]号
15	中华人民共和国水污染防治法实施细则	主席令第[284]号
16	中华人民共和国大气污染防治法实施细则	环保总局令[1991]5号
17	危险化学品安全管理条例	主席令第[344]号
18	国家危险废物名录	环境保护部国家 发改委令第1号
19	排污费征收使用管理条例	主席令第[369]号
20	建筑项目环境保护管理条例	主席令第[253]号
21	建筑项目环境影响评价文件分级审批规定	国环总局令[15]号
22	中华人民共和国地面水环境质量标准	GB 3838—2002
23	污水综合排放标准	GB 8978—1996
24	大气污染物综合排放标准	GB 16297—1996
25	锅炉大气污染物排放标准	GB 13271—2001

6. 有关环境法律、法规和其他要求清单(二)

序号	法律、法规和其他要求名称	编　码
26	环境空气质量标准	GB 3095—1996
27	饮食业油烟排放标准	GB 18483—2001　修订
28	建筑施工场界噪声限值	GB 12523—90
29	建筑施工场界噪声限值测量方法	GB 12524－90
30	工业企业场界噪声标准	GB 12348—90
31	城市区域环境噪声标准	GB 3096—93
32	汽油车怠速污染物排放标准	GB 14761.5—93
33	柴油车自由加速烟度排放标准	GB 14761.6—93
34	室内装饰装修材料建筑材料放射性核素限量	GB 6566—2001
35	废电污染防治技术政策	环发[2003]163 号
36	节水型生活用水器具	GJ 164—2002
37	城市建设垃圾管理规定	建设部令第 139 号
38	关于加强建筑工程室内环境质量管理的若干意见	建设部 建办质[2002]17 号
39	建筑施工安全生产检查标准(文明施工检查第 3.5.9.11)条	JGJ 59－99
40	建筑工程安全生产管理条例(第 4.8.11.30 条)	国务院令第 393 号
41	施工现场环境与卫生检查标准	JGJ 146—2004
42	民用建筑工程市内环境污染控制规范	GB 50325—2001

7. 相关管理法律、法规清单

序号	法律、法规名称	编码
1	中华人民共和国合同法	国家主席令第15号
2	中华人民共和国招标投标法	国家主席令第21号
3	工程建设项目施工招标投标办法	2003年3月8日 建设部第七部令
4	建设工程价款估算暂行办法	财政部建设部2004年369号
5	建设工程质量管理条例	2000年国务院令第279号
6	房屋建筑工程质量保修书(示范文本)	建设部、工商建建[2000]185号
7	建设工程质量保证金管理暂行办法	建设部、财政部、建委[2005]2号
8	房屋建筑工程和市政基础工程竣工验收备案管理暂行办法	建设部令第79号2000年
9	房屋建筑工程质量保修办法	建设部令第80号2000年
10	实施工程建设强制性标准监督规定	建设部令第81号2000年
11	建设工程施工许可证管理办法	建设部令第91号2001年
12	建筑工程监理规定	GB 50319—2000
13	建设工程文件归档整理规范	GB/T 50328—2001
14	第一批实施强制性产品认证的产品目录	国家质量监督检验检疫总局国家认证认可监督管理委员会 2001年第33号公告 2004年第6号公告 2004年第62号公告
15	第二批装饰装修产品实施强制性产品认证名录	
16	第三批实施强制性产品认证的安全技术防范产品目录	
17	淘汰落后生产能力、工艺和产品的目录(第一批)	中华人民共和国国家经济贸易委员会分别于 1999年1月22日 1999年12月30日 2002年6月2日公布
18	淘汰落后生产能力、工艺和产品的目录(第二批)	
19	淘汰落后生产能力、工艺和产品的目录(第三批)	
20	物业管理条例	国务院令第379号 2007年修订
21	建设工程项目管理规范	GB/T 50326—2006
22	质量管理体系　要求	ISO9001--2008 GB/T 19001—2008
23	环境管理体系　指南	ISO14001—2004 GB/T 14001—2004
24	职业健康安全管理体系　规范	GB/T 28001—2001

二、记录与管理控制程序对照表

序号	记录名称	记录编码	文件名称
1	绩效考核评定表	3-4-1	工程项目管理人员绩效考核评定办法
2	绩效考核评定结果明细表	3-4-2	
3	绩效考核评定兑现表	3-4-3	
4	工程______月份进度考核表	2-1-1	工程款拨付实施办法
5	工程______月份安全考核表	2-1-2	
6	工程______月份质量考核表	2-1-3	
7	工程______月份付款统计表	2-1-4	
8	设计变更、现场签证审批单	2-2-1	设计变更、现场签证管理规定
9	设计变更、现场签证预算审批单	2-2-2	
10	设计变更、现场签证回执单	2-2-3	
11	设计变更、现场签证登记表	2-2-4	
12	安全生产责任制考核表	2-4-1	安全生产责任制度
13	安全生产责任制考评结果名册	2-4-2	
14	安全生产责任制考核兑现表	2-4-3	
15	对总包单位考察记录	1-1-1	对供方的选择与评价程序
16	工程分包单位资格调查表	1-1-2	
17	工程分包单位考察评价表	1-1-3	
18	产品考察记录	1-1-4	
19	物资供应单位考察评价记录	1-1-5	
20	选用合格供方报批表	1-1-6	
21	合格施工单位名册	1-1-7	
22	合格物资供应单位名册	1-1-8	
23	招标条件落实记录	1-2-1	工程项目招标管理程序
24	评标定标审批表	1-2-2	
25	约谈记录	1-2-3	
26	招标文件审核记录	1-2-4	
27	投标人资格预审记录	1-2-5	
28	发标记录	1-2-6	
29	开标记录	1-2-7	
30	中标通知书	1-2-8	
31	落标通知书	1-2-9	
32	项目年(季度、月)度采购计划	1-3-1	物资采购管理程序
33	采购招标知会单	1-3-2	
34	甲方限价/指定材料、设备通知单	1-3-3	
35	材料、设备封样清单	1-3-4	
36	年度项目合同台账	1-4-1	项目合同管理程序
37	项目成本预算报告	1-5-1	项目成本控制程序
38	施工文件审查记录	1-6-1	施工准备管理程序
39	监理文件审查记录	1-6-2	
40	图纸审核记录	1-6-3	

续表

序号	记　录　名　称	记录编码	文　件　名　称
41	工程进度计划调整申请表	1-7-1	施工进度控制程序
42	建设工程(地基、基础、主体、竣工)验收通知书	建设表1-1	工程质量控制程序
43	(地基、基础、主体、竣工)分部工程验收组成员名单	建设表1-2	
44	地基、基础、主体、工程质量验收证明书	建设表2-1	
45	质量验收意见	建设表2-2	
46	工程竣工验收报告	建设表7-1	
47	竣工工程验收组成员名单	建设表7-2	
48	单位工程基本概况	建设表7-3	
49	建设单位执行基本建设程序情况	建设表7-4	
50	建设单位对勘查、设计、施工、监理单位在施工过程中质量行为的评价	建设表7-5	
51	单位(子单位)工程质量综合验收报告	建设表7-6	
52	建筑安装工程和市政基础设施工程竣工验收备案表	建备表1-1	
53	建设工程竣工验收备案表	建备表1-2	
54	竣工验收意见	建备表1-3	
55	工程竣工验收文件目录备案意见	建备表1-4	
56	备案机关处理意见	建备表1-5	
57	监理通知单	1-9-1	施工安全控制程序
58	安全检查记录	1-9-2	
59	工程______月份安全考核表	2-1-2	工程款拨付实施办法
60	隐患整改通知单	1-9-3	施工安全控制程序
61	隐患整改反馈表	1-9-4	
62	文件收放登记表	通表4	项目文件资料控制程序
63	文件修改控制表	通表1	
64	法律、法规和其他要求清单	通表2	
65	档案移交(接收)登记表	通表3	
66	受控文件清单	通表5	
67	文件借阅登记表	通表6	
68	失效、作废(销毁)文件登记表	通表7	
69	信息联络处理单	通表8	
70	物业交接验收单	1-11-1	工程质量保修管理程序
71	业主入住验收单	1-11-2	
72	工程维修单	1-11-3	
73	工程存在主要质量问题统计表	1-11-4	
74	工程存在主要质量问题汇总表	1-11-5	
75	业主入住维修单维修完成情况统计表	1-11-6	
76	物业接收清单	1-12-1	物业交接管理程序
77	工程项目监理单位再评价表	1-13-1	对供方再评价程序
78	工程项目总包单位再评价表	1-13-2	
79	工程项目专业分包单位再评价表	1-13-3	
80	工程项目物资供应单位再评价表	1-13-4	
81	对供方再评价汇总表	1-13-5	

三、工程项目相关规章制度与管理控制程序对照表

序号	文件名称	程序文件名称	程序编码
1	工程款拨付办法	合同管理程序	第一章第四节
		成本控制程序	第一章第五节
		施工进度控制程序	第一章第七节
		质量控制程序	第一章第八节
		安全控制程序	第一章第九节
2	设计变更、现场签证管理规定	合同管理程序	第一章第四节
		成本控制程序	第一章第五节
		质量控制程序	第一章第八节
3	安全、环境和文明施工违章处罚细则	安全控制程序	第一章第九节
4	安全生产责任制		
5	建设开发工程安全、环境和文明施工管理规定	合同管理程序	第一章第四节
		安全控制程序	第一章第九节
6	项目工程安全和文明施工监理协议	合同管理程序	第一章第四节
		安全控制程序	第一章第九节
7	项目工程安全和文明施工协议	合同管理程序	第一章第四节
		安全控制程序	第一章第九节